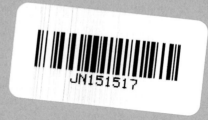

安芸国の中世をゆく

郷土の歴史を解き明かす

木本 泉

溪水社

まえがき

安芸国は古代律令制の元に生まれた行政区分で、現在の広島県の西半分にあたる。西を周防国、北を石見国、南は瀬戸内海を挟んで伊予国と接して境界は現在の県境と同じである。東側の備後国との境界は現在の三原と三次を結ぶ辺りで、二つの市の中心部は両方とも備後国に含まれていた。

瀬戸内海沿岸に平地はほとんどないし鉱物資源がある訳でもなく、山間部に散らばる狭い平地での稲作を中心にした農業と沿岸での漁業によって成り立っていた。そのため有力な勢力が生まれることはなく、日本列島の支配者の下に甘んじる時代が続いた。

このような中、古代末期に平清盛の厳島神社建設によって安芸国が歴史の舞台に登場するが、中世になると安芸国では関東からやって来た武士による支配が始まり、またもや時の支配者の下に甘んじる状態が長く続くことになる。こうして中世の安芸国がふたたび表舞台に登場するのは戦国時代の毛利元就の登場まで待たねばならない。

しかしその間も、安芸国に住む私たちの先祖は、様々な敵と戦いながら生きて来たことに間違いない。

中世というのは元々ヨーロッパの歴史用語で、その定義は難しく緒論あるが、封建制と農奴制社会の時代で古代と近代に挟まれた時代とされる。

日本の場合は、武家政権による封建制の時代のうち、緩やかな中央集権の下で全国各地に領地を保有した武士により支配された「鎌倉時代から戦国時代を含む室町時代」を中世といい、信長・秀吉・家康の天下統一による強力な支配構造が形成された「安土桃山時代と江戸時代」は一般に近世と呼ばれている。
ただ、平清盛により始まった武家政権も中世の萌芽と見ることができ、また織田信長の時代は、中国地方を制覇した毛利氏と並立していたことから中世が継続していたともいえる。

そこで安芸国の中世にはどのような歴史が展開されたのか、その流れをひも解こうとしたのがこの本である。ただ郷土の歴史といえども、学校で学んだ日本史との関係を明らかにしないと地域だけの歴史ではその流れを理解することが難しいので、日本全体の中世史の流れの中で安芸国がどのような位置づけだったのかを辿ってみた。
中世として取り上げた期間は、平氏政権時期は省略して鎌倉幕府からとし、戦国時代までではなく毛利氏の活躍した安土桃山時代も含めることにした。

書くに当たって

中世の歴史については古代とは違い多くの文書が残されており、それらを研究した膨大な数の著作も発表されている。さらにその研究結果を基にした個別の解析や用語説明が、インターネット上にも無限と言っていいほど載っている。たとえば『吾妻鏡』や『信長公記』だけでなく『元史』や『高麗史』も現代語訳を簡単に読むことができる。個人的に研究しようとする者にとって、まったく便利な世の中になったものである。
一方で、中世の歴史は権力争いが中心になるが、権力争いというものは常に陰謀が存在して、残された文書にすべて事実が書かれているとは限らない。また自身の尊厳を高めるための文書や後世に物語として創作された話も多い。更にそれらの情報の多くは点情報や線情報である。
これらの情報を用いて歴史の流れを掴むためには、まずは情報を整理して面情報に、さらに面を重ねて立体的に構築することが必要であるが、それにはどうしても推理を加えることで初めて歴史の流れが見えるようになる。

なお本書では起こった事象を時間軸に簡明化するために年号による表記は廃して西暦に統一した。

また中世の歴史書を読む場合、理解を難しくしているのが、そこに使われている用語が非常に専門的で、現在のわれわれが用いることのない言葉が沢山でてくることである。さらに現在使われているものと異なり特別な意味が含まれている用語も多く、現代の用語に置き換えると厳密には正確でない場合が生じる。これらを理解しないと全体の理解も難しい。

しかし、ここでは敢えて、できるだけ現在使用されている用語に置き換えることにし、多くの人が全体像を把握し理解し易くできることを優先した。特に学生の人たちにも読んでもらうために、できるだけ分かりやすい文章にすることを心掛けた。

目　次

安芸国の中世をゆく

郷土の歴史を解き明かす

1　源頼朝と厳島神社
（鎌倉時代初期）

平安時代の末期、安芸国は平家との深い繋がりができ、厳島神社の建設など大いに盛り上がった。ところが平家が滅亡し、源頼朝が東国の鎌倉を本拠地にした武士による政権を建てるという大きな変化が起こった。ただ、安芸国のような西国では、まだ鎌倉幕府の威光が届くまでには至らず、平家時代を引きずる朝廷による支配が続いていた。その中で平家と密接な関係にあった厳島神社だが、その運命が定まってゆく。

平家滅亡と源頼朝

源平の戦いは1180年頼朝の挙兵に始まるが、平家はその年の駿河富士川の戦に敗れ、さらに1183年の加賀と越中国境の倶利伽羅《クリカラ》峠の戦で平維盛《コレモリ》が敗れると、都の平家一門は恐怖におののいた。そこで棟梁の平宗盛は、清盛の孫に当たるまだ赤子の安徳天皇と三種の神器と共に、一門を引き連れて京都の六波羅の屋敷群に火をつけ都落ちしたのである。三種の神器とは、八咫鏡《ヤタノカガミ》、草薙剣、八坂瓊勾玉《ヤサカニノマガタマ》で、正統な皇位を証明するため歴代の天皇が受け継いできた宝物である。

後白河法皇は、都落ちへ加わるようにとの要請をうまく逃れたが、天皇と神器が共に連れ出されたことを知ると、天皇制の根幹にかかわる事件として大慌てする。朝廷としては日常的に天皇の宣旨により政務が行われていたため、天皇の不在は大問題なのである。

そのため平家の都落ちから程なくして、法皇は三種の神器のないままに新たに天皇を擁立することを決断せざるをえなかった。それがまだ幼い後鳥羽天皇で、安徳天皇と並立するという前代未聞の事態が生じたのである。

同時に源頼朝も、三種の神器を失ったことを自分の武家政権構想に狂いが出るとして大いに怒った。というのは、平清盛がそうであったように、頼朝もあくまでも天皇から下賜された役職で国を治める政権を作りたいと考えていたのである。武家政権といえども常に天皇の存在は別格であったのである。

1185年の早春、壇ノ浦で平家は滅亡した。勝利の報を鎌倉で受け取った源頼朝は、源氏の世を確信すると同時に、弟の源義経などに最優先にすべきと指示していた安徳天皇と三種の神器の確保が出来なかったことに、強い不満を感じたといわれる。このことが後の義経への対応に現れてゆく。

宝剣探索

源義経は壇ノ浦の戦いで兄の指示にはお構いなしに、幼い天皇をも海の中に追い詰めたのである。『愚管抄』や『平家物語』によると、清盛の妻、平徳子こと二位の尼が、安徳天皇を抱き腰に草薙剣を差し八坂瓊勾玉の箱を持ったままで入水することを許してしまい、勾玉は箱に入っていたので海に浮かび回収されたが、宝剣は天皇と共に壇ノ浦に沈んでしまった。残る八咫鏡は大納言の平時忠が持っていたため取り戻された。

安徳天皇の遺体は戦いの翌日漁師の網により引き上げられたが、義経の指示で極秘のうちに埋葬されたといわれ、それが現在下関市にある阿弥陀寺陵で宮内庁管理の天皇陵である。ただ安徳天皇は落ち延びて隠れ住んだとの伝承が沢山あり、全国各地に墓所とされるものが存在し、その多くが宮内庁指定の陵墓参考地となっている。壇ノ浦の戦が当時の社会に大きな影響を及ぼしたことがわかる。

また、二位の尼はしばらくして厳島の有の浦に遺体が漂着したといわれ、同時に入水した安徳天皇の母で清盛の娘の徳子は助けられて後に京都の寂光院で余生を送ったとされる。なお、厳島は宮島とも呼ばれるが、これは江戸時代以降の呼称である。

源義経らは、近隣の海女や生け捕りにした平家側兵士を使って、沈んでしまった草薙剣を懸命に探したが見つからない。そこで宝剣探索は国を挙げての大捜索となり、朝廷は伊勢神宮など有力寺社に探索祈願を行わせ、後白河法皇は長門国に勅使を派遣している。

源氏や朝廷の懸命な捜索にもかかわらず宝剣が見つからなかったことは当時の人たちに評判になったようで、これを基にした宝剣が龍神に渡ったとの物語が『平家物語』や『源平盛衰記』に載ると、それが説話として世間に広まった。

なお、源頼朝が草薙剣にこだわった理由がもうひとつある。頼朝の母は熱田神宮の大宮司の娘だが、もともと草薙剣は熱田神宮に熱田大神《アツタノオオカミ》として祀られていたのである。頼朝は源義朝の三男ながら母親の身分の高さによって跡取りになったほど、頼朝にとって熱田神宮は丁重に扱うべきものだったのである。その経緯は『古事記』・『日本書紀』・『熱田太神宮縁起』にも記されている。

鎌倉に留まっていた源頼朝も何度か捜索を命じているが、その一環として宝剣沈没の海域の事情に詳しいとする厳島神社神主の佐伯景弘にも探索を命じたのである。景弘は平家方と緊密な関係にあり死罪の可能性もあったわけだが、藁をもすがる気持ちの頼朝によって生かされることになったのである。

こうして佐伯景弘は宝剣探索に当たることで生き延びたものの、結局は宝剣を見つけ出すことはできなかった。探索の断念を頼朝に伝えたのは、壇ノ浦の戦いから２年以上も経過していた。これに対し頼朝は、特に景弘を断罪することはなく、佐伯神主家は継続し、厳島神社も取り壊されることはなかった。

この時代の名高い僧に西行がいる。西行は若くして平清盛と共に北面武士として朝廷に仕えたが、出家し諸国を巡り『山家集』などに多くの歌を残した。『吾妻鏡』によると、壇ノ浦の翌年、鎌倉に行き鶴岡八幡宮で源頼朝と会って一晩話し合っている。西行は清盛が水上神殿を建てる前の厳島神社を訪れていたことから、この会見が頼朝の厳島神社を残すという決断に影響したとする説がある。

その後も捜索が重ねられたにもかかわらず、草薙剣は結局見つかることはなく、現在に至っている。神器のないまま即位した後鳥羽天皇は1198年に上皇になってからもそのことに引け目を感じていたようである。

では、朝廷で三種の神器はどのように扱われたのだろうか。順徳天皇が自ら記した『禁秘御抄』によると、1210年に自身が天皇になる際、後鳥羽上皇の夢のお告げにより清涼殿で用いていた剣を宝剣とみなすことにしたという。公家の日記集である『百錬抄』などによると、この剣は1183年の天皇即位の前に伊勢神宮から奉納されたものとされている。こうして新たに三種の神器が設けられたが、後鳥羽上皇はまだ草薙剣が諦めきれなかったと見え、２年後に再び宝剣探索に当たらせている。

この宝剣の代替えは、朝廷だけでなく幕府もその正当性を高めることに腐心したことを示している。天台宗僧侶の慈円は歴史書『愚管抄』で、武家が勃興し皇室を守るようになったので、武を象徴する宝剣は不要になったと、運命論で公武の協調を図っている。

ところで日本では出雲などの古墳から見つかった古墳時代前期の剣《ツルギ》

が、最も初期の鉄製の刀とされるが、草薙剣もそのはしりのひとつと考えられている。平安時代後期になって武士の勢力が拡大してゆくと、太刀の生産技術も発展し出雲・備前・山城・大和などに名工が輩出され、これ以降の刀が日本刀と呼ばれ、鎌倉時代になって武士の世になると、争乱も増え実用的な刀の生産が急激に拡大していった。

源頼朝の厳島信仰

石清水八幡宮で元服した源義家が八幡太郎義家と呼ばれるように、源氏の八幡信仰は名高い。源氏の嫡流である源頼朝も八幡信仰の敬虔《ケイケン》な推進者であった。その頼朝が厳島神社神主であった佐伯景弘を許しただけでなく、父の敵である平清盛が建設した厳島神社を存続させたことは、頼朝の神仏に対する敬虔さだけでは説明できない。そこには、頼朝自身の厳島神社信仰があったのである。

源頼朝は1160年、平治の乱の結果、平清盛により16歳で伊豆国の蛭ケ《ヒルガ》小島《コジマ》に流された。伊豆半島の付け根部にある韮山《ニラヤマ》の辺りで、幕末に反射炉が造られたことで名高い。

この韮山にある元弁天という地で、頼朝が文覚《モンガク》という僧から武道の指南を受けていた。頼朝が疲れて微睡《マドロン》でいると、白髪の翁に伴われた宗像三女神のひとり田心比売《タキリビメ》が現れ、頼朝を天下平定大将軍の位に就かせると宣ったという。

社伝によると、頼朝はこのお告げにより平家討伐を決心したといわれ、同時に厳島神社の信仰を固め、この地の厳島神社を再建した。元弁天には、元々田心比売を祭神とする厳島神社があったが、平安時代末期に近くの六万淵という湖の中に岩礁が隆起しその湖畔に移設されていたのである。ここに登場する文覚は、北面の武士をやめて出家した真言宗の僧で、後白河法皇により1173年から1178年まで伊豆に流刑されたことから、頼朝が挙兵する1180年の数年前のことになる。

同じ頃に頼朝が弁天を勧請し創建したと伝えられるのが、現在横浜市中区羽衣町にある洲干《シュウカン》弁天社とも称される厳島神社で、これ以降、頼朝と妻の北条政子は弁財天社や厳島神社を各地に建てている。例えば鎌倉の鶴岡八幡宮境内にある源氏池に浮かぶ島にある旗揚弁財天社、韮山の北側、三島にある三嶋大社の神池の傍に建つ厳島神社、藤沢の江の島にある岩谷に弁財天を勧請し創建された江島神社などである。祭神はいずれも市杵嶋姫か宗像三女神で、平家滅亡の1185年以前に出来ている。

弁財天というのは、もともとヒンズー教の女神であるが、日本では仏教に取り込まれて弁財天と呼ばれるようになった。さらに神道とも習合して日本神話に登場する宗像三女神の中の市杵嶋姫命と同一視されるようになった。

また頼朝の没後のことであるが、北条政子が1218年に熊野参詣の途中丹生都比売神社《ニウツヒメジンジャ》に立ち寄って厳島神社の勧請を幕府に取り次いだとされ、頼朝の厳島神社信仰を裏付けている。

このようなことから、信心深く祟りを恐れる源頼朝としては、平家を滅ぼしたからといって、清盛が建てた安芸の厳島神社を取り壊すようなことは有り得なかったのである。実際に平家滅亡後に、厳島神社の社領は増加したといわれる。

平家落人

平家一門は、都落ちして一旦九州に逃れて再起を期そうとしたが、一ノ谷と屋島で敗れ、味方と期待していた九州勢力からも裏切られ、ついには壇ノ浦で完敗してしまった。

源頼朝は、平治の乱で平清盛が自分を助命したことが結果的に平氏の滅亡につながったとの教訓を忘れず、源氏の棟梁として平家残党の徹底的な殲滅作戦を行った。これに対し、源氏の追手を必死に逃れて隠れ住んだ平家所縁の人たちは、平家落人と呼ばれ、多くの悲話が生まれた。

武士の場合は平家の落武者と呼ぶ場合もあるが、落ち延びたのは武士だけではないことから平家落人という呼び方が一般的である。

では、都落ちした平家関係者はどのくらいの人数だったのだろうか。『平家物語』には、「昨日は東関の麓に轡《クツワ》をならべて十万余騎、今日は西海の波の上に纜《トモズナ》を解いて七千余人」とある。この十万余騎というのは倶《ク》利伽羅《リカラ》峠での平氏軍の数だが、多くが討ち死にしてしまう。それで西の海に逃れたのが七千余人というわけである。

しかし実際は約半数といわれ、それも家族や内裏の女房衆、役人、さらに数は少ないが公家、役人、町人衆なども含まれていたようだ。しかし、半数だとしてもこれだけの人数に加え家財道具、兵糧、さらに軍馬などすべてを運ぶ船を調達することはほとんど不可能だった。当時瀬戸内海で使われた船は、大型船でも乗れるのはせいぜい20人程度で、何百艘もの船が必要になる。そこで本隊は船だが、その他は陸路を西に向かったのである。

平家は全国各地を転戦しながら負けて来たこともあり、平家落人は海路と陸路を使って全国を逃げ回り、様々な伝承が伝えられている。

落人伝説のある地域として名高いのは、四国の徳島県三好市東祖谷阿佐の祖谷渓《イヤダニ》やひえつき節の里、九州の宮崎県東臼杵郡椎葉村などであるが、それまで平氏と関係が深かった安芸国でも落人の伝承が残っている。

そのひとつは、当時安芸国の国府のあった現在の府中町に伝わる「隠し砦の平家城《ヘツカジョウ》」とそれにつづく「ささらが池」の伝説である。これは一の谷の戦いで敗れて逃げ延びる途中の平知盛《トモモリ》の一族と知盛の姪のささら姫の悲話である。国府とは律令制で国司が政務を執った所で、その後も名目的に存続していた。

さらに現在の呉市安浦町の伝説として、壇ノ浦から敗走した平家落人の一部が山陽道から瀬戸内海を渡り讃岐国に渡ろうと、安浦の三津口湾の南にある日ノ浦という入江に集まったとの伝承である。

この日ノ浦というのは、平家軍が四国の屋島に籠っていた際、源氏に負けるようなことがあったら安徳天皇を擁した本隊は平家とかかわりの深かった伊予国の豪族の新居《ニイ》氏を頼って四国の山中へ潜行することが決められ、その避難経路の要所の暗号として、日ノ浦と名付けたとされている。この名称は、天皇を敬って日ノ御子と表現することからとられている。兵庫県の相生市にもあり、また四国側には30か所ほど存在したとされる。この平家の逃避を采配したのが、悪七兵衛《アクシチビョウエ》とも称される平氏累代の家人藤原景清といわれ、その活躍ぶりは能や歌舞伎の題材になり、全国に景清伝説として残っている。

また、安浦の東隣である安芸津にもいくつかの伝説があるが、当時の安芸国は、山奥に人に知られることなしに住みつけるような場所がなかったためか、平家落人が住んでいたという伝承は見当たらない。

しかし隣接する備後国・周防国・石見国などには平家落人が住みついたとの伝承がある。たとえば備後国では、現在の庄原市に「敦盛さん」という民謡が伝わっている。これは笛の名手で、一の谷の戦いで熊谷直実に討たれたとされる平敦盛が落ち延びてきたとの内容になっている。民謡ができたということは、ただ通過したということではないだろう。

また備後国福山の横倉地区は平家谷とよばれ、平通盛が隠れ住んだとの伝承と痕跡が残っている。ここにある赤旗神社は平家の軍旗である赤旗を祀っているし、尾道市の離島である百島《モモシマ》は壇ノ浦の戦いで負けた平家一族が落ち延びた島で、平家の旗を埋めて隠して名乗ったといわれる旗手《ハタテ》姓が現存している。

安芸国の西側の周防国にもある。屋島の戦いに敗れた平家落人が小瀬川を溯った樋ノ口や五人代という集落に隠れ住んだといわれ、残された古鏡や受け継がれている言葉使いから、平家の武者だけでなく殿上人もいたのではと予測されている。また、錦川を溯った錦町には、平家の武将を葬った平家七墓があると言われている。

北隣の石見国にも、安芸国から逃れた平家の一部が岩国から錦川をさかのぼり石見国に入り、現在の匹見の辺りに隠れ住んだと伝えられている。この末裔の澄川・斎藤・寺戸の三氏は、後に匹見侍とよばれた。

鎌倉幕府の始まり

以前は「イイクニつくろう鎌倉幕府」で、鎌倉幕府の成立は1192年とされていたが、現在では色んな説が唱えられている。たとえば、1183年の源頼朝に対する東国支配権の公認、1185年の平家滅亡と文治の勅許、1190年の頼朝が権大納言兼右近衛大将就任、1192年の頼朝の征夷大将軍宣下などである。要するに、この中に鎌倉幕府成立時期の正解があるということではなく、このようなプロセスを通じて武家政権が出来上がって行ったと考えるべきであろう。ところで「幕府」という名称だが、一般に使用され始めたのは明治時代からとされている。ただ、武家政権を運営する組織などを表現する適当な言葉がないので、そのまま使用していきたい。

この新しい政権が幕府を置いたのは、敢えて都ではなくこれまで本拠地としていた相模国の鎌倉だった。現在幕府の建物は残っていないが、鶴岡八幡宮のすぐ近くにあったとされる。

頼朝が武家政権を確立するには、まず解決しておくべき問題があった。それは壇ノ浦で手柄をあげ都に凱旋した義経の扱いである。頼朝にとって義経は宝剣紛失の責任者であるだけでなく、禁止していた朝廷の役職である検非違使の役を受けてしまった不届き者との思いが強かった。このことは頼朝の政権構想に反するもので、源義経と源行家が朝廷より頼朝追討の宣旨を受けていたことが伝わると、頼朝の義経に対する思いは決定的になった。

義経は都では人気があったものの、源氏軍として協力した東国の武士たちに領地を与えて処遇するといった施策は全く持ち合わせておらず、頼朝から義経追討の令が発せられると、味方する武士も少なく都から逃げ出すほかはなかったのである。

ここで頼朝が義経追討の名目で権限拡大を朝廷に認めさせたのが「文治の勅許《チョッキョ》」である。この内容だが、以前は鎌倉時代の歴史書である『吾妻鏡』にあるように、守護と地頭を任命する権限とされてきたが、これは後世に伝承などを基に編纂されたもので、公家九条兼実《カネザネ》の日記『玉葉』には守護という言葉が出てこない。近年の研究では、この時には守護ではなく国地頭《クニジトウ》の任命権が与えられたとの説が有力である。

この国地頭とは義経追討の役だけでなく、公領や荘園から兵粮米の徴収・田地の知行権・領国内武士の動員権など強大な権限を持ち、頼朝の身内や個人的な関係が深く主従関係を結んだ者が任命された。1186年、北条時政の京都近郊の7か国、梶原景時の播磨・美作、土肥実平の備前・備中・備後、天野遠景《トオカゲ》の九州諸国など、義経が逃れた西国に定められた。

ただこの国地頭の強い権限に対し任国の国司や荘園領主から反発をうけたため、徴税権や知行権は留保され、軍事警察権のみ保持することとされた。

西国へ国地頭を配置して探索したにもかかわらず、義経の行方は判らないままだった。義経側は頼朝に対抗できる兵力を集めるすべもなく、少数の手勢を連れて少年時代に6年間を過ごした奥州平泉の藤原秀衡《ヒデヒラ》を頼って奥州に落ち延びていたのである。藤原氏が支配する当時の奥州は陸奥国と出羽国から成り、朝廷からの国司も拒絶する独立国のような状況で、平泉は人口約15万人で京都の20万人に次ぐ大都市だった。

程なくして藤原秀衡が病没し、息子の泰衡《ヤスヒラ》は父の遺言に従い義経の再起を図って西国の武将に決起を促す使者を送ったが、逆に義経を匿っていることが頼朝に知られてしまうこととなった。泰衡は頼朝と朝廷の双方から義経の身柄を引き渡すようにとの要求に抵抗していたが、ついには圧力に屈し平泉にある義経の住む衣川の館を襲撃した。その結果、義経は館に火をかけて自害してしまったとされている。

泰衡は義経の首を鎌倉に差し出すことで許されると思っていたが、頼朝にとっては目障りな奥州藤原氏を滅ぼす好機だった。頼朝は義経隠匿を反逆だとして、自ら全国の武士を呼び寄せ奥州に攻め入り、1189年、栄華を誇った奥州藤原氏を滅ぼしたのである。

その後奥州では藤原氏の残党による騒乱があったが、それも鎮められ、1190年には完全に鎌倉幕府の支配下となった。信心深い頼朝は藤原氏の建立した中尊寺・毛越寺・無量光院などに対し、寺領の継続を保障した。こうして鎌倉の源頼朝は武家として東日本を中心に平定し、都の後白河上皇を中心にする朝廷と対峙する体制が出来上がったのである。

源頼朝の体制固め

奥州藤原氏を滅ぼした源頼朝は、武家政権をより確実なものとするため、1190年の秋、自ら初めて上洛し後白河院と直接話し合った。この時頼朝の側近として活躍したのが、後に毛利氏の祖となる大江広元である。その結果、頼朝は朝廷から「諸国守護権」を認められた。

これに基づき、頼朝は平家との戦いで戦功をあげた東国武士に対して、元々所有していた土地の所有権や支配権を認め、加えて平家家人や義経に味方した者の持っていた荘園や公領を没収し分け与え、地頭と称した。

さらに頼朝は有力な家人を選んで国地頭に代わって国ごとに守護に任命し軍事警察権を持たせ、その下に土地を管理する地頭を配した。守護は朝廷の任命した国司と併存することになるが、こうして鎌倉政権の骨格となる「守護地頭制」が成立した。

これは律令制が始まって以来、基本的には公《オオヤケ》で天皇のものとされてきた土地が、限られた領域ながら個人所有が認定されるという大変革で、日本における封建制の始まりで中世の開始でもあった。

封建制と呼ばれる形態は、国や時代により各種あり同じではない。12世紀後半から13世紀の中世ヨーロッパでは国王が諸侯に領地の防衛を約束する代わりに忠誠を誓わせ、諸侯も同様に騎士である臣下に約束して忠誠を誓わせるというfeudalismと呼ばれる制度があった。この訳語に封建制が当てられたが、日本に比べ自由な個人間の契約関係で臣下の権限が強かったとされる。

アジアにおいては、古代中国の周で天子が諸侯に領地（封土）支配を認める制度が存在し、これを現す「分封建国」から封建という用語ができた。ただ周から後の中国は専制君主制がつづいて封建制は再現せず、朝鮮半島でも封建時代は存在しなかった。このことが封建制を経験してない中国や朝鮮の国民性が日本と異なる要因の一つとされている。

当時、武士といっても実質は自ら荒地を開墾してきた自作農だった。平家の世の東国武士たちは、武力による境界争いや水争いが頻発しても仲裁機関はなく、理不尽に土地を略奪された経験を持っていた。それは土地が公のものだったためで、領地を公式に私有であることを保証し、紛争も公平な裁定をしてくれるという頼朝に多大な恩義を感じたのである。これを所領安堵というが、この「安堵《アンド》」という言葉は現在の意味と違い領地を保証することで、中世の最も特徴的な言葉のひとつである。

頼朝は荘園の実質支配者の権限を表面的には犯すことなく守護や地頭の地位を確保して組織化したわけだが、在地領主たちは鎌倉幕府という新しい権力による支配が始まったことで、次第に都の貴族や寺社など従来の領家に対する年貢を納めるのを止めたいとの意識が高まっていったのである。

鎌倉武士は頼朝と主従関係を結ぶと共に、自分の土地に命を懸けて守り抜くという新しい武士としての理念を形成した。これを現すのが「御恩と奉公」と「一所懸命」という言葉である。「一所懸命」は賜った一か所の領地を命懸けで守るという意味だが、現在は土地だけでなく諸々を対象とした「一生懸命」として用いられている。

こうして、永く武士の鏡とされた鎌倉武士の精神とされる「正々堂々と武勇の限りを尽くす」や「名こそ惜しけれ」といった美学が生まれた。

貴族や領主などに仕える家臣や従者などを家人というが、流人だった頼朝の家人はごく少なかった。頼朝が源氏の棟梁であった源義家に所縁が深い鎌倉の地に政権を樹立すると、各地の武士は続々頼朝の支配下に入り家人となった。頼朝はこれら武士団の棟梁との間で新たに土地を介した主従関係を結び、この棟梁は特に御家人と呼ばれた。この時代によく出てくる言葉である「御家人」はこうして生まれたのである。

御家人は当初約480人程だったとされるが、守護と地頭はこの中から選ばれた。こうすることで安定した体制を作ることができ、これは日本における封建制の確立とされ、変質したものの江戸時代末まで続いた。

1192年に後白河法皇が崩御し、しばらくして源頼朝は朝廷から征夷大将軍に任ぜられた。これにより鎌倉幕府は名実ともに確立するのだが、頼朝としては日本全体の支配をもくろんだのではなく、自分を育ててくれた関東を朝廷の介入なく支配したいとの思いが強かったとされる。実際に、初めころは畿内から西の地域では朝廷や寺社の勢力が強く、頼朝の実質的な支配が及んだのは日本のほぼ東半分に限られていたのである。

征夷大将軍の征夷とは古代から蝦夷《エミシ》を征討するとの意味だった。そこで頼朝は自分の地位を象徴する大将軍との称号を要望したが、朝廷は坂上田村麻呂が征夷大将軍として活躍したことを吉例として征夷大将軍に任じたとされている。これ以降は、江戸時代に至るまで幕府の長は征夷大将軍に任じられ、武士の棟梁として事実上の日本の最高権力者であった。

なお、蝦夷は「エミシ」と読んで本州東部とそれ以北に住む集団を指すが、中世以降に同じ字を「エゾ」と読んでアイヌ人や北海道を指すようになっていった。

安芸国の状況

安芸国の地理上の状況については、太古より瀬戸内海沿岸に広い平地はなく現在の平野部はほとんど海中で、河口や山間部の平坦地に集落が点在し川が領地の境界という状況が続いていた。ただ、これらの河川から長い歴史を経て流れ出た土砂が溜まってゆき、河口には葦の茂る砂州が拡大していた。

現在の広島市の中心部は海の中で太田川の河口は内陸まで深く入り込んでおり、比治山・黄金山・江波山などが独立した島として浮かんでいた。また大竹の小瀬川、大野の毛保川・永慶寺川、廿日市の可愛川・御手洗川、五日市の石内川・八幡川、府中の大川、海田の瀬野川、呉の二河川、広の黒瀬川、竹原の本川、三原の沼田川も同様な状況だった。

内陸部には、瀬戸内海に流れ込む河川の流域だけでなく山陰に向かう江の川《ゴウノカワ》などに沿って、賀茂盆地など沿岸部より広い田畑が開拓されていた。また、能美島など瀬戸内海の島嶼部には海賊衆の基地が点在していた。

この頃、平安時代後半からの国司制度の乱れから律令制による土地の公領制の瓦解にともない、各国の土地は知行国《チギョウコク》という有力貴族・寺社・武家が支配する制度ができ、各地の土着の有力者との争いが頻発していた。

鎌倉時代初期、安芸国は８つの郡から構成されていた。律令制の最初から太田川以西の瀬戸内側にあった佐伯郡は、1164年に佐西郡と佐東郡に分割された。これは当時安芸国司を務めていた平家一門が佐西郡を厳島神社の社領とし、太田川河口に面した佐東郡を太田川流域からの年貢

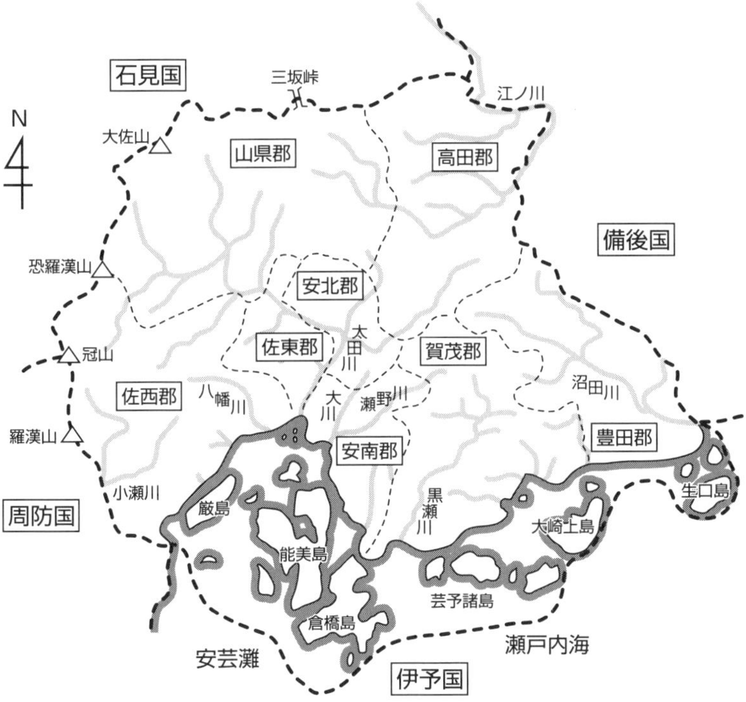

安芸国

の集積拠点として国司が管轄することを意図したためと思われる。

厳島神社の神領とよばれる神主家所領の佐西郡は、宮内荘・平良荘・大竹・小方・川内・寺田・保井田・佐々利別府・平原・高畑・地御前・佐方・三宅・利松・八幡・皆賀・草津などの海岸沿いの港も含む集落と、山間部には原・石道村・玖島郷・友田・津田・吉和村・湯来などの集落があった。また厳島の沖にある能美島には皇室領の能美荘や古代から続く海人の集落があった。

佐東郡は倉敷地と呼ばれる海路で運ぶ物資の中継保管地として、坪井・堀立《ホタテ》・萩原村の地名が残っている。倉敷地のある安川の周辺には、佐東衆とも呼ばれる川之内海賊衆が活動していた。倉敷地の他に、山本・

祇園・古市・安・八木などの集落があった。

佐西郡の北にある山県郡には、大朝荘という延暦寺の社領があり、厳島神社にも寄進を受けたり争って得た壬生荘・志道原《シジワラ》荘といった神領があった。神領からの年貢米は湯来から河内を経る陸路と太田川に面し海に繋がる二つのルートで運ばれた。

佐東郡の東、太田川の東岸には国府の置かれた安芸郡があったが、ここも佐伯郡と同じころ南北に分割され安北郡と安南郡に分かれた。安北郡の中心になるのが太田川河口にある 高野山領の可部荘で、ここは空海に所縁があるとされ真言宗の福王寺があった。元は河戸と書き、河の入口を現している。また京都の新熊野《イマクマノ》神社の三入荘があった。

太田川下流の東岸から瀬戸内海沿岸に延びる一帯が安南郡であるが、ここは古代から国府の置かれた府中を中心に発展したところで、矢野周辺に厳島神社領の安摩荘、瀬野川に沿っては京都の大寺だった清閑寺領の世能荘・太政官厨家《チュウケ》領の世能荒山荘、海岸沿いには奈良西大寺領の牛田荘や温品・海田・呉などの集落、江田島や倉橋島などの島嶼部には摂関家の倉橋荘があった。

この東に広がるのが賀茂郡で、中央部に賀茂台地という安芸国最大の耕作地が広がり、阿土熊野保・高屋保、厳島神社の造果保などがあった。また瀬戸内海沿いには、安浦・安芸津・竹原などの集落があった。

安芸国東端にあるのが豊田郡で、内海に面した京都蓮華王院領の沼田《ヌタ》荘、賀茂御祖神社領の都宇竹原荘、近衛家領の大崎荘などがあり、内陸の竹仁にも集落があった。

この北にあるのが高田郡で、山陰に下る江の川《ゴウノカワ》に沿って平地が広がり山陰や備後国に繋がる要衝にある祇園社領の吉田荘を中心に、東寺領の三田荘、京都長講堂領の吉茂荘・多治比保・入江保などの集落があった。

安芸国の東西を結ぶ道路として海岸から離れた山の中に古代山陽道があったが、公的な整備が行われなくなってからは廃たれ、ほぼ同様の位置に生活道路があった。ただ物資の輸送などはもっぱら海や河川を使った船が用いられていた。当時の瀬戸内海の航行は平安時代から引き続き海賊が出没したが、安芸国対岸の伊予国を中心に勢力を持つ河野氏が平家滅亡の際、源氏側に付いて船軍《フナイクサ》で功をあげて鎌倉幕府と良好な関係であったことから、比較的安定した時代であった。

歴史人口学者の鬼頭宏による1150年の推定人口によると、安芸国の人口は54,300人とされており、その大部分が農民だった。日本全体が6,836,900人で、周辺の周防国55,500人、備後国67,400人、石見国35,300人、出雲国72,300人などと比べても少なく、平安時代末期に平清盛による厳島神社建設などがあったものの、豊かな国といえる状況ではなかった。

安芸国の支配者

平安時代末期、安芸国は平家の庇護の元にあった。特に清盛との強い結びつきを持っていた厳島神社神主の佐伯景弘は、神主というよりも佐西郡を始めとする多くの神領を所有する領主だった。このような中、1182年佐伯景弘は異例な形で昇進し、安芸国の国司に任命されたのである。

一方、『吾妻鏡』によると国府で実権を握っていたのは、安芸国大名とされている葉山頼宗であった。当時の大名というのは大規模な土地の名主《ミョウシュ》で、農家であると共に土着武士を抱えていた。以前からこの二人は土地のことで対立関係にあったが、そこに景弘が国府のトップに就任したわけである。

程なくして倶利伽羅峠の戦いから源平合戦に至ると、景弘としては当然のこと平家側に付き、一方の葉山頼宗は、景弘への対抗心と平家への不満からか源氏側に通じた。景弘は、瀬戸内海で繰り広げられた源平の戦いに奔走し、平家一行が厳島に立ち寄らないよう工作したとも伝えられており、平家滅亡後も宝剣探索に集中せざるを得なかったので、その間の安芸国府は葉山頼宗が差配したと思われる。

源氏の世になると、葉山氏は佐伯氏に代わって安芸国の実権を握ることになり、葉山頼宗は国地頭になったとの説もある。このような状況下で1189年に頼朝が奥州藤原氏討伐を決断し、源氏に従う全国の武士に対し奥州への参戦の指令が発せられたことで状況が変わった。

葉山頼宗には甲斐源氏の伊沢五郎より出陣の催促があったとされ、頼宗も一族を率いて遠路奥州に向かった。ところが駿河国の藁科《ワラシナ》川、現在の静岡市あたりに達した時、頼朝がすでに鎌倉を出発してしまったとの情報が入った。ここでこれ以上行くのは無用で国に戻るとの判断が頼宗の運命を決めてしまったのである。

安芸国など西日本では依然として鎌倉の威光が浸透していない状況を懸念していた頼朝にとって、葉山頼宗のこの行動は許されるものではなかった。こうして頼宗の領地は没収され、葉山氏は没落の道を歩むことになる。一方、頼宗に出陣を催促した伊沢五郎は奥州に参戦しており、後に武田信光として安芸国守護となっている。

『吾妻鏡』によると、全国から奥州に結集した武士は28万４千騎に上ったとされるが、ただこの兵数については一桁以上の誇張があったようだ。

1190年に守護地頭制が発足すると、安芸国の守護に任命されたのが宗《ソウ》孝親《タカチカ》である。宗氏は元々平氏の系統の惟宗《コレムネ》姓で、代々大宰府の執事職を世襲しており、平清盛が大宰大弐になり宋との貿易を推進したことから都との関係も深かった。しかし清盛は大宰府を通さず直接貿易品を都に運ぼうとしたため、平家と大宰府の関係は良好とはいえなかった。そのような状況で源平合戦が起こったため、惟宗氏が源氏側に加担することで九州の状況が変わり源氏側の勝因のひとつとなった。さらに惟宗氏は奥州合戦にもはせ参じるなど、頼朝の信頼を得て鎌倉御家人に名を連ねることになる。こうして惟宗氏の棟梁である惟宗忠久は薩摩・日向・大隅三国の守護に任命され、弟の忠季は若狭守護になっている。後に、忠久は島津忠久として薩摩の島津家を興すのである。

宗孝親も惟宗一族として安芸国守護に就任すると同時に、佐東郡と安南郡という安芸国の重要地域に加え高田郡の内部荘や島嶼部の能美荘など多くの地頭職を得ていた。これらは奥州合戦で途中から引き返した葉山頼宗一族の領地だったようだ。

このように、九州から守護が派遣されたが、安芸国には佐西郡を中心にした厳島神社の社領や都の貴族や寺社の荘園が多く、平家領として没収された土地はほとんどなかった。そのため、異文化を持った東国からの御家人が地頭として大挙してやって来ることはなく、それまでの豪族たちの在地支配体制はほとんど変わらなかった。

ただ、数は少ないが例はある。安芸国造に連なるとされる地方豪族の凡《オオシ》氏は平家側として戦ったため、清盛に寄進していた山県郡壬生《ミブ》荘が源平合戦で功をあげた甲斐国の山県為綱に与えられた。また、壇ノ浦で戦った平氏家人の沼田氏も領地だった沼田郡を没収され、豊田郡の沼田荘として頼朝に仕えた相模国早川荘の土肥遠平《トオヒラ》に与えられた。遠平は早川荘の小早川村に屋敷を持っていたことから、着任後小早川と名乗った。これが安芸国小早川氏の始まりである。

厳島神社の火災

厳島神社は佐伯景弘の活躍と源頼朝の厳島神社信仰により、清盛が建てた社殿もそのまま残されていた。当時は佐伯景弘の息子の佐伯景信が神主を務めており、祭祀に仕える社家や供僧の多くは対岸の地御前周辺に居住していた。また、佐西郡の大部分が厳島神社の神領として継続していた。

ところが1207年に雷によるのか人為的なのか不明だが、厳島神社は火災に見舞われたのである。厳島神社は平清盛の名のもとに、都から宮大工など多くの職人を呼び寄せて建てたもので、その修復にも莫大な費用がかかる。多くの神領を持つといっても神社自身でそれを修復する財力はなかった。そこで朝廷は安芸国を造営料国に指定し国税を当てることを許し、火災修復を請け負わせたのである。頼朝はすでに亡くなっていたが、幕府では妻の北条政子が頼朝の厳島神社信仰を受け継ぎ、守護の宗孝親を通じて支援したと思われる。こうして、火災から８年後には修復が完成された。

北条執権政治へ

鎌倉幕府は、武家の棟梁である源頼朝の鎌倉殿と御家人との「御恩と奉公」の関係により成り立っており、それは頼朝の子孫にも受け継がれるはずだった。ところが、純粋なるがゆえに冷徹な政治家であった頼朝は、意に沿わない義仲・義経・範頼など多くの同族兄弟を切り捨てていた。

そのような時、1199年に頼朝が急死したのである。死因は落馬というのが通説であるが､当時の歴史書の『吾妻鏡』に記載がないため諸説ある。

後継の適格者として残っているのは頼家と実朝《サネトモ》という二人の息子だけになっていた。そこでまず17歳の頼家が征夷大将軍を継いだ。頼家は大江広元らの補佐を受けて政務を行うが、従来の慣例を無視するなどして幕府御家人の反発を買い、独断で裁断することが禁じられ十三人合議制がとられた。さらに母である北条政子の口出しに反発して外戚として権勢を握った比企《ヒキ》氏と結びついたため、母方祖父の北条時政は頼家の弟の実朝を立てて比企氏を滅ぼし、頼家も1203年伊豆に追放ののち暗殺されてしまった。

征夷大将軍を補佐し政務を統括する初代執権に就任した北条時政は、12歳の実朝に第３代征夷大将軍として頼家の跡を継がせた。ところが、実朝が成長するにしたがい官位を求めて朝廷に接近するようになると、後鳥羽上皇は実朝を丸め込んで近臣たちの所領への地頭派遣の停止を図った。地頭を止めることは幕府の権限保持の根幹にかかわることで、危機感を持った幕府御家人の中に三浦氏などの反対勢力が生まれ、1219年に実朝は頼家の息子公暁《クギョウ》に暗殺されてしまった。

公暁に暗殺を教唆したのが誰かについては明確ではないが、当時の2代目執権の北条義時とするのが通説である。義時として実朝がもはや鎌倉武士の棟梁たりえないとの思いによるとされ、将軍の地位を狙う可能性のある源氏の血縁者に刺客を送って殺害した。直後に公暁も討たれ、さらに翌年、最後に残った頼家の息子が北条氏の刺客に討たれてしまい、結局、実朝に子がないことから、頼朝の子孫は3代で断絶したのである。

こうして源家に代わって北条家に覇権が移ったわけだが、これは北条政子の実家優先の考えによって成功したとされている。

当初北条義時は、武家ではなく皇室から将軍を迎えようとした。ところが後鳥羽上皇に拒絶されたため、九条家に嫁いだ頼朝の妹（姉との説もある）坊門姫の曾孫にあたる2歳の三寅《ミトラ》を第4代征夷大将軍として鎌倉に迎えた。三寅は幼いため北条政子が後見役として将軍を代行し、頼

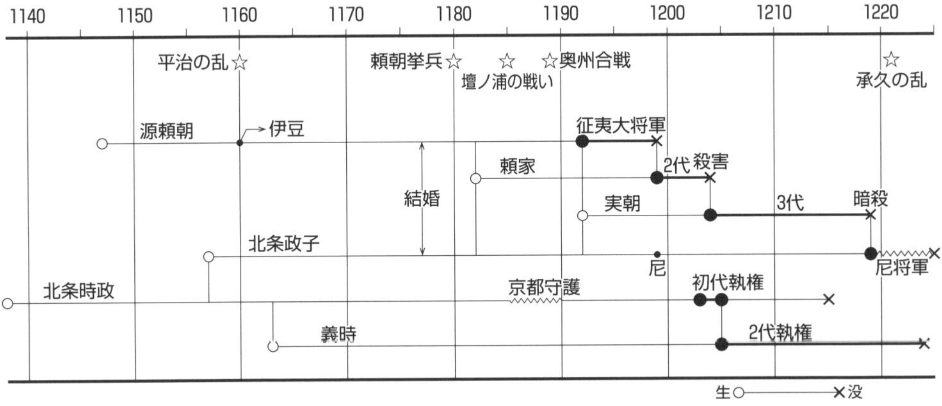

源氏の滅亡と北条氏

朝の死後出家していた政子は尼将軍と呼ばれた。

こうして北条氏は実権のない将軍を立てて、執権として幕府の実質的な支配者としての権力基盤を固めて行った。このような将軍の位置づけは鎌倉時代を通じて変わらず、後半は皇族が将軍に就任したものの歴史の表舞台に登場することはなかった。

北条氏自身が将軍職に就くことはなかったのだが、その理由は伊豆国北条郷に土着した北条氏の家系が皆を納得させるものでなかったためとされ、北条義時の潔さを示している。それほど当時の幕府内の有力御家人は、家柄を高めたいとする名誉欲を背景にした激しい権力闘争が展開していたのである。

東アジアの状況

源平合戦から承久の乱までの半世紀、日本国内は戦乱に明け暮れたが、当時の東アジアの状況がそれを許したといえる。というのは、中国も朝鮮半島も内外共に乱れた時代で、日本の混乱に乗じるような国際政情ではなかったのである。

大陸では、中国の北方に広がる女真族の金、南には宋が金から逃れて興した南宋、朝鮮半島では高句麗からつづく高麗《コウライ》などが、相互の緊張関係のなか内部抗争を繰り返しながら存在していた。日本として、高麗とは高句麗の時代から互いに反目しており、金も蛮族との思いが強かったのだろう、交流があったのは平清盛の時代から交易をしていた南宋だけだった。正式な国交ではなかったものの、博多や敦賀の港からの民間貿易が盛んで、幕府も公認して大宰府に鎮西奉行を派遣していた。また、宋の商人を介した高麗との交易も行われた。

交易品として、日本からは金・水銀・硫黄などの鉱物、木材、日本刀・漆器・扇などの工芸品などが輸出され、宋からは宋銭・陶磁器・高級絹織物・文具・香料や薬品・書籍絵画などを輸入した。

ちょうどこの頃、1206年に中国の奥地に遊牧民によるモンゴル帝国が起こった。そこで国王チンギス・カンは帝国拡大の征服戦争を開始し、まずシルクロードに沿って西に向かうのである。1219年から1223年までの遠征で、モンゴル騎馬軍団は残虐と破壊の限りを尽くした。チンギス・カンはこの遠征によりモンゴル帝国の領土を飛躍的に広げたのである。これからすぐにチンギス・カンは亡くなるが、その戦果を基に、帝国はさらに拡大に向かった。

従来、モンゴルのことを蒙古というが、これは中国が異民族のモンゴルを憎悪と侮蔑を込めて書いたものである。近年世界的に、このような蔑視を含む文字の使用を自粛する方向にあるものの、蒙古という用語が日本語として定着しているため日本ではあまり進んでいない。

鎌倉初期の経済

平安時代末期から輸入が始まった宋銭は、日本に貨幣経済をもたらしていた。このように大量の宋銭の輸入が可能だったのは、当時日本は砂金が豊富で、金をあまり産出しない中国から安く銅銭を輸入できたことによる。一方の南宋にとっても、北宋時代に造られた北宋銭は過小評価されており、金を得ることのできる有利な交易だった。

ところが、日本の貨幣経済化が進むことによりそれまで貨幣の役割を果たしていた米や絹布の価値が下落して貴族の経済力に影響したため朝廷は1179年に宋銭の使用を禁止した。しかし流通を止めることは出来ず、平家滅亡後も朝廷内で絹から宋銭に財政運営の要を切り替えるかどうか論争が続き、1187年に一旦禁止した宋銭の使用を途中で再開し、1193年に再度禁止するといった状態だった。

源頼朝の経済政策は、平清盛が推進した商業重視の貨幣経済を止めて、倹約を旨とし土地重視で農業を中心とするものだったが、産業の発達に逆らうことはできず、貨幣の使用は増加して行った。鎌倉時代初期には土地の売買で用いられる宋銭が４割にまで達し、残りは従来からの米とわずかな絹という状態だった。

当時の安芸国の産業としては、鉱物資源などに恵まれていなかったこともあり、稲作が中心で太田川や瀬野川上流域など内陸部での田畑の開発が進んでいた。また木材の切り出しも盛んで、安北郡の可部荘が木材の集積場所として賑わっており、周辺には朝廷や権力者が所有する山林である杣山《ソマヤマ》が広がっていた。1217年に木材の通行税に関して、安芸国守護で可部荘の地頭でもあった宗孝親と国司との利権に絡む争論の記録が残っており、この地における木材産業の重要性を示している。

鎌倉初期の文化

日本では長く朝廷や貴族を中心とした文化が続いてきた。後鳥羽上皇は特に当代屈指の歌人で、1201年には勅撰集『新古今和歌集』の命を下している。また、蹴鞠、囲碁、流鏑馬《ヤブサメ》などにも優れていたといわれる。

後鳥羽上皇に仕えたことのある鴨長明《カモノチョウメイ》が随筆『方丈記』を著したのもこの頃で、日本に多い自然災害に対する無常観を自分の人生にあわせて和漢混淆文で表現した。また、天台宗の僧侶である慈円が『愚管抄』という古代からの歴史書を仮名文で著した。貴族から武士の時代への転換を通じ歴史を導く道理を明らかにしたもので、日本最初の史論書とされる。

既に述べてきたように、源頼朝は神仏に対して非常に信心深い側面を持っていた。それは、平家に与した者の領地を没収する際も神領や寺領はそのままの領有を認め、特に社寺の多い大和には守護を置かなかったことにも現れている。

頼朝は戦乱で焼失した東大寺や興福寺などを再興するという文化事業に力を入れ、東大寺の大仏再建のため僧侶が寄付を集めて全国を回った際、莫大な寄進をするなどバックアップした。1195年に行われた落慶供養には頼朝自身が参列したという。歌舞伎の『勧進帳』で山伏姿の弁慶が読み上げるのがこの寄付を求める文書の勧進帳である。

この東大寺再建で、鎌倉時代を代表する彫刻が生まれた。それは従来の仏像とは全く違った東大寺南大門の金剛力士像で、奈良仏師の康慶、息子運慶、その弟子の快慶らによるものである。写実的で彫が深くて力感あふれており、その後も武士感覚に合った多くの作品を生んだ。

また、新しく武士による体制を目指す源頼朝としては、武士に相応しい新しい文化を起こそうと考えた。しかし、それまで社会の脇役でしかなかった武士に新しい文化がすぐに創造できるわけではない。そこで目を向けたのが宋の文化で、禅宗などを通じて武士の文化的環境を整えようとした。

中国では唐代末に仏教が衰退した中で禅宗だけが生き残っていたが、南宋時代になって禅宗は臨済宗と曹洞宗の二つの流派によって隆盛期を迎えていた。そこで備中出身の僧､栄西は比叡山で天台密教を学んだ後、1168年と1187年の二度にわたり南宋に留学し禅宗の臨済宗を修め、1191年に帰国した。古い寺社によって布教が阻まれたが、禅が国を護るため必要との『興禅護国論』を著して鎌倉幕府に接近し、幕府もこれを支援した。禅宗は読経ではなく師匠と弟子の阿吽の呼吸が重んじられ、座禅というシンプルな修行で精神を鍛練するといったことが、武士の気質に合っていた。

源頼朝の一周忌法要の導師を栄西が勤め、1200年に北条政子が建立した寿福寺の初代住職を務め、1200年に創建される京都の建仁寺の建設に際しては二代将軍の源頼家が栄西を援助したとされることからも、鎌倉幕府の力の入れ方が解る。栄西による臨済宗はその後の禅宗発展のさきがけとなる。

また幕府の御家人である宇都宮頼綱が建てた小倉山荘の襖の装飾のた

め、中流貴族で歌仲間の藤原定家に頼んで、古代からの優れた百人の歌を一首ずつ撰んで色紙に書いたのが、後に『小倉百人一首』として伝えられている。後鳥羽上皇の歌も撰ばれているが、当時の貴族と御家人の関係がわかる。

承久の乱

神器なき即位となった後鳥羽天皇だが、このことが負い目として鬱積して武士政権に対する反感が膨らんだのだろう、19歳になった1198年、皇位を３歳の息子の土御門天皇に譲り、自らは上皇になって治天の君として院政を再開した。治天の君というのは、天皇家の実権を握った上皇で､事実上の君主である。こうして次第に朝廷内での権力を蓄えて行き、武家から朝廷に権力を取り戻すことについて思いを巡らし始めた。

このような時起こったのが1219年早々の実朝暗殺事件である。幕府は皇族を将軍に迎えようとしたが、上皇はこれを拒否し幕府打倒の思いを膨らませた。この年の夏､御所内で騒乱があり内裏が焼失してしまうと、後鳥羽上皇は再建のため賦課金を全国に指示した。ところが東国の地頭はこれを拒絶し、さらに愛妾の荘園の地頭が命令を聞かないため行った免職要求を幕府が拒否した。これが後鳥羽院に最終決断をさせたとされている。しかし執権の北条義時にとって源頼朝が任命した地頭を外部の要求で罷免することは、幕府と御家人の関係の根幹にかかわることで、有りえなかったのである。

1221年、後鳥羽上皇は流鏑馬《ヤブサメ》の催しを口実に幕府有力御家人を含む在京武士を集め、そこで諸国の守護地頭に対し執権の北条義時追討の院宣《インゼン》を発したのである。上皇は関東武士たちもこれに従い、ほどなく義時が討ち取られると見込んでいた。案の定、この報を聞いた鎌倉の御家人たちは、頼朝への恩義を守って朝敵になるかどうか、大いに動揺し戦いをためらった。

この鎌倉幕府の危機を救ったのが尼将軍、北条政子である。『吾妻鏡』や『承久記』によると、政子は集まって来た御家人を前に、武家政権を樹立した頼朝の恩に報いるため、後鳥羽上皇本人ではなく、上皇の理不尽な義時追放に加担した御家人を打ち取るため都に攻め入ることを訴えた。これを聞いた者たちは皆、感涙に咽んだという。

執権義時の息子である北条泰時は、19万まで膨らんだ兵を率いて三方から都に向かったとされる。ただ、当時の日本全体の人口が約600万人、京都に10万人、鎌倉に６万人と言われていることからすると、相当水増しした数字のようだ。

これを迎え撃つために後鳥羽上皇の院宣に従ったのは、西国を中心にした勢力である。この戦いは全国の豪族や寺社を巻き込んで東西２派に別れて対峙したのだが、この東西の分岐線は日本の地質構造上の西日本と東日本を分け中部地方を走るフォッサマグナに非常に近似しているという興味深い事実がある。

西国の多くが上皇の側についた理由は、天皇への崇敬の気持ちだけでなく、幕府が派遣する地頭に対する懸念だったようだ。当時はまだ東国の御家人が地頭としてやって来る例は少なかったものの、幕府が派遣する地頭が従来からの領主に対してその利権を脅かす存在になるとの情報を聞き及び、多くが反幕府に回ったのである。

安芸国では、平家一門の信仰を得、上皇の行幸もあった厳島神社の神主家や関係する豪族は朝廷への結びつきが強く、守護の宗孝親をはじめとして幕府に反旗を掲げることを選んだ。また安芸国対岸の伊予国では河野通信が御家人に任じられ北条時政の娘を妻にして大きな勢力を持っていたが、息子の通久が後鳥羽上皇の警護にあたる西面武士《サイメンノブシ》だったこともあり、上皇側についた。

こうして始まった承久の乱だが、京都に入って来た幕府軍を迎え撃つはずの西面武士の一部が反旗を翻したのである。こうして武力に勝り尼将軍の煽りで結束した幕府軍は朝廷側を簡単に破ってしまった。京で上皇が敗れると、もはや地方で戦乱が続くようなことはなく、２カ月もかからない内にすべて終結してしまった。

かくして天皇家が天皇家以外の勢力に敗れて権力を明け渡すという、日本歴史の上で唯一の革命ともいえる結果に終わったのである。ただ、鎌倉武士たちに天皇家を断絶させるとの考えはなかった。

2 東国武士の安芸国進出（鎌倉時代中期）

後鳥羽上皇の朝廷と北条義時を中心とした鎌倉幕府との間で行われた承久の乱は、幕府側の完勝で終わった。この戦で安芸国衆の多くは朝廷側について戦ったため、それまで鎌倉の支配が及びにくかった西日本にある安芸国は、関東からやって来た守護や地頭という東国武士に支配されるという苦難に直面するのである。

承久の乱の後処理

後鳥羽上皇の朝廷の利権を取り戻そうとする試みを打ち砕いた鎌倉幕府は、速やかに戦後処理をすすめた。まずは首謀者である後鳥羽上皇だが、死刑に相当する遠流《オンル》として隠岐島への流罪とし、広大な荘園もすべて没収した。上皇は隠岐で世捨て人として失意の余生を送ったといわれる。

流刑については奈良時代から三段階が設けられ、最も重い遠流《オンル》は伊豆・安房・常陸・佐渡・隠岐・土佐各国に、中流は諏方国《スワノクニ》・伊予国、近流《コンル》は越前国と、なぜか安芸国も含まれていた。

後鳥羽上皇に協力した順徳上皇であるが、同じように遠流先である佐渡国に流されている。もう一人の上皇で乱に反対していた土御門上皇は、自ら遠流の地である土佐国に赴いたが、後に阿波国に戻されている。このように尼将軍でさえ皇室に対しては敵としての名指しは避けたように、幕府が皇族の処刑を行うことはなかった。

また乱の直前に即位したばかりの仲恭天皇《チュウキョウ》は、幕府の意向で後鳥羽上皇の直系ではなく、まだ10歳の後堀河天皇に皇位を譲り、幼い天皇に代わって父の守貞親王を治天の君とした。守貞親王は天皇に就いたことがなく前例はなかったが、当時の朝廷では天皇家を監督する治天《チテン》の君が不可欠の状態になっていたようだ。

一方、上皇側についた貴族や武士のほとんどが処刑され、領地はすべて没収され幕府領となった。また上皇に仕えた役人も官位を解かれ所領は没収されるという厳しさだった。さらに幕府は京都守護に代えて旧清盛邸跡に六波羅探題という幕府直結の役所を置き、西国の御家人に都の警備と朝廷の監視を行わせた。

こうして朝廷は存続したものの、諸臣が処罰されて威信が地に落ち、武士の世に代わったことを天下に知らしめたのである。これ以降、朝廷はあらゆる事案について幕府の了解を求められることとなった。

当時の御所は承久の乱の間に内裏が類焼してからは荒廃したままで、藤原氏の邸宅であった閑院邸が仮御所とされた。これは内裏に準ずるものとして里内裏《サトダイリ》とよばれ、これ以降は里内裏が内裏そのものになって行った。この閑院は1259年に火災にあい、その後は里内裏が冷泉富小路殿、五条大宮殿、二条殿、大炊御門殿などと転々としている。

守護地頭制の確立

地方においても、特に西日本に対しては承久の乱の処理が厳しく行われた。幕府は畿内を始め西国に役人を派遣し、上皇方に味方した武士や豪族を徹底的に調べ上げた。その結果、没収した領地は3千か所といわれ、これまで幕府が手の出せなかった西国の荘園だけでなく公領をも支配下に置いたのである。西日本を中心に膨大な荘園や公領の支配権を新たに獲得した幕府は、これを使って鎌倉幕府の体制固めを行った。

幕府は創建時の混乱に学んで守護と地頭の権限を見直し、守護には国ごとに軍事警察権を中心にした行政権を持たせ、地頭にはその下部組織として年貢徴収権を持たせ、荘園や公領ごとに置いた。承久の乱以降に任命された地頭をそれ以前と区別するため新補地頭と呼んでいる。

なお、守護には旨みのある年貢徴収権を持たせない代わりに複数の地頭職が与えられた。こうして、家柄や承久の乱での手柄に応じて東国出身の御家人を任命したが、名門の御家人は複数の国の守護を任命されることもあった。

ところで源頼朝ほど輝かしい武士の先祖を持つ者はいない。特に八幡太郎義家は武士にとって神様のような存在だったため、その血筋をひく頼朝は周囲から武士の棟梁であることが当然であると思われていたようだ。

京都の公家の世界では平安時代末期から、いわゆる「家《イエ》」の概念が定着し、家の格とか家業というものが固定化されていた。鎌倉幕府の要人もこれら公家と交わるうち、武家社会にもその影響が浸透していった。

このようなことから、幕府は血筋のはっきりした御家人に対し守護、中小の御家人には地頭と、差を明確にして任命した。そのため、源家に関係ない者たちは、いかにして由緒正しい血筋を入れるかとか、手柄をあげて領地を得て「一所懸命」に家の格を高めることが最重要事項になった。

こうして東国の武士たちは、一族郎党を引き連れて西日本をはじめ全国の所領安堵された土地に大移動したのである。

ところがこの東国と西国では、人間関係のあり方や社会的な関係に相違があった。それは律令時代の荘園制度に端を発し、東国の荘園がきわめて大規模だったのに対し、西国では全体的に小規模で下部にゆくほど細分化され零細なことに起因する。そのため東国では広大な土地を管理できる大きな力を持った惣領が散在する一族郎党を率いていており、強い本家意識があった。一方西国の場合は小規模のため、各地に自立した領主が存在しており、必要に応じ横同士の結合が行われる風土があった。

当時の西日本で荘園や公領で農業を主導していたのは国人領主の配下にある名主《ミョウシュ》と呼ばれる上層農民で、多くが武士でもあった。名主は荘園領主や国司から耕作を請け負い、租税として年貢・公事・賦役を負担し、下人や所従《ショジュウ》などと呼ぶ下層農民を支配することで、屋敷と名田《ミョウデン》という田畑を所有していた。

名主は律令国家の下で受け継いできた領地を守り農地を開墾し増やすことのみに専念してきたのだが、そこに東国から地頭がやって来たのである。年貢の取り立ての権限を持って自分たちの土地に住みついた連中に、唖然としたことだろう。

当然のことながら、名主など地場勢力と地頭の対立抗争が頻発した。ちょうど数年間に渡り天候不順で飢饉が発生しており、これが社会不安が起こった時期に重なった。

幕府や守護の最も重要な役割の一つが、土地に関する訴訟への裁定である。西日本での裁判は京都守護を改組して作られた六波羅探題で行われたが、裁決権はすべて幕府が持っており、土地や財産に関する民事裁判は問注所、殺人や傷害などの刑事裁判は侍所で行われた。幕府としても、それまでにも地頭の横暴に対する訴状が多くあったことを踏まえ、1222年『新補率法』と呼ぶ規定をつくり、新補地頭の取り分として年貢の約10％、課徴米、その他の収益に制限を設けるなどの手を打ったが、訴訟は増大するばかりだった。

従来、公家には政治制度を明記した『律令』があったが、武家には明確な法令がなく、頼朝以来の御家人に対する膨大で複雑な慣例を基に下されたため裁定が煩雑化し、それが訴訟混乱を引き起こしていた。そのため、10年後、幕府は『御成敗式目』と呼ばれる土地に関する権限や守護地頭の職務権限を明確化した法令を制定した。後世には制定年から『貞永式目』とも呼ばれている。漢文だが、返り点とふりがなが付けられ武士にとって分かりやすいよう配慮されていた。

この『御成敗式目』は、それまで制定された法令と異なり、天皇の承認ではなく執権の北条泰時の権限で行われたものである。

守護の権限は当初から軍事警察権を持つとされていたが、この『御成敗式目』では、行政権については国司の権限と明記されている。しかし、朝廷の力が落ちたことで任命する国司の権限は次第に侵害され、守護が国司を兼任する場合が多くなっていった。また地頭の役割は、治安・警察の任務と年貢徴収管理だが、式目では年貢の公正な運用を求めているところが当時の事情を示している。

日本ではそれまでも土地などの利権争いにおいて証文が証拠として重要視されたが、『御成敗式目』には訴訟における証文の価値も定められている。また武士の一般的な正義感を基にした理念を含んでおり、江戸時代に至るまで影響を及ぼし続けた。なお、第1条と第2条に、地頭が地域の神社と寺院の建物管理と祭事を行うことが定められており、頼朝以来の信心深さが織り込まれ興味深い。

安芸国の守護地頭

承久の乱では、安芸国守護の宗孝親を始め厳島神社の佐伯神主家などほとんどすべてが朝廷側についたため、没収された領地に大量の東国武士が移住してきた。その結果、安芸国の権力者はことごとく幕府が新たに任命した者に取って代わったのである。

まずは守護だが、自ら没落の道を選択した宗孝親の後任は武田信光だった。武田氏は頼朝と同じ清和源氏の流れを汲む名門で、現在の山梨県にあたる甲斐国を本拠としていた。信光本人は本国の甲斐国守護だけでなく幕府にも仕えていたので、安芸国に下ることはなく守護代を置いて管轄させた。一時的な下向はあったものの、このような状況は鎌倉時代の終わりまで続いた。

武田氏が安芸国で本拠としたのは、前守護の宗氏から引き継いだ国府のある安南郡と川を挟んだ佐東郡だと思われる。そこは武田山の麓で太田川河口にあり、山間部の木材や米などの集積地として安芸国の中でも最も栄えている地域だった。武田山南麓に守護所とよばれる館が造られて政治の中心になり、また各地の地頭職や在国司も引き継いだ。

次に地頭であるが、承久の乱の恩賞として地頭職を得たとの記録が残っているのは、以下の関東武士の御家人である。

相模国高座郡大庭荘香川邑	香川経景	佐東郡八木
相模国足柄郡小早川郷	小早川景平	豊田郡沼田荘船木郷
相模国愛甲郡毛利荘	毛利季光《スエミツ》	高田郡吉田荘
武蔵国大里郡熊谷郷	熊谷直時	安北郡三入荘
武蔵国入間郡金子荘	金子慈蓮	安南郡温科村－後に温科姓
武蔵国児玉郡池屋	児玉氏	豊田郡竹仁村、賀茂郡高屋庄
伊豆国田方郡三戸荘	三戸氏	賀茂郡西条郷
下野国安蘇郡阿曽沼郷	阿曽沼親綱	安南郡世能荒山荘（瀬野川町）
駿河国入江荘吉川	吉川経光	山県郡大朝本荘（北広島町）
信濃国佐久郡平賀邑	平賀有信	安北郡三入荘安芸町

地頭の出身地として、関東各地が網羅されており、ほとんどが出身地の地名を名字として名乗り、新たな土地で家を興した覚悟と一所懸命な姿がわかる。ただ、複数の土地に地頭職を得た者もあり、すべてがすぐに移住し、順調に定住したわけではない。

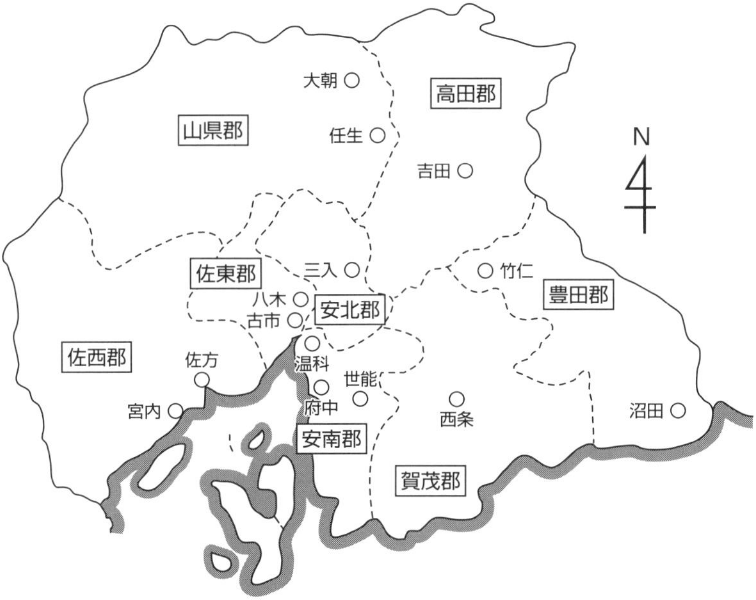

鎌倉中期の安芸国

この内、香川氏・毛利氏・熊谷氏・吉川氏・平賀氏については、当時の書簡などが残っており、特に『毛利家文書』と『吉川家文書』は充実している。

この中で沼田郷の小早川景平は鎌倉初期から着任していた小早川遠平の養子としてやって来て、小早川家を継承したものである。また吉田荘の毛利季光《スエミツ》は、源頼朝の側近で鎌倉幕府の重鎮でもあった大江広元の四男だが、承久の乱では北条泰時に従って後鳥羽上皇側と戦い武名をあげ地頭職を得た。しかし1247年に執権の北条時頼と妻の実家の三浦氏が争う宝治合戦が起こり、幕府に敵対した毛利一族の大半が果て、越後国にいた四男の経光だけが残った。この結果、毛利氏発祥の地である相模国の毛利荘は消滅し、越後国佐橋荘と安芸国吉田荘の領有は許されたものの毛利氏は一旦衰退してしまう。
熊谷氏は早期に郎党を引き連れて移住してきており、一族内で領地争いが起こったものの、1264年頃までには安定したとされる。吉川氏の場合、吉川経光は長く駿河国に留まっていたが、息子の経高の代になって大朝近隣の豪族が領地に侵入したため、1313年に移住を決断した。

経済学者の鬼頭宏による1150年の推定人口で、54,300人の安芸国に対して、東国の人口は相模国83,300人・武蔵国373,300人・伊豆国26,400人・下野国199,100人・駿河国71,000人・信濃国221,300人と多く、面積を考慮すると東国では安芸国の３倍以上の人口密度だった。そこで、農業を本業とする関東武士たちは、農地拡張の可能性の高い安芸国に一族郎党を引き連れて大挙してやって来たのである。安芸国に元から住んでいた農民にとって他国に逃げるすべもなく、土地のためには命を懸けるという特異な価値観を持つ侵入者に対しては従うしかなかった。
当時の安芸国の郷数は平安時代中期の『和名類聚抄』によると63とあり、人口から推定して１つの郷は千人弱の規模である。そこに100人規模の力を持った異国人が来たとするとその影響度は計り知れない。安芸国の人口の大部分を占める農民らにとって、この出来事は深く心に染込んで、地域住民の特性に大きな影響を与えたと思われる。
ただ、新しい権力者としての東国武士たちも、農民を搾取して逃散されると生産量が低下して自身の衰退に繋がる。元々東国武士は自ら苦労して農地を開墾した経験を持っていることもあり、領地内の灌漑を改善するなどの勧農行為や、地域の寺社を保護することで支配力を強めて行った。

一方、古くから海に依存して生活していた島嶼部では、幕府として地頭を配することはなく、大陸との交易で内海の水運確保のため沿岸の地頭に海賊衆の制御をおこなわせた。能美島では土豪の能美氏が能美庄の荘官となって、農業や漁業と共に海賊としても活躍していた。

また伊予国の河野通信は朝廷側について河野氏は衰退したが、一族の中でただ一人幕府側として参戦した五男の河野通久が伊予国内に生き残った。

ところで、当時の農耕作業には牛馬が広く使われていたが、西日本では主に牛、東国では馬だった。馬は上級の東国武士にとって出陣する際の必需品で、西国にやって来る時は馬を引き連れて移住して来たとされるが、その後も西日本で農耕に馬が広く使われることはなかった。人々の習慣を変えることは難しいことを示している。なお、当時の馬は名馬でも背までの高さが145cm程度で、非常に小型だった。

厳島神社

厳島神社の佐伯神主家だが、「異姓の他人をもって神主となすべからず」とされ600年余り続いていたものの、朝廷側に味方した罪は許されずとうとう神主職と神領が没収されてしまった。

鎌倉幕府は藤原親実《チカザネ》を新しい神主に指名し、この藤原神主家はその後約300年続くのである。親実は頼朝側近の文官であった中原親能《チカヨシ》の養子で、佐伯氏が所有していた神主としての権限と、広大な神領とそこの年貢を管理する神領衆を引き継いだ。ただ、自身は幕府の有力御家人で幕府御所奉行の職にあったため安芸国にやって来ることはなく、『林家古文書』によると次男の親正を佐伯氏系の上卿の養子にし、神主代上卿《ショウケイ》職として定住させた。

上卿というのは儀式・政務・公事などの各種行事を実施する筆頭者で、神主代上卿は不在の神主に代わって神事を取り仕切るのである。また身内の盛頼に佐伯姓を名乗らせ惣政所《ソウマンドコロ》の代官として神領の総合管理を任せた。このように藤原親実も古くから続いてきた佐伯神主家を意識していたようで、縁者を佐伯姓として送り込んだのである。

惣政所の「政所」とは幕府内で一般政務や財政を司るところだが、有力社寺でも所領荘園の管理を行う部門に対しても用いられた。また中世の文書の中でよく使われる「惣《ソウ》」という用語は、もとは「総」という漢字と同義で、すべてとか全体という意味を持っていた。中世ではそこから発展して、団体や地域に冠して、その構成員の総意で事を決する仕組みを持つことを意味している。従って、惣政所と名付けられたということは、神社本宮・下宮それに各地の神領などにも政所が設けられたのだろう。

こうして厳島神社の支配体制は、従来からの佐伯氏一族の上に、藤原家に繋がる惣政所が支配する組織体ができた。佐伯氏としては、世襲で行われてきた祭祀などを継続して行う事で断絶を免れたのである。祭祀とその運営についても渉外を含む全体を統括する棚守《タナモリ》職、各種祭祀《サイシ》を行う上卿《ショウケイ》職、祈祷を行う祝師《モノモウシ》職といった組織と役割が定められて行った。

藤原氏が本拠地として選んだのは、佐伯氏が対岸の地御前や宮内を中心に住んでいたため東側の佐方で、半島状につき出した桜尾山の西麓の居館と佐西の浦という港があった。そのため神主代の親正は佐方殿と呼ばれたといわれる。また1233年に藤原氏の守護神である鎌倉の荏柄《エガラ》天神を勧請して天満宮を建てている。

神主が藤原氏に代わった直後の1223年に厳島神社は再度火災が発生し、社殿の大部分を焼失した。この時も朝廷は前回の火災の時と同様に安芸国を造営料国に指定し再建を急がせた。ところが、前回は８年で再建できたのに、今回は10年経ってもなかなか進まない。その原因は、厳島神社神主の藤原親実と安芸国守護の武田信光の双方が安芸国に下向しておらず、神社再建の主導者が不在のため東国御家人の地頭が造営の課役を割り当てても応じなかったことにあった。そこで幕府は、1235年に神主の藤原親実に安芸国守護の兼任を命じ、厳島神社再建を急がせ、翌年には外宮である地御前神社の修復も行った。このように鎌倉幕府は頼朝の遺徳によるためか、厳島神社再建に対し非常に前向きに対応したのである。

こうして藤原親実は安芸国に下ることとなり、安芸国人を動員して社殿再建に熱意を注いだ。親実は幕府に対し各種の職人の派遣を要請し、瓦工・金工など大勢の職人がやって来たといわれる。江戸時代の初めにできた『芸備国郡誌』によると、この時、鎌倉から来た鋳物師の山田貞則は桜尾に鋳物場を開いて神社再建に用いる器具の鋳造に活躍した。その後土地を下賜され定住し、長くこの地域で鍋や釜などの民生用も含めた鋳物産業発展に貢献したといい、その他の職人も多くがこの土地に定住した。当時の佐西郡で最も賑やかだったのは、石内川の河口の利松近辺だったようだ。

なお、社殿の再建に用いられた材木の注文書である『暦仁材木注進状』や『政所注進状』が残されているが、これによると社殿の配置や構造など現在の社殿とほぼ同じであったことが確認されている。

1241年に『伊都岐島社神官等申状案』が作成されたことから、神社再建が終了したことが分かる。この時藤原親実は70歳を超えていたといわれるが、落慶法要などを済ませ1244年に守護職を退き六波羅評定衆となって都に戻って行った。

後任の守護は再び武田氏が継ぐこととなり、信光の孫の武田信時が就任したが、信時も下向せず守護代を置いた。厳島神社神主職については、親実が1255年に息子の親光に譲るまでとどまり、惣政所を残して神社を統括した。こうして鎌倉時代末期まで藤原家神主が安芸国に定住することはなかったが、一族の中には山県郡や高田郡の神領に土着する者が現れた。

藤原氏に神主家を譲らざるを得なかった佐伯氏だが、佐西郡を中心にした広大な神領の所有権も藤原氏に移ったものの、『厳島野坂文書』の中に、宮内を中心にしたそれまでの屋敷と佐東郡の所領、安摩荘にある朝廷の荘園の権限は、そのまま保持し続けていたことが示されている。

ところで厳島は神の島として古来人の住むことは許されなかったが、それは佐伯神主家のこだわりでもあったのだろう。しかし、平清盛による社殿建設の際は『伊都岐島社神主佐伯景弘解文』によると、関係者は毎日対岸から通うのではなく、仮小屋などを建てて島に留まり工事を進めたようだ。ただ定住が許されたわけではなく、工事が終わると元の状態に戻ったと思われる。今回の再建工事でも同じで、当時船着場のあった社殿の西側に職人たちの仮小屋やそれに合わせた商店が開かれたが、工事が終わった後に常住することはなかった。

武士を取り巻く環境変化

東国から西日本各地に移住した地頭は領地を拡大するため開墾に励むのだが、それには限界があり、当然、国人領主たちとの領地争いが発生した。東国武士の館《ヤカタ》は周囲に堀や土塁を廻らせたもので、この頃から関東風の館が全国に広まったと言われている。

これに対し幕府は、『御成敗式目』を発し武家の秩序を守ろうとしたわけだが、この規定ができても拡大指向の強い地頭は武力を用いて荘園にまで侵略してゆく者が増えて行った。「泣く子と地頭には勝てぬ」という言葉が生まれたのもこの頃で、荘園主は仕方なく荘園の管理をゆだね、地頭請《ジトウウケ》など実質的な支配権を握られるようになった。地頭請というのは、収穫量の出来不出来に係わらず毎年一定量の年貢を納入することである。

この状況をさらに深刻にしたのが、分割相続制である。当時の幕府は相続で惣領を優遇していたが庶子に対しても相続権を与え、惣領には武士一門の統制、軍役や公事の負担を任せ、所領の安堵や恩賞の申請も惣領経由で処理するなど優遇していた。しかし分割相続制度では家督相続人の惣領といえども、数世代にわたり領地が複数の庶子に分割されると領地はどんどん減少するのである。武家は自分の所領で自給自足や物々交換を基本に生活していたため、現金を得る手段にも乏しく領地の減少は直接貧困に繋がっていった。そのため当時進みつつあった貨幣経済へ乗り遅れ、大切な領地を質入れしたり売却する武士が多発した。

一方で、農民から収穫物を略奪する武士も増加して農民の逃亡を引き起こした。これは幕府の年貢収入は減少し財政は逼迫していった。幕府は状況打開のため、1240年に御家人の領地売却を禁止し、1267年には所領の質流れを禁止した。しかし幕府の方策も効果は限られ、所領を失う御家人の増加を止めることはできなかった。

興味深いことにこの時代、分割相続制度では女性も同等の権利を持っていた。女性の地頭もいたし、なによりも北条政子の活躍ぶりを見れば納得できる。変遷はあるがこれが完全に崩れたのは江戸時代からとされている。

このような状況で御家人ができるのは、武士の象徴である武芸を高めて、何かの事が起これば勇敢にこれに加わり卑怯な振舞いに対決して勇名をとどろかすという、武士の美学に浸ることである。こうして武士の誉れが称賛されるようになると、それが領地の保障という実利に直結したのである。これが鎌倉殿に対する忠誠心の背景で、「御恩と奉公」の姿勢はその後の日本人の心の中に生き続けるのである。

ただ一方では、「命あっての物種」といって裏切り行為もあり、農民に対しては掠奪を行うという現実主義的な鎌倉武士の価値観というものを現代人として理解することは非常に難しい。

経済の発展

この時代の経済は、守護や地頭、荘園領主などの保護の下で発達した。保護下での産業は、交通の要地や寺社の門前など、人の多く集まる所で発達し、定期的な市が開催されるようになった。

こうして市場が活性化してゆくと、宋銭が必須となり貨幣経済がますます進んでこれまで貨幣の役割をしていた絹の価格低下は止まらなかった。幕府や朝廷としても税の徴収や物資の調達に絹より便利な宋銭が使われるようになり、絹による財政運営は消えて行った。1226年には幕府が、その４年後に朝廷がそれぞれ宋銭の使用を公式に認めている。

貨幣経済の発展により、鎌倉時代中期には原始的な金融システムである無尽《ムジン》と呼ばれる貸金業が現れる。これは借金返済で土地を手放すことに繋がり、鎌倉幕府の統治基盤となる土地を基にした御恩奉公の関係が崩れるきっかけになった。幕府としても看過できず、1239年に一定範囲で流通を禁止したが貨幣の浸透は止まらず、1225年から1250年の間に貨幣経済が日本全体に浸透したとされている。

産業の中核となるのはやはり農業で、牛馬を使った耕作、草木灰の肥料への使用、二毛作の実施などが進み、生産性が向上した。こうして農民層も経済力を持ち始め、領主や地頭に対する権利意識が高まることにつながった。

また、鉄製農具が一般に使われ始めたのもこの頃である。製鉄技術の進歩により、それまで僧侶や富豪の所持に限られていた鉄製鋳造品が庶民にまで広がった。さらに鍛造刃物や紙漉きなどの商品を作る手工業を生み、これらの商品や年貢を運ぶ問丸《トイマル》という運送業者が現れ、座と呼ばれる同業者の利益を守る組合もできた。

仏教の発展も鋳物産業の発展に関係した。『吾妻鏡』によると、頼朝は東大寺の大仏を見て鎌倉にも大仏がほしいと思ったようだ。頼朝の生存中には完成しなかったものの、1243年に木造の鎌倉大仏ができた。しかし程なくして暴風雨で崩壊したため、時の執権、北条時頼は1252年に青銅による再建を決断し全力で推進した。そこで河内国の丹南鋳物集団を鎌倉に招聘《ショウヘイ》したのだが、500年前の奈良大仏の製法に比べ国産技術が多いに進化していたようだ。例えば両方とも金の表面処理だったが、水銀公害のひどかった奈良時代のアマルガム方式に比べ公害のない金箔による方式が採用された。その後、この鋳造技術は全国に広まってゆく。ただ銅の地金は、当時国内に銅鉱山がまだなかったため、膨大な宋銭がこれに充てられた。

日本では世界に先駆けて土器を作り始めたが、その後の技術の進歩はゆっくりだった。ところが平安時代の終わりころから、高温で焼いた本格的な陶器が現れてくる。まず釉をかけた瀬戸焼が始められ、同じころ常滑焼・越前焼・信楽焼・丹波焼・備前焼の窯が造られた。こうして鎌倉時代になると大量の陶器が生産され全国に流通し始める。いわゆる「日本六古窯」で、現在まで続いている。

新しい仏教

平安時代から鎌倉時代への変換期に発生した数多くの戦乱や自然災害は、死に直面し何かにすがりつきたいと思う人を沢山つくりだし、末法思想を生んだ。末法というのは仏教用語で、争いや邪見がはびこり仏教がその効力を失う時期とされ、いうなればこの世の終りである。さらに、従来の仏教そのものが形骸化し政争の具に堕落していたことがこれを助長した。

この状況を打開しようと多くの名僧が出たが、平安時代の初めに最澄が開いた天台宗の本山である比叡山延暦寺が仏教の道場として大きな役割を果たした。比叡山は貴族中心に信仰された密教の聖地であるが、ここで広範囲な人達を対象とした新しい仏教が生まれたのである。それを生んだのがここで修行した、法然・親鸞・日蓮といった僧である。

まず法然であるが、幼少より25年間比叡山で天台宗を学び、1175年に浄土宗を開いて比叡山を下りた。法然は「南無阿弥陀仏」と念仏を唱えるだけで、特別な修行をすることなしに往生できるという教えを京都中心に説いた。浄土宗は旧仏教界から弾圧を受けたものの、庶民だけでなく公家や武士の支持を得た。

この法然と関係が深いのが時宗を興した一遍である。一遍はただ念仏を唱えるのではなく踊りながら唱えることで極楽往生できると、娯楽の少ない庶民に諭した。踊念仏と呼ばれ、諸国を巡った姿が「一遍上人絵伝」として残っている。

もう一人法然と関係深いのが親鸞である。9歳で出家し比叡山で天台宗の僧として20年間修行をしたが、自力修行の限界を感じ法然のもとで浄土宗を学ぶ。法然に対する弾圧に伴い越後に流されたが、念仏しなくても阿弥陀仏の救いを信じればそれだけで極楽往生できると説き、農民など貧しい人達からも信心を得た。それまで領主の下で収奪に耐えながらただ生きていた者が、信心という新しい世界を媒体にした幅広い世界との結びつきを持ったのである。親鸞は浄土真宗の開祖となる。

一方で法然と対決したのが日蓮である。漁民出身だが比叡山を始め各地の寺院で修行した後、法華経こそ真の仏教であるとして、1260年に幕府に対し『立正安国論』を提出した。浄土宗などを邪宗とし、放置すると国が乱れ外国から侵略を受けると説き、元寇の予測が的中したことから注目され、数々の迫害を受けたが屈することなく権力に立ち向かった。

もう一つは中国からもたらされた禅宗である。まずは栄西が鎌倉時代の初めに南宋から臨済宗を持ち帰り、幕府の支援もあって武士の間に広めた。その後も中国から名僧がやって来るなど、臨済宗は武士の間に定着した。

臨済宗と共に中国で発展した曹洞宗については、宮家出身の道元が比叡山で天台宗を学んだが納得できず、1223年に南宋に渡り曹洞宗を学んだ。帰国して都で布教を始めるとやはり旧来勢力による迫害に会ったが、越前に下り地方の豪族の支持を得て、後の永平寺を建立する。

禅宗は座禅など精神修行を重んじるが、信仰に到達するのに大きな意思の力を必要とすることが鎌倉武士の精神に近いため武士階級を中心に支持を得た。

また1246年に就任した５代執権の北条時頼は、禅宗を通じて武士に慈悲や忍耐といった戒律的な精神を学ばせようとした。これが後世の武士道の起源となったとされている。

時頼は鎌倉に建長寺を創建し宋の禅僧である蘭渓道隆を招き、禅宗に深く帰依した。鎌倉幕府の最も安定した時代であった。さらに1279年、８代執権の北条時宗は道隆の後任として禅僧の無学祖元を建長寺に招いている。鎌倉には現在でも建長寺を始めとする鎌倉五山と呼ばれる臨済宗の寺院が残されている。

鎌倉文化

武士の世になってもしばらくは、鎌倉文化の担い手は公家や寺社であった。それまでの武士は農業の傍ら武芸に励むのが主で学芸に接することはなく、京都に赴任して公家と交わった一部の御家人だけに機会があったのである。

そのような状況を示す記述が『吾妻鏡』の中にある。北条泰時が承久の乱で京都に攻め入った時、講和のため後鳥羽上皇の漢文で書かれた院《イン》宣《ゼン》を受け取ったものの、泰時を始め五千余の兵に読める者がなく、読めたのが武蔵国の御家人ただひとりだったという。

しかし武家として政権を担って朝廷との折衝や訴状を処理し法を作成するなど政治的、社会的な経験を深めてゆくにつれて、経済的な成長を背景に鎌倉武士たちもようやく自身が文化を享受できる立場になったことを認識し、内外の文化や学問へも関心を持つようになっていった。鎌倉時代前半の歴史を編年体で著した『吾妻鏡』は、幕府の中枢による編纂によることがそれを示している。ただ出来上がったのは1300年頃と言われている。また、執権の近親である北条実時は、鎌倉の外港として栄えた現在の横浜市金沢区に金沢文庫を設立し、和漢の多くの書籍を集め学校として活動させた。

一方、公家の間でも、1235年に後堀河天皇の命で藤原定家が『新勅撰和歌集』を撰したが、武家の歌が多く入っており宮廷内における武士の影響力の拡大を示している。

この時代に出来たとされるのが『平家物語』である。作者は諸説あって定かでないが、これが全国に広まったのは、琵琶法師による語りと読み本によってである。

琵琶法師は平安時代初期の仁明《ニンミョウ》天皇が、若くして失明した親王を出家させ天皇自身が得意の琵琶や詩歌を教えたのが始まりとされている。『平家物語』は、朝廷の庇護のもと比叡山を拠点に琵琶で語りのできる盲人法師を組織し、西日本の有力者を中心に巡らせた。そこには平家所縁の地も多く、平家鎮魂と承久の乱の沈静化という政治的な意図で台本が書かれたと言われ、民間の演芸とは一線を画していた。

一方の読み本のほうだが、当時まだ印刷技術はなく書写によったため写し間違いが多いだけでなく、東国の武士や有力者個々に向けた意図的な書き換えや、頼朝など源氏側の活躍物語が追加されることで、多くの種類が知られる。『源平盛衰記』もその一つである。こうして『平家物語』はその後長くにわたり、日本における娯楽の基本になった。

東アジアの状況

日本で起こった承久の乱は、近隣諸国にも影響を与えた。後鳥羽上皇側に付いたため守護や地頭に領地を取り上げられた者の一部が、海外に向かったのである。

『高麗史』の1223年の項に初めて「倭寇《ワコウ》」の文字が出てくる。倭寇は日本人を主体にして船を使った盗賊集団に対する中国人の蔑称だが、朝鮮半島や中国沿岸に出かけて略奪行為をしたようだ。倭寇の船は八幡大菩薩の旗印が掲げられていたため八幡船《バハンセン》とも呼ばれた。『吾妻鏡』には1232年に肥前国の人間が高麗を襲ったことが書かれている。

このような頃、中国の内陸部にあったモンゴル帝国では、チンギス・カンが死ぬと生前に指名されていた三男のオゴディが1229年に２代目の皇帝に就任した。オゴディも征服欲に駆られ、さっそく父のやり残した侵略にでかける。まずは中国の金と高麗を平行して攻撃し、1234年には金を滅ぼしている。また翌年に南宋にも攻撃を加えている。

さらに1235年、オゴディは兄ジョチの息子バトゥに命じてヨーロッパに遠征軍を派遣した。チンギス・カン以来、モンゴルの騎馬軍団は集団戦法に優れ火薬などの最新兵器を持ち、また諜報活動にも長けていた。特に各兵士が数頭の馬を連れて行き馬を乗り替えることで機動性を高めたとされる。

猛烈な勢いで東ヨーロッパにまで達し、1241年ポーランドの西部でヨーロッパ連合軍と対決した。ヨーロッパ軍は重い鎧を着けた歩兵中心に騎士道精神で戦いを挑んだが、モンゴル騎馬兵の敵ではなく多くの兵が惨殺された。この戦いはワールシュタットの戦いと呼ばれるが、これは死人の山という意味である。

モンゴル軍はさらにハンガリー軍を破って前進し、ウイーンの近くに達した。当時のヨーロッパ諸国は長く続く十字軍遠征で疲弊しており、ヨーロッパ各国は一大危機に陥った。このようなヨーロッパを救ったのが、モンゴル皇帝オゴディの死去の報だった。

急遽、ヨーロッパ征服を諦めてカラコルムに引き返したモンゴル軍だが、３代皇帝グユク、４代皇帝モンケと分裂や後継者争いがつづいた。しかし侵略意欲は衰えず、それまで幾度もの攻撃にもかかわらず降伏させるに至っていない南宋と高麗に対し攻勢に出た。
まず、長く抵抗を続けていた高麗を1259年に降伏させ属国とした。属国だから高麗の王制は継続されたが、後の忠烈王が人質にとられて多くのモンゴル軍人が駐留し、それに対する抵抗勢力の三別抄が生まれるなど、高麗は苦難の時代を迎えたのである。『高麗史』によると、忠烈王自身は人質ながらモンゴル皇帝の娘を娶りモンゴル風辮髪となり、それを知った心ある高麗人はその変節ぶりに涙を流したという。

一方の南宋のほうは執拗に抵抗し、モンゴル軍も手を焼いていた。1260年フビライ・ハーンがモンゴル５代皇帝になると、中国の統一王朝設立の思いが強まったのだろう。滅ぼした金の首都、現在の北京の地に1267年から都の建設に取り掛かかった。そしてその翌年から南宋に対する第３次の攻撃を始め、1271年になってフビライはついに「大元」を建国し自ら世祖と称し、中国統一の意図を明確にした。中国の歴代王朝名は漢字一字なので一般に元とよばれる。これと共に自らが皇帝であるモンゴル帝国は、チャガタイ・ハン国などモンゴル貴族による国から成る緩やかな連合へと再編された。

モンゴルと日本

拡大指向の強いモンゴルだが、内陸に住む遊牧民族であるから、船で海を越えてまで侵攻しなければならない日本に対しては、体質的に敬遠していたと思われる。
ところが『元史-列伝日本国』によると、1265年に高麗人の趙彝《チョーイ》という者が、フビライ・ハーンに日本国との通交を勧めたことで状況が変わったとされている。この男はモンゴルが高麗に侵攻した際にモンゴルに寝返って科挙に合格し、ついにはフビライの側近に伸し上がった男だった。
もうひとつフビライは、攻めあぐねている南宋の抵抗力の源が交易による経済力であることを察知し、交易先である日本を取り込むことが南宋侵略に有効と考えたようだ。さらに、中国では産出しない火薬の原料になる日本産の硫黄が目的だったともいわれている。

1266年８月付で作られた日本国王宛ての国書『蒙古国牒状』は、フビライ自ら「大蒙古国」の皇帝と名乗っている。この国書の内容は、「大蒙古は大きな領土を持つ大国だが、日本はこれまで何の挨拶もない。我々を父と思って国交を持ったらどうか。これがわからなければ軍を送ることになるが、それは我々の好むところではない。」という高圧的なもので、表面的には穏やかだが明らかに脅しである。

フビライは二人の使者に国書を持たせて日本に送り出した。ところが朝鮮半島南端の巨済島《コジェトウ》まで来た時、高麗の案内人は海を渡るには風波が激しく困難であるとして二人を引き返させた。この高麗側の思いは、モンゴル帝国が日本侵攻する場合、属国である高麗が膨大な軍事費を負担することになるので、それを避けたいとの思いによったとされている。

一方で日本侵攻を提案した趙彝のように、高麗ばかりがモンゴルに虐げられていると考え、日本にも同じ目にあうべきだと念ずる高麗人も存在した。これには倭寇とよばれる海を渡って高麗にやって来る日本人主体とされる盗賊団への反感も影響していたようだ。このように、高麗政権内には現実派と日本に対する怨念派の二派が存在していた。

日本に渡らないまま戻ってきた使者に怒ったフビライは、今度は高麗が自ら責任を持って日本へ使節を派遣し要領を得た返答を得てくるよう高麗国王の忠敬王に命じた。忠敬王は添え状「蒙古皇帝は貴国と通交をしたいだけで、貢献を求めるものではない。天下に名を高めたいだけである。」という日本を油断させるための副書を付け、側近を日本へ派遣した。1268年早々、モンゴルの国書と高麗の副書を携えて高麗の使者が大宰府にやって来ると、大宰府の責任者である少弐資能《ショウニスケヨシ》を通じて国書が鎌倉に送られた。『外記日記』によると、使者がやって来る前に、幕府は元が高麗を征服し日本をも攻める動きがあるとの情報は持っていたようだ。

この国家の危機に際し、幕府は高齢の７代政村に代えて幼少より聡明なことで知られた18歳の北条時宗を執権にして一致団結を図った。この若い鎌倉武士にとって大陸ははるか遠い存在で、ましてや外国からの国書への対応儀礼など知る由もなかった。幕府は宛先が日本国王で天皇を指すことからまず朝廷に届けたが、当時後嵯峨上皇が中心の朝廷とて外交経験はない。時宗は、宋から来た蘭渓道隆などから情報を得て強硬論で押し通し、朝廷の作成した返書案も無視して使者を追い返した。

同時に幕府は、モンゴルの攻撃に備えて用心すべきとの法を『追加法』として発布し、西国、特に九州の防備体制を固めた。朝廷の方も上皇自ら先頭に立って異国降伏を祈り、全国の寺社にも祈祷を命じた。国難に直面し外敵との戦いの経験のない朝廷にとって、神仏に祈るほかなかったのである。

『高麗史』によると、日本への使者が成果もなく帰国すると、フビライは高麗に戦艦1000艘を造るよう命じ、完成し次第日本を征討するとした。しかしまずは懸案だった南宋に対する第３次征討を開始した。

『元史』によると翌1269年、フビライは再び使節団を日本へ派遣した。遣使がまず対馬に上陸すると、日本側はこの先に進むことを許さなかったため、遣使は二人の対馬の島人を連れて帰還した。フビライは、日本人を連れて帰ってきたことに大いに喜び、宝物を下賜するなど歓待したと言うが、非常にしたたかな人物ではある。

この二人の日本人だが、『蒙古来使記録』によると、モンゴルは二人を返還するとの名目で、中央機関からの国書と高麗国書を携えた高麗人の使節を大宰府に送り込んだ。その国書は日本に服従を要求する内容だったが、幕府は再び無視することを貫いた。

モンゴル帝国が国号を大元に改めた1271年、フビライは女真人《ジョシンジン》の官僚である趙良弼《チョウリョウヒツ》を５度目の使節として日本に派遣した。良弼は高麗の南端に軍勢を結集させて睨みを利かせた上で、一行100人余りを引き連れて出発した。筑前の今津から大宰府にやって来て入京と国書奏上を要求したが、日本側はそれを拒否し返書の代わりにとりあえず日本の使節をフビライの元へ派遣することにした。12人の日本人は良弼と共に元の首都大都を訪れたが、フビライは元の軍備の偵察に来たとして謁見を許さなかった。

ちょうどこの頃、元の人質になっていた後の高麗忠烈王はフビライに「日本はまだ元に従っていない。高麗で戦艦と兵糧を揃えるので日本を征伐してほしい」と伝えたと『高麗史』と『元史』にある。忠烈王は高麗が多大な犠牲を払ってでも日本に負けたくないとする怨念派の代表だった。

1272年、趙良弼は再度返書を求めて日本にやって来た。しかし状況は変わらないまま、良弼は１年間にわたり日本の状況を調べ上げたのである。元は諜報を作戦に生かすことが巧みであるといわれるが、日本側の諜報活動に対する認識は低かったようだ。翌年帰還した良弼は、フビライに日本に侵攻しても益がない旨進言し、フビライの進軍の思いを押しとどめたとされている。

しかしフビライの思いは変わることがなかった。『高麗史』によると、翌年フビライは日本侵攻の準備を開始し、高麗に900艘の戦艦の建造を命じた。その直後、高麗王が亡くなり、フビライに日本侵攻を訴えた忠烈王が高麗王位を継いだため、日本侵攻の流れが確固たるものになった。この年の秋、高麗は突貫工事で戦艦900艘を完成し、フビライは日本侵攻の命令を発し、元軍は高麗の南岸にある合浦《ガッポ》に結集したのである。

文永の役

元軍の兵力については『元史』・『高麗史』に記述があるが、その解釈には緒論ある。高麗に駐留していた元軍５千に新たに元から１万５千が加わり計２万人が元から派遣された兵力だが、この中のモンゴル人は30人程度で、大部分はそれまでに滅ぼした国の漢人や女真人などだったとされる。これに高麗で編成された軍が加わったが、この規模については５千６百人との説が有力である。これら兵士に非戦闘員を加え、総勢４万６千人が900艘の船に乗って日本に向かったのである。

これを迎え討つ日本側は、大陸から襲って来る大軍に備えて、西日本を中心にした御家人に対し、惣領だけでなく庶家にも参戦するよう命じた。これに対し御家人とその配下の武士たちだけでなく、当時西国に多かった武士ではあるが御家人でない者も異国警備に加わった。それは承久の乱以来の手柄を立てて恩賞を獲得できるチャンスとばかり、自分の功名手柄を売り込むために参戦したのである。こうして、実績をあげた者は幕府の支配下に入り御家人化する者も多かった。

また、それまで安芸国守護ながら守護代を置いて自身は鎌倉にいた武田信時は、1269年に西国への出向を命じられたため西国に下り、1276年まで安芸国守護として在職したようで、それまで安芸国の地頭であった熊谷氏・香川氏・己斐氏などを家臣団に組み込んだ。

元軍の高麗兵は、まず航路上にある対馬に上陸して攻め入った。対馬の守護代の宗資国は果敢に戦ったが、多勢に無勢で全滅した。さらに島民の男は皆惨殺され、女は捕らえられて掌に穴をあけて数珠つなぎにし、船縁に吊るされたといわれる。『日本書紀』の天智帝二年紀にある「百済王豊璋は鬼室福信に謀反心があるとして、掌を穿ち革で縛る」との共通性が指摘されている。フビライは日本への遠征に際し、占領地の農民達をむやみに殺すなと指示していたが、高麗兵はこの指示を全く無視し、高麗のやり方で敵地を侵略したのである。

対馬からさらに壱岐に向かった元軍に対し、守護代の平景隆が防戦したが、追い詰められ自刃して果てたといわれ、ここでも高麗兵は対馬と同じように暴虐の限りを尽くした。

対馬と壱岐を蹂躙した元軍は、最終目的地である博多の沖に結集し、湾岸の箱崎、今宿《イマジュク》など4地点に分散して上陸した。元軍襲来の知らせは対馬を脱出した島民により博多に伝えられており、これを迎え撃ったのは九州の御家人を中心にした1万2千人の武士である。この時の戦いは当時の年号から「文永の役」と呼ばれているが、次のような経過が語り継がれてきた。

「モンゴルの集団戦法に対し、日本側は戦略もなしに、ただ手柄を上げたい一心で我先にと名乗りを上げ単独で突進した。これに対する元軍は名乗りにも答えず強い弓で攻撃してくるため勝負にならない。また鉄砲と呼ばれる音の出る火器も日本軍を翻弄した。それでも御家人たちの士気は衰えず、次から次へ「我こそは」と飛び出した。しかし本陣を奪われて筥崎八幡宮が焼失し、さらに水城の辺りまで撤退を余儀なくされて博多の街は恐怖に慄いた。そこで日没を迎えたのだが、その夜、突然神風が吹き、元軍は皆逃げ帰った。」

これは『八幡愚童訓』の記述だが、元軍に筥崎八幡宮を焼かれた八幡宮が名誉挽回のため作成したものである。鎌倉武士が信仰する八幡大菩薩の神威を強調するため、突然の撤退は神風によるものとされている。また日本武士の単独行動が強調されているが、元の行政官だった王惲《オウウン》の著した『汎海小録』には、日本兵について「騎兵は結束して、勇敢で死ぬことを畏れない」とあり、単独行動だけではなかったことを示している。

近年の研究では文永の役での台風説は政治的な作為によるとの説が主流になっている。『高麗史』によると、軍船に戻った元軍は軍議を開き、退路を断ってでも日本に攻め込むべきとの高麗側の主張に対し、元軍の総司令官は日本側の兵がどんどん増える状況を目前にしてこのまま戦うのは無謀だとし、軍の撤退を命じたとしている。日本側の執拗な抵抗で元軍側の船による兵站計画に狂いが出た結果と推測できる。

弘安の役

日本に対し怖さを見せつけただけで一旦引き上げた元軍であるが、翌年フビライは、ふたたび元に従うようにとの国書を持たせて使者を日本に送って来た。使者は博多を避けて現在の下関の北方にある長門国の室津に上陸した。幕府は使者を大宰府から鎌倉に送らせて尋問した結果、執権北条時宗は使者を全員処刑するという強硬策で対応したのである。

元からの使者の来航を知った朝廷と幕府は、八幡神社・伊勢神宮・住吉大社・厳島神社・諏訪大社・東大寺・延暦寺・東寺など諸国諸社寺に異国調伏《チョウブク》の祈祷を続けさせた。調伏とは危害を加えようとする者を修法により撃破することである。厳島神社に「異国征伐御祈」の名目で、1274年に神主家の藤原親定が奉納した刀が残っている。

幕府は九州諸国に命じて、九州軍約６万５千により守りを固めた。さらに幕府は、1276年に防衛線強化のため長門探題を創設し、北条時宗の弟である北条宗頼を長門守護として派遣した。幕府は周防・安芸・備後の三国の御家人に長門国の防衛に当たらせたが、中国地方や近畿に布陣したものが約６万と言われている。

これに対応するため東国から安芸国に移住する武家があった。記録に残っているものとして、出羽国平鹿郡から平鹿氏一族が西国に下り、平賀氏と称して現在の東広島市の御薗宇に新補地頭として住みついたとされ後に毛利氏と深いつながりを持つ。なお、承久の乱後に信濃国から地頭としてやって来て衰退した平賀氏とは別の一族である。また、伊豆国三津庄の新野頼章が1275年に安北郡三入荘に地頭としてやって来たが、元からの地頭の熊谷氏との争いが起こったとされている。

一方の元は、日本再征伐のため高麗に再び戦艦建造を命じると共に、高麗の要衝三か所と朝鮮半島沖の済州島に元の下部組織である総管府を設置し、統治を強化した。その中でフビライは、日本への侵攻はいったん中断し、南宋への総攻撃を行った。その結果、南宋の武将の寝返りもあり、1279年、元は広州湾の海戦でついに南宋を滅ぼすのである。こうしてフビライは、南宋の遺臣に対しても、日本侵攻のための戦艦の建造を命じたのである。当時の南宋は船による交易が盛んで、高い造船技術と能力を持っていた。

その直後、フビライは再び使者を日本に送るが、北条時宗は博多で全員切り捨てさせた。こうして幕府は覚悟をきめ、九州全国と安芸国などの御家人に対し「異国征伐」のため朝鮮半島侵攻に必要な兵員や軍船の準備を命じた。しかし外征による負担増を嫌う御家人たちが実行しなかったため、九州各国の御家人らの分担で、文永の役の際上陸を許した博多湾に沿って、石築地《イシツイジ》と呼ばれる石を積み上げた砦を築造するという防衛策がとられた。高さ約2m、底辺の厚さは約3m、海側を切り立て敵に襲われにくい形に作られ、約20kmあったとされる。俗に元寇防塁と呼ばれ、一部が現在も残っている。

1281年5月、フビライは再度日本への侵攻を命じた。前回の経験を踏まえ、朝鮮半島から発する東路軍と、もと南宋軍主体の江南軍から成る総動員体制で臨んだのである。

東路軍は、モンゴル人兵士150人、高麗人兵士1万人をはじめ、漢人、女真人などの兵士2万5千人で構成され、非戦闘員も含め総勢5万人から成っていた。高麗の合浦《ガッポ》から900艘の船で出帆し、ふたたび対馬と壱岐を襲撃して博多湾に向かった。博多で迎撃態勢を整えていた日本軍約4万人が石築地を盾にこれを迎えた。

この時、承久の乱で衰退していた伊予国の河野氏棟梁の河野通有は、石築地を背にして「河野の後築地《ウシロツイジ》」と後世までたたえられた陣立てで蒙古軍を迎え撃退した。一旦上陸を断念し向かいの志賀島に上陸した蒙古軍に対し日本側は夜襲など攻撃を繰り返したが、ここでも河野通有は、２艘の兵船による奇襲攻撃で勇猛ぶりを発揮した。この活躍で河野氏は伊予国の旧領を回復し、海賊衆を率いて再び瀬戸内海における勢力を回復した。通有はこの戦功を氏神の大三島の大山祇《オオヤマヅミ》神社の神の御蔭だとしたため、北条時宗は太刀拵えを大山祇神社に奉納しており、その後も河野氏を味方にしようと多くの武将が大山祇神社へ当時の技巧を尽くした甲冑や刀剣などを奉納している。

蒙古軍は、東路軍内で疫病が流行ったこともあり、ひとまず志賀島を離れて壱岐へ再上陸した。ここで撤退することも検討されたが、江南軍を待って日本侵攻することにした。江南軍は元南宋の兵士６万人に、日本侵攻後に備えた屯田兵も加えた総勢10万人とされ、3,500艘の船で寧波の港を少し遅れて出発し、まず平戸島に上陸し防塁を築いた。こうして元軍は壱岐と平戸の二か所で日本軍と対峙《タイジ》した。

これを迎え撃つ日本軍であるが、主力の九州沿岸を守る鎮西（九州）奉行の北条実政が率いる４万人を始め、中国地方の日本海沿岸を固める北条宗盛のもと２万５千人、後方には京都から西国を守る宇都宮貞綱指揮の６万人という布陣である。

九州連合軍が壱岐を襲撃すると、東路軍は支えきれず江南軍のいる平戸へと逃れ合流した。ここで一カ月近い小康状態の後、東路・江南両軍は博多湾から突入すべく、東松浦半島の西にある鷹島に移動した。それに気づいた日本側は、軍船を送り猛攻を加えた。

その翌日の夜のこと、九州近海を台風が襲った。いわゆる神風である。この台風により、日本中を恐怖に陥れていた元軍は一気に敗走したのである。江南軍の戦艦は壊滅的な被害をうけ、東路軍の指揮官は作戦の継続を断念し無事だった船で高麗に逃げ帰った。そのため鷹島に残された多くの兵士は、日本軍の掃討作戦で捕らえられ、処刑された。ただ、古くから日本と交流のあった旧南宋人は、助命されて九州などの宋人街などに住んでいたといわれる。

弘安の役での大敗にもかかわらず、フビライは日本征服を諦めていなかった。高麗の忠烈王も同じで、フビライに自ら兵船を造るとして再侵攻を促した。そこでフビライは1283年には３度目の侵攻を進めようとしたが、部下から引き止められているうち、内乱が起こるなど元朝の退潮が顕在化し、フビライは日本征服の夢を叶えることなく1294年に病死した。高麗王も国内経済の疲弊で困難な晩年だったが、元への忠誠は変わらなかった。

こうして北条時宗は、日本の最大の危機を脱したのである。決着後の1293年に厳島神社に異国降伏御祈として別々に奉納された六振りもの太刀が残っているが、天皇を始めとする多くの日本人が神風への信仰を生み、「日本は神国」との意識が生まれてその後の歴史認識と国家戦略に大きな影響を及ぼすことになる。

3 元寇後の停滞（鎌倉時代末期）

鎌倉幕府は神風によって元寇に勝利したが、この外国勢との戦では領地の加増はできず恩賞を出すことができなかったことにより、武士の精神を次第に衰退させて鎌倉幕府の基盤を揺るがすことになった。そのため各地で勢力争いが頻発するようになり、安芸国でも東国からの御家人一族も安芸の土着の人たちもその混乱の渦に巻き込まれてしまった。そんな中でも厳島神社は、その存在感を示し続けるのである。

元寇後の社会情勢

神風のおかげもあって元軍は大敗を喫して逃げ帰ったが、この大勝利の結果起こったのが恩賞問題である。それはこの戦が海外からの攻撃に対する防衛戦であり、恩賞として配る土地は全く獲得できず、特に戦費を捻出して戦場に出かけて戦った御家人たちの不満が渦巻くことになった。

そのため、幕府の紛争仲裁の役割が増したが、逆に情実や賄賂が横行したため幕府の信頼性が低下してゆき、それが北条一族の専横との見方が広がって行った。こうして武士の異常なほど強かった鎌倉幕府への忠誠心が揺らぎ始めたのである。

弘安の役が終わって３年目の1284年、元に対する強硬策で日本に勝利をもたらし、歴代随一の執権といわれた北条時宗が34歳の若さで逝去した。ストレスが主原因とされるが、結核とも心臓病ともいわれている。ちょうどフビライが再度の日本侵攻を考えていた頃だが、運よくそれが実行に移されることはなかった。

こうして恩賞がもらえないまま、武士としても家を守るために、相続制度が次第に変化して行った。まず女子の相続は一代限りで没後は惣領《ソウリョウ》が没収することが始まり、女性の地位の低下を招いた。さらに庶子に対しての差別化が強化されるようになり、次第に分割相続に代わって単独相続が主流になっていった。単独相続とは親の財産を惣領がすべて相続することだが、総領は長男とは限らず一族の統率が期待される者が選ばれた。

元寇後の経済

この時代になっても、日本で独自の銅銭を鋳造することはなく、中国からの輸入に頼る状況が続いていた。中国では歴代の王朝は基本通貨として銅銭を使っていたが、元王朝になってフビライは、銀貨を基本通貨にして銅銭に代えて紙幣を発行したのである。当初モンゴルが本拠とした中国北部に銅が産出しなかったためといわれている。南宋を滅亡させると、そこは銅の宋銭が広く流通していたが、フビライは納税を銀貨と紙幣に限ったため、宋銭の需要は急激に減少した。そのため元の時代になると、日本は宋銭を安価で大量に輸入できたのである。

1976年に韓国の新安沖の海底で沈没船が発見されたが、この船は1326年に中国の寧波から博多に向かった貿易船で、船内から銅銭800万枚などが発見された。この枚数は当時の日本の全人口と同程度とされていることからもその量の大きさが分かる。

こうして日本では銅銭の流通が一層拡大し経済も発展し、年貢に関しても物納ではなく銭納が一般化してゆくが、このことが相続で領地の縮小がつづいていた武士にとって、さらに生活を困窮化させたのである。

武士の資産は土地で農業生産が唯一の収入源だったが、商工業が発展して貨幣経済が浸透してくると増々その経済基盤が揺らいで行った。頼朝が幕府を鎌倉に置いたこともその一因とされている。富の集中する都から遠く離れた鎌倉では、経済規模が貧弱なため、幕府としても貨幣経済への対応が構造上できなかったことが原因とされている。

この状況に拍車をかけたのが元寇時の出費である。御家人たちの出陣の費用は自分持ちだったため、恩賞を得るための投資として土地などを担保にして金銭や米を高利で借りた者もかなりいた。しかし、元寇は防衛戦であったために幕府は恩賞を出すことができず、御家人たちは出費を補填することがかなわなかったのである。高利貸しを借上《カシアゲ》といったが、当時の一般常識をまとめた『庭訓往来』には、各地の港には、借上と共に為替業者、倉庫業者といった商店が軒を並べていたという。当時の為替とは手形に似た文書を用いて銭や米の取引を仲介する銀行のような商売である。

地頭の中には借上から米銭を借りた代わりに年貢徴収権を手放したり、さらに地頭職を失う者もあった。このような状況では貸借に絡む問題がこじれて訴訟に発展する事案が増え、六波羅探題は必要に応じ特命使節を係争地に派遣した。

安芸国への使節としても1275年から1314年まで6回の派遣の記録が残っており、下向の後、安芸国へ定住した者もいたという。また、西日本の訴訟を処理する六波羅探題から独立させて、1293年に九州を管轄とする鎮西探題を設置して九州の御家人の便宜を図っている。

しかしこのようなことでは御家人の窮状は解決せず、御家人の鎌倉幕府に対する不満は拡大して行った。そのため幕府は、御家人救済のため1297年ついに「徳政令」という禁じ手を打つのである。

徳政令とは簡単に言うと借金帳消し令で、まず所領の売却や質入れを禁止し、すでに売却や質入れした所領は無償で御家人に返却させた。また債権債務に関する訴訟は受け付けないものとし、これらは御家人の所領に限るとするものであった。しかし御家人にとって一時しのぎにはなったものの、根本的な解決になるはずもなく、逆に社会の混乱を招く結果となった。

そのため幕府は翌年には徳政令の一部を撤回せざるを得ない事態に陥り、ますます専制的で高圧的になっていった。

『徒然草』で名高い吉田兼好は下級貴族だったが、兼好は所有地を売った際、売買契約書と寄進状の二つの書類を作成し、徳政令で土地の売買契約が無効になることに備えたといわれる。出家した兼好も人の子で、財産を守ろうとしたのである。

鎌倉幕府の変化

元寇という危機を切り抜けた鎌倉幕府だが、御家人をとりまく経済状況からくる社会の混乱を収束させる手立てを見つけることが出来なかった。

北条時宗が亡くなると、まだ幼い息子の北条貞時が後を継いだ。そこで貞時の外祖父である安達泰盛が政治の実権を握り、構造的な問題が山積する中、幕政改革を試みた。しかしこの改革は執権やその配下の御家人の実権を奪うもので、御家人の筆頭格だった平頼綱は、霜月騒動を起こして安達泰盛一族を滅ぼした。ところが代わった頼綱が今度は恐怖政治を始めるのである。

頻発する権力争いの中で、成長した北条貞時は平禅門《ヘイゼンモン》の乱により平頼綱を討つなど敵対する勢力を倒し、幕府内や西国の守護を北条一門で固めるなど執権主導の専制政治を強力に推し進め、名執権といわれた。この頃、全国の守護の50%が北条一門で占められたとされている。

このような状況で徳政令が発布されたわけだが、御家人だけでなく社会全体が不信感を持つ状況になる。武士が「一所懸命」で得た土地が、武勇にも忠誠にも関係なく、金で人手に渡る世の中になったのである。

北条貞時は1301年に出家し実権を従兄の北条師時《モロトキ》に譲ってからは次第に情熱を失って酒宴に耽《フケ》るようになり、ついに1311年亡くなってしまう。こうして、元寇以後、時宗と貞時という二人の強力な執権によりかろうじて支えられていた鎌倉幕府の屋台骨が崩れ、北条一族内での跡目争いが一層熾烈になった。

元寇後の安芸国

元寇の騒動が始まった頃の安芸国の守護は、厳島神社の修復を終えた藤原親誠の後を継いだ武田信時で、元の来襲に備えるため1274年に一族と共に安芸に下向し、安芸国の武士を指揮するなど幕府に協力した。しかし信時が兄弟との内輪もめを起こしたため、専制政治を推進する執権の北条貞時は、武田氏から守護職を剥奪し、北条一門の名越宗長《ナゴシムネナガ》を任命したのである。ただ、武田氏は国司の座は継続したようで、1309年に宗長が亡くなると、武田信時の孫の武田信宗が、再び安芸守護に就いたとされる。

武田氏と共に中世の安芸国の主役である毛利氏については、承久の乱で高田郡吉田荘の地頭職を得たが、幕府との対立で衰退していたが、1270年ころ当主になった毛利時親は六波羅評定衆として幕府での地位を獲得し、安芸の領地も回復していた。ただ鎌倉時代の間は、安芸国に移り住むことはなかった。

また、安芸国大朝本荘の地頭職を得ていた吉川氏については、吉川経高の代になって近隣の豪族が侵入して領地を奪う事件が起こり返還を求めて訴えたところ、1313年、幕府はそれを認め再度地頭を命じたため、大朝本荘に定住を決めたとされている。

厳島神社の状況

元寇の頃、厳島神社では藤原親実《チカザネ》の孫の藤原親宣《チカノブ》が神主職を継いでおり、『吾妻鏡』にも安芸掃部大夫《カモンタイフ》として記載されている。掃部と大夫は元々律令制における官位だが、掃部は宮中の儀場の設営などを司る役で大夫は当時五位の位を指す。五位とは都の貴族では最下位であるが地方では非常に名誉な位であった。

厳島神社の『御判物帖』によると、鎌倉幕府は1294年から1298年にかけて、藤原親宣に対し佐東郡桑原新荘・山県郡志路原・高田郡井原を神領として、さらに京都・六波羅・鎌倉の屋敷地を安堵したのである。元寇を撃退した神の力へのお供えということだろう。

親宣を継いだ藤原親範《チカノリ》の代になると、神主家の発給する文書が増大し形式も統一されて来ていることから、厳島神社における藤原神主家の地位が確立強化されてきたとされている。このことは、それまでそれなりの政治力を保持してきた元神主家の佐伯氏が、次第に神職の仕事に限られてきたことを示している。

佐伯氏の権力低下に伴って、「厳島は神の島として居住は許されない」とのこだわりも薄れて、1300年に作成された『伊都岐島社未造営殿舎造営料言上状案』によると、厳島神社の背後を流れる御手洗川と白糸川への橋と堰に係わる工事計画が記載されており、焼失した社殿修復の後の町域の整備が進んでいることを示している。同じ年、対岸の地御前にあった水精寺が厳島に移転したとされている。これは後に大聖院になる寺院である。

こうして、それまで神官などは祭事の度に海を渡っていたが、厳島神社の信仰が広まって参詣者が増えるに連れ、神職だけでなく役人や商人が島内に住み始め、町屋が形成されて行った。また社殿の修理造営に当たる職人も大願寺のもとに組織化された。ただこの営繕の責任者である修理検校《ケンギョウ》の佐伯親重の家屋敷が対岸の下平良可愛にあったとの1324年の記録があり、社家が本拠とする家屋敷があったのは依然として対岸だった。

ところでこの時代の厳島神社が描かれた絵が『一遍上人絵伝』の中にある。一遍は時宗の祖であるが、二度目の火災の修復を終えて36年目の1287年に厳島神社を参詣している。この時の情景を一遍が弟子に語ったものを画僧が描いたもので、描かれたのは一遍が亡くなってから10年後、参詣からは20年も経っていたため、雰囲気は描かれているが、社殿が実際の姿と相違しているのは仕方ない。

また、後深草院の女房だった二条が出家して熱田神宮や鎌倉に旅し、その後1302年に厳島神社に参詣したことが紀行文『とはずがたり』に残されている。秋の大法会のきらびやかなことが書かれているが、当時の都人にとって依然として厳島神社がよく知られていたことがわかる。

なお、1325年に厳島神社の大鳥居が台風により転倒したが、再建されるのに46年もかかっている。鳥居は海中に建っているため腐食などで約200年の寿命とされている。

後醍醐天皇

承久の乱を起こした後鳥羽上皇の孫に当たる後嵯峨天皇は、即位して4年後に自分が治天の君になって権力を握るべく二人の息子に皇位を譲り上皇になって院政を始めた。こうして朝廷内での権力を得たのだが、元寇で北条時宗が執権になった頃、どちらを治天の君にするか定めず亡くなってしまった。このことが、兄の後深草天皇と弟の亀山天皇をそれぞれ支持する者たちが、持明院統と大覚寺統に分れて皇位を争う闘争を引き起こし、さらに南北朝時代の南朝と北朝の確執に発展してゆくのである。

承久の乱以降、朝廷への介入を強めていた幕府だが、両統の皇位に対する対立には交互に継承することを原則に両統での話し合いに期待した。しかし結果的に紛糾が長期化し幕府もその混乱に巻き込まれてしまった。

そのような中、1318年に中継ぎとして即位した大覚寺統の後醍醐天皇は、幕府が社会混迷をつくりだしているとし、この武家政権が皇位継承にまで口を挟む状況を終わらせようと考えたようだ。天皇がこのような考えを持ったのは、当時中国からもたらされた朱子学の影響だったとされている。朱子学が起こったのは南宋王朝の時だが、モンゴルなど異民族に蹂躙され領土を失い続けており、王朝としては中華思想に則って「歴代の王は尊く、武力で派遣を握った異民族は賤しい」すなわち尊王賤覇《ソンノウセンバ》という思想を確立しようとしたのである。これが南宋の朱熹《シュキ》によって儒学を基本に再構築されたのが宋学で、日本では朱子学と呼ばれている。

後醍醐天皇はこの朱子学を熱心に学び、尊王賤覇を「天皇は尊く武士は賤しい」と解釈し、自身が武士政権である幕府に代わって、古代から続く天皇自ら統治すべきとの考えを深めて行き、若い側近たちがこれに従った。こうして1321年、父の後宇多上皇から治天の君を譲られるが、歴代の天皇が上皇となって院政を敷いたのに対し、あくまでも天皇であることに拘った。

元弘の変

後醍醐天皇は、まず1324年の正中の変と呼ばれる討幕計画を進めた。ところが事前に察知されてしまい、許されたものの幕府だけでなく持明院統からも退位の圧力が強まり窮地に陥った。しかし天皇は、1331年、三種の神器を持って京都から脱出し、南方にある笠置山に建てた仮の皇居に籠城したのである。これに加勢したのが楠木正成《クスノキマサシゲ》で、河内国の赤坂に山城を築き、足利高氏（後の尊氏）を将とした幕府軍に対峙した。楠木正成と足利高氏というこの時代の主人公の登場である。

楠木正成は朱子学の信奉者で、河内国や和泉国を本拠地とする「悪党」

だった。悪党といっても現在の語感とは異なり、幕府の支配下にある荘園領主や地頭に反抗し農民側に立つ反幕府勢力を意味するが、現在でいう悪党も多く含まれていたようだ。一方の足利高氏は清和源氏で八幡太郎義家を祖とする名門で、鎌倉幕府の中では北条氏に次ぐ勢力を持っていた。このような対照的な二人であった。

この時、厳島神社の神主でもある藤原親顕は幕府側について戦ったが、楠木正成らの討幕勢力と戦って討死していたとされる。このことは、後に厳島神社と足利高氏との密接な関係の礎になった。

この対決で後醍醐天皇は圧倒的な兵力を持つ幕府側に包囲され捕らえられてしまった。楠木正成も赤坂の山城とよばれる山岳地に造った防御設備に籠りゲリラ戦で対抗したが数には勝てず、落城したとみせて脱出すると、戦死したとみた幕府軍は引き上げたため生き延びたとされる。

元弘の変とよばれるこの倒幕計画に関わった多くの貴族や僧侶が捕縄され、死刑や配流などの厳罰に処された。後醍醐天皇も承久の乱の先例に従って隠岐島への流罪とされた。幕府はただちに後醍醐天皇を廃位し、持明院統の光厳天皇を即位させた。しかし、後醍醐天皇は隠岐での在所が黒木御所と呼ばれていることからも、自身は天皇を続けていると考えていたようで、実質的にこの時から南北朝時代が始まったとされる。

元弘の変により、各地で幕府に対する不満に火がついて、反乱が起こった。その一つが後醍醐天皇の皇子で天台座主から還俗した護良《モリヨシ》親王によるもので、吉野で挙兵している。親王は武芸が好きで平素から鍛錬していたとされる。再起した楠木正成もこれにも加勢し、河内国の千早城という山城に籠城して幕府軍を相手にゲリラ戦法で六波羅探題を攻撃した。また播磨国の悪党だった赤松則村（円心）も親王を支援している。

銀山城と桜尾城

後醍醐天皇は元弘の変で笠置山という天然の要害を利用して優勢な幕府軍に善戦し、同じ時、楠木正成も河内国の山岳地である赤坂に造った山城に500の兵と籠りゲリラ戦で数万の幕府軍を困らせた。鎌倉幕府の正規軍は騎兵だったが、この騎兵に真っ向から勝負しても勝ち目はない。そこで騎兵では戦えない山地に閉籠する作戦が生まれたのである。

このように正成のとった戦術は、山城に籠り、歩兵を組織的に使っての集団戦だった。これは重厚な大鎧を着た馬上の一騎打ちを重んじるそれまでの鎌倉武士の個人戦法とは全く異なっており、甲冑は軽装の胴巻きが中心で飛距離の出る弓矢による攻撃が中心になって行った。

この戦法は楠木正成が若い時に学んだ『闘戦経』の実践とされる。これは平安時代後期から大江家に伝えられた日本最初の兵法で、中国の『孫子』を基に日本的思考を織り込んだものとされ、鎌倉幕府の重臣であった大江広元によって源頼朝なども学んだという。その後広元の曾孫にあたる大江時親は六波羅評定衆だったが河内国に領地を与えられ、河内の国人であった楠木正成と接触があって『闘戦経』が伝授されたとされる。大江時親は晩年毛利時親として安芸に下り、安芸毛利の祖とされた人で、後の毛利元就の戦法にも影響している。楠木正成の山城や奇襲による戦法に関する情報は、各地で勢力争いが頻発した時期とも重なり、山城を築くことが全国的に拡がっていった。

現在の城のイメージは堀と石垣に囲まれてそびえる天守閣のイメージであるが、当時の山城はこれと全く違って、居館の背後の山の頂に砦を設け、中腹の各所には下から攻める敵に兵士が対峙できる曲輪《クルワ》とよばれる防柵に囲まれた平坦地と、堀切・竪堀・横堀などが造られただけの簡単なものだった。だから、通常は家並や田畑の中に土塁と堀を巡らすなどの防御設備を設けた居館に住んでいて、山城は敵を見張ったり不利な状況の際には立て篭もる場所として造られたのである。容易にできるため、本拠の周辺に複数設けられた場合が多く、楠木正成は数十の山城を造ったといわれている。

安芸国では、当時の守護だった武田信宗が所領である佐東郡の河岸にある倉敷地の背後の尾根に沿って銀山城《カナヤマジョウ》を建てた。ここは太田川上流から年貢などの物資が集められる経済上重要な地域でそれまでも争奪戦が行われた場所である。この倉敷地の辺りには、ごく狭い範囲ながら商家や職人が集まって八日市とよばれる市《イチ》があり、対岸の府中の三日市、現在の海田、当時の開田の二日市と共に市の名として残っている。

銀山城は初期の山城だったが、その後、難攻不落と呼ばれる城に増強されて行った。この山は現在武田山と呼ばれているが、武田氏が長く支配したことから名付けられ、当時は銀山と呼ばれていたと思われる。

厳島神社神主の藤原氏も攻撃を受けた時の対応策として居館の背後の小山の上に桜尾城を築いたのはこの頃と思われる。ここは桜尾山と呼ばれる標高15mの海岸沿いに突き出た半島で、城は頂上にあり山城とは呼ばれず平城とされるが、三方を海に囲まれた城塞だった。

黄金の国ジパング

『東方見聞録』で名高いマルコ・ポーロは、元が建国した1271年に故郷のベネチアを旅立った。マルコは元朝の首都、現在の北京である大都で初代皇帝フビライ・ハーンと面識を得て、政治官に任命された。1292年に中国を去るまでの20年余、実務に就いたり使節として各地を訪れて多くの情報を仕入れ、故郷に戻って陳述して出版されたのが『東方見聞録』である。

この中で日本のことを「ジパング」の名で初めてヨーロッパに紹介した。ジパングは中国大陸の東方海上1500マイルにある島国で、膨大な金を産出し、宮殿や民家は黄金で、財宝にあふれているとしている。マルコ自身は日本に来ていないから、この話は当時の中国で得られた情報を基に脚色したものと考えられている。

黄金の話についてだが、当時の陸奥国は藤原氏の栄華の源泉だった金の産地で、平泉の中尊寺金色堂などでよく知られていた。しかし、この情報がどのようにして大陸に伝わったかについては明確でなかった。

ところが近年になって、津軽半島の日本海側にあった十三湊《トサミナト》の遺跡発掘がすすみ、ここに古代から栄えた港街が存在し、直接的な情報の発信源でありえたことが判明しつつある。奥州藤原氏が滅んだ後も、当地の豪族であった安東氏は、武装した商船を博多や蝦夷《エゾ》をはじめとする日本各地だけでなく大陸までも送り出していたのだ。マルコ・ポーロの黄金の国の話は、この十三湊からもたらされたもののようである。ところが1341年に起こった大津波が、十三湊をはじめ近隣の街をすべて流し去ったのである。このため、この十三湊に関係する事柄は日本史の中から抹殺されたのである。

『東日流外三郡誌』という古文書が、1947年に東北の和田家から見つかった。これには十三湊の記述も含まれており、古代から東北に大和に対抗する文化圏が存在したことを記述してあるのだが、『古事記』や『日本書紀』に日本史の原点を求める視点からこれは偽書として無視されてきた。ところが近年、十三湊の発掘調査結果をはじめ、いろんな新しい視点からの研究がすすみ、偽書と切り捨てることができないことがわかってきた。北九州における倭国の位置づけも同じである。

当時の中国大陸では、元朝が元寇での敗退にもかかわらず、西方諸国との関係を改善してシルクロード交易で活況を呈していた。首都の大都は、マルコ・ポーロを始めとする西方からの旅行者であふれ、大いに繁栄していた。しかし14世紀に入った頃から、モンゴル帝国内で繰り返されてきた後継者争いが再燃し権力闘争が繰り返されるようになった。

元寇で途絶えていた日本との関係であるが、日本は再度の襲来に備えて鎮西探題を設置し西国の御家人による警護を緩めなかったが、元はフビライ・ハーンの死により厭戦機運が広まって行った。一方の高麗だが、元の属国として戦った元寇による疲弊は、この国を長く覆った。

元寇以降の鎌倉文化

鎌倉武士は、元寇では命懸けで名誉を追い求めたが、結局期待した恩賞もなかったため、楠木正成などのように天皇という武士以外の恩義の対象を見つけたり、恩義など関係なしに自分の欲望に走ったり、一方では無常観に苛まれ禅宗に救いを求める者も沢山いた。

このような状況で、禅僧によってもたらされた禅文化が、鎌倉時代の武士に大いに影響を及ぼした。そのひとつが水墨画である。水墨画の技術は唐時代に完成して鎌倉時代後半に日本に伝えられたが、墨一色で表現する簡潔さが武士を引き付けたのだろう。この水墨画に表現された峨々たる山並みや滔々たる渓流は、築山に石組を配し滝を模した流れを造るなどした日本庭園に繋がってゆく。さらにこれらから発する無常観は、吉田兼好の『徒然草』といった随筆をもたらすのである。

またこの頃の様子を今に伝える絵として、『蒙古襲来絵詞』がある。これは肥後国の武士竹崎季長が元寇での自分の活躍を伝えるために描かせたもので、当時の武士気質や戦闘の状況を伝える貴重な資料となっている。また『一遍上人絵伝』も一遍の布教の様子だけではなく当時の庶民の生活ぶりを伝えている。

元寇で元との交流は途絶えたが、1294年にフビライ・ハーンが亡くなるとその流れが変わった。鎌倉の建長寺は鎌倉武士の精神的支えだったが、1293年の鎌倉大地震で壊れたため、再建費用調達ため寺社造営料唐船と呼ばれる貿易船が、幕府認可の下で元に派遣された。

これまで、この貿易船は幕府専用と考えられていた。ところが近年朝鮮半島沖で沈没している中国のジャンク船が発見されそれが覆された。

積荷にあった木簡の調査から、この船は幕府が1319年に焼失した京都の東福寺の造営料調達のために派遣した東福寺造営料唐船と判明したのである。積荷には大量の磁器や天目茶碗などの陶器、さらに800万枚もの銅銭が含まれており、幕府だけでなく民間の交易にも用いられたとされている。

このような寺社造営料唐船は、幕府の財政改善のみならず、日本から多くの留学僧を乗せて新しい中国文化の移入に貢献し、中国からも多くの禅僧がやって来るのに用いられた。中でも大きな影響を与えたのが元の禅僧の一山一寧《イッサンイチネイ》である。一寧は、元の二代目皇帝の成宗から日本への朝貢を催促する国書を携えてやって来て、幕府に幽閉されるなど苦労したが、後に受け入れられて幕府から建長寺の再建で建長寺船を託されるなど活躍した。その中で後醍醐天皇などに多大な影響を与えた朱子学の学理を完成し日本に定着させたのである。

また、鎌倉幕府自身が、源平合戦から元寇の前までの歴史を日記形式で記述したのが『吾妻鏡』である。当然、北条得宗家重視の記述になっていて1300年頃完成した。

こうして、武士の文化が確立されてゆくのである。

鎌倉幕府の滅亡

後醍醐天皇は、配流から１年経たない1333年に、ふたたび討幕の機会が訪れたと直感した。天皇は隠岐島を脱出して対岸の船上山《センジョウサン》で伯耆《ホウキ》国の武将である名和長年と討幕の兵を挙げ、全国の武士や悪党に討幕の決起を促し、石見国の三隅氏らが天皇の元に馳せ参じた。

楠木正成は新たに山奥に造った千早城に千人の兵で篭城し、誇張だが、８万人といわれる幕府軍と対峙し、兵糧補給を突いたり奇襲をしかけて破ってしまった。

安芸国でこの時、天皇の呼びかけに応じていち早くはせ参じたのが石井末忠だった。石井氏は佐伯神主家の系統で国府の官人として勢力を持つ田所氏の一族で、安芸国府として朝廷との長い関係がこのような行動になったのだろう。

この戦いに元寇で活躍した伊予国の河野氏は天皇側として参戦したのだが、河野通有の没後に惣領になった河野通盛だけが幕府側に付いたため、河野氏庶家の得能氏が守護に任命されるなど混乱が続いた。

討幕軍を鎮圧するために幕府が再び派遣したのが足利高氏である。高氏は幕府軍を率いて戦場に向かったのだが、丹波国に来たところで突然に後醍醐天皇側に付くと宣言して、船上山の天皇に使者を派遣した。そして兵を引き返し幕府の出先である六波羅探題を滅ぼし、都を制圧したのである。その理由だが、『太平記』によると、元弘の変のとき高氏は父の喪中のため出陣を辞退したものの許さない幕府に反感を持ったのが引き金で、後醍醐天皇からの熱心な誘いに応じたとされている。

時を同じくして上野国では新田義貞が幕府から寝返って挙兵した。途中幕府軍との戦いを繰り返しながら由比ヶ浜における激戦ののち鎌倉に攻め入ったところ、北条高時を始めとする北条一族は自刃し果ててしまった。

こうして鎌倉幕府はあっけなく滅亡したのである。

鎌倉幕府が滅んだ原因だが、元寇で手柄をたてた武士への恩賞とする土地がなかったことや、惣領制による個々の武士の土地の減少といった構造的な問題だけでなく、北条執権内の身びいきや朝廷への過度の介入という幕府自身の問題がこの結果をもたらしたとされている。最後の執権となった北条高時が暗愚などと酷評されるものの、偉大な祖父時宗や名執権と呼ばれた父の貞時をもってしても、この流れを変えることは難しかったであろう。

このように鎌倉幕府は最後に万策尽き果てたわけだが、本拠地である鎌倉の攻防戦では、北条一族は皆最後まで戦い抜き、北条高時が自刃する時は一族郎党1000人余りが共に自刃し、鎌倉では6000人もの人間が執権に殉じたと記録されている。これは当時の武士が、次第に「命あっての物種」で恩賞を求め裏切りや寝返りが当たり前となる流れの中、鎌倉では武士の鏡とされる鎌倉武士が生き続けていたことを示している。

4　南北朝争乱と安芸国混乱（南北朝時代）

鎌倉幕府の衰退は後醍醐天皇に古代の天皇制の復活を思いつかせたが、結局歴史の流れに逆らえず武士政権に戻った。しかし朝廷が二つに分裂し争うことになり、既得権益構造が崩れ、恩義重視思考などが変質して行ったのである。

このような従来からの支配構造を揺るがす騒乱に、安芸国もその渦中に置かれた。

建武の新政

1333年、新田義貞が鎌倉で北条一族を滅ぼし、足利高氏が京都で六波羅探題を攻略すると、後醍醐天皇は赤松則村や楠木正成らに迎えられて京都に帰還した。こうして始まった後醍醐天皇による親政は、「建武の新政」と呼ばれる。

天皇はさっそく自らが政《マツリゴト》を行いたいとの願望を実現しようとした。親政というより中国王朝で行われた専制的な独裁を目指したようで、若い時に朱子学を熱心に学んだことからも、朱子学発祥の南宋王朝の政治体制に倣ったといわれる。

まず行ったのが、自分が隠岐に流されている間に即位した高厳天皇とその間に行われた人事の否定である。また、これまで幕府による大覚寺統と持明院統の交互に皇位を得るやり方も廃して、大覚寺統ながら傍流である自分の皇子、恒良《ツネヨシ》親王を皇太子にすることで皇統を独占することを表明し、大覚寺統を中心にした公家の官位を高めた。さらに実力主義を取り入れて身分の低いものも取り立てるという改革も行った。しかし、それから外された権門と呼ばれる官位が高く権勢を持つ家柄の者の反発は強かった。

また武士に対しては、再び政権を取り戻されないよう厳しく対応した。そのため鎌倉幕府打倒に功をあげた者たちに対する恩賞は後回しになり、なかなか決まらなかった。

その中で特に第一の勲功のあったとされた足利高氏に対しては、後醍醐天皇の諱《イミナ》である尊治から尊の一字と、多くの所領を与えた。高氏はこれ以降、足利尊氏と名乗ることとなる。ただ、尊氏がほしかったのは征夷大将軍の位で、これが叶えられなかったためか、自らは幕府の要職には就かず、家臣を多く送り込むことに努めた。

後醍醐天皇はさらに権限を集中させるため、土地の保証などあらゆる決裁事項を天皇自身の綸旨《リンジ》と呼ばれる命令書で行うとした。こうして天皇は古代の公地公民制に戻すことを宣言すると共に、倹約令を出して贅沢を禁止し、関所を廃止して流通の活発化をはかるなど自分が理想とする姿を実現しようとした。

しかし実際問題として、これら改革をうまく実行してゆくには、反対する既得権層を抑え込むだけでなく、行政処理を促進することが必要である。朱子学に基づく政治体制は科挙制などによる優秀な官僚の確保が前提になるが、当時の朝廷には行政能力が全く欠落していたため、改廃が頻発し著しい停滞を来した。また、これらの施策が増税を前提にしていることから、所領を持つ武士だけでなく貴族たちの不満が急速に拡大したのである。

そのような中、天皇は皇居の大内裏の造営を思い立ち、その費用を諸国の地頭に割り当てたが、これにより戦乱で疲弊した武士や農民がさらなる負担増に対する不満を一気に顕在化させた。京都二条河原の「この頃都にはやる物、夜討《ヨウチ》、強盗、謀綸旨《ニセリンジ》」で始まる七五調の落書で、後醍醐天皇の無能が批判されたのもこの頃である。

足利尊氏の離反

足利尊氏は建武の新政の発足に功をあげたものの、もともと鎌倉幕府を倒して新たな武士政権を建てるために後醍醐天皇に味方しただけで、新政での混乱を冷ややかに眺めていた。そのため、新田義貞など天皇に忠誠を尽くす武士たちとは対立を深めていた。特に新田義貞は源氏の流れを汲んだ足利氏の庶流とされ、本家である足利尊氏への対抗心が強かったとされている。

このような時に起こったのが中先代《ナカセンダイ》の乱である。1334年、鎌倉幕府の残党が幕府再興を図って北条高時の遺児でまだ幼い北条時行を立てて挙兵し、尊氏の弟の足利直義の守っていた鎌倉を占拠したのである。尊氏にとって北条氏の再興など許すべからざることで、天皇の綸旨が出ないまま東国に向かった。

尊氏は各地での戦闘によって反乱軍を制圧したのだが、天皇の帰還命令を無視して鎌倉に居座ったのである。これに対し後醍醐天皇は尊氏の行動に反乱の気配を感じたのだろう、新田義貞を将とする討伐軍を差し向けた。そこで尊氏は、天皇に反旗を掲げたことを明確にし、朝廷軍を打ち破りそのまま京都に攻め込んで占拠したのである。

これに対し、楠木正成は都に逃げ戻った新田義貞とも連携して反撃した。その際､都周辺の豪族の多くは尊氏を官軍に反逆する賊軍と判断し、楠木・新田軍に味方したのである。後醍醐天皇はその失政を批判されていたが、天皇の権威そのものが喪失したわけではなく、彼らは天皇の逆賊とされるのを恐れたのである。

こうなると多勢に無勢で、破竹の勢いの尊氏軍も兵庫の港に追い込まれ、兵船で一旦京都から逃げて戦略を立て直すしかなかった。

尊氏の天下奪取

この敗戦に学んで足利尊氏がとった作戦は、賊軍の汚名を着ることのないように、持明院統の光厳上皇から新田義貞討伐の綸旨《リンジ》を得ることだった。これに従い、上皇の側近から船上で錦の御旗と共に綸旨を受け取ると、兵力を立て直すため九州に向かったのである。

当時西日本では、後醍醐天皇派とその政治に不満を持つ者の間のいざこざが各地で発生していたが、六波羅探題でこの状況を把握していた尊氏は､九州の少弐・大友・島津の三氏が最も頼りになると読んだようだ。

1336年の初め、九州に上陸した尊氏は朝廷派の中心勢力である菊池氏を制すと、光厳上皇の綸旨を生かして九州と四国の武士と瀬戸内海の海賊衆を味方に付け、上洛軍を結成した。九州に来て、わずか4カ月後のことである。こうして足利軍は伊予国での失地回復を狙う河野通盛の率いる海賊衆の軍船で瀬戸内海を京に向かった。

この途中、尊氏は都の奪回による天下泰平を祈願するため厳島神社に参詣し、3日間にわたって滞在した。これは尊氏が京を追われた戦いの際、尊氏方として参戦して小幡合戦で討死した当時の神主藤原親顕《チカアキ》を追悼するためでもあった。親顕の跡を継いだ藤原親直に対し、尊氏は壊れた大鳥居の造営料として賀茂郡の造果保《ゾウカホ》を寄進したとされている。現在の東広島市高屋町造賀で、保というのは荘・郷などと同じ所領単位である。これは、神主と言っても実質は武家である藤原氏を味方に引き留めておくためでもあった。

厳島に立ち寄った後、尊氏は備後国の鞆浦に寄って、弟の直義を船から降ろして陸路を進ませ、二手に分かれて都に向かった。これを待ち受けていたのが新田義貞、楠木正成などで、摂津国湊川、現在の神戸あたりで対決した。これが湊川の戦である。戦いは兵力に勝り水軍を持つ尊氏軍が優勢で、楠木正成は戦死し新田義貞は京に逃げ帰るという惨敗だった。足利尊氏は京に向けて進軍し、東寺に布陣した。これに対し後醍醐天皇は比叡山に御所を移し、新田義貞を東寺に差し向けて戦が展開された。

この間、尊氏は水面下で後醍醐天皇に接触し、大覚寺統と持明院統の関係修復を条件に天皇の退位を画策していた。戦況も尊氏軍が優勢になった結果、後醍醐天皇が退位することで和睦が成立した。三種の神器も尊氏側に引き渡たされ、足利政権の成立となった。1336年のことである。

鎌倉北条政権の崩壊以来、戦乱の続いた５年間だったが、多くの武士や貴族の名が『神皇正統記』・『太平記』・『難太平記』・『梅松論』などの歴史書に登場する。その中でも、後醍醐天皇、足利尊氏、新田義貞、楠木正成の４人が主人公として登場するが、それぞれが異なった人生観・性格・才能を持っていた。

後醍醐天皇は異常なほどの情熱と執念を持ちその行動力は類を見ないが、いざ事を成す段になると状況認識と組織運営の能力の欠落が表れてしまった。いずれにせよ天皇の抱いた理想は政治的な現実の前に頓挫し、結果的に日本史の中でも最悪の皇室内紛争を引き起こしたのである。

新田義貞は名門の出で後醍醐天皇の忠臣だが、それにしては人望がなかったようで、天皇の命令が絶対でただ従うことに徹するのみで戦果は少なかった。これに対して楠木正成は、独自の考えを持って行動に移す能力を持っていたが、最後は勝ち目のない戦と知りながら天皇のために忠義を尽くして死んだとされる。この対照的な二人だが、天皇の忠臣であることから明治以降の一時期に英雄として祀られた。

足利尊氏は天皇の敵として存在したが、臨機応変な思考と優れた行動力が最終的に勝利をもたらした。尊氏の人心掌握術がこれを支えたが、ただ鎌倉武士が持っていた信義といったものは欠けていたようだ。

安芸国の状況

安芸国の守護は鎌倉時代から引き続き武田氏の武田信武が継承していた。ただ武田氏自身は若狭国や甲斐国を本拠としており、安芸国には家臣の熊谷氏などを守護代として置くという状況が続いていた。

ところが、鎌倉幕府が滅びる元弘の変で、武田信武は鎌倉幕府方に付いたのである。そのため、信武は建武の新政権から守護職を剥奪されるのは時間の問題で、本拠地を離れ安芸国に潜んでいたとされる。ところが、後醍醐天皇の政治の渋滞が信武を助けた。すなわち、隠れている間に足利尊氏が後醍醐天皇に反旗を翻して、信武に参戦を要請してきたのである。安芸国では建武の新政の混乱に対する不満が強く、信武はすぐこれに飛びつき、さっそく安芸の国人を引き連れて都に向かおうとした。

しかしそれを阻もうとして立ち上がったのが熊谷蓮覚である。熊谷氏は鎌倉時代初期に安北郡三入荘に地頭としてやって来たが、その後も武田氏の元で勢力を拡大しており、一族は尊氏方だった。これに対し熊谷氏の庶家である蓮覚は、本家への不満を持っていたようで、南朝方に付くことが惣領家から独立するチャンスと考えたのだろう、安芸国府の南の絵下山を天然の要害とした矢野城に籠って武田軍に戦いを挑んだのだ。この城も銀山城と同じように山城で、この辺りは元々後醍醐天皇に関係する荘園に近く、矢野川上流に位置し瀬戸内海が見渡せた。結局、武田信武は、多くの犠牲を出しながらも蓮覚を打ち破り、翌年に上洛して足利勢と合流し主に畿内を中心として宮方と戦った。

熊谷蓮覚と同じように天皇側に付いたのが、後醍醐天皇が隠岐を脱出した際に駆け付けた安芸国国府の石井末忠である。末忠は蓮覚とちがって天皇への信奉がそうさせたのだろう、湊川の戦いに参戦したが、楠木正成と共に討ち死にした。

武田信武は帰国後、南朝側の動きを押さえ沈静化に務め、安芸国は一旦、尊氏方として固まったのである。

足利政権

念願の武家政権を再興した足利尊氏は和睦が成立して三種の神器を得ると、後醍醐天皇を御所の近くの花山院に幽閉し、以前に即位していた持明院統の光厳上皇の弟である光明天皇を正式に天皇として迎えた。

そこで尊氏は、鎌倉幕府の『御成敗式目』に倣った『建武式目』を1336年に制定して新たな武家政権の方向を定めた。職制はほぼ鎌倉幕府の機構を踏襲しており、これをもって室町幕府の実質的な成立とされている。

尊氏は光明天皇から源頼朝と同じ権大納言に任じられ、鎌倉大納言と称された。このことは、鎌倉幕府を継承する存在とみなされたということになる。ただ尊氏は鎌倉には東国統治のための鎌倉府を設置しただけで、本拠は京都の中心部の邸宅に置いた。それは鎌倉幕府が京から遠い鎌倉に幕府を置いたため貨幣経済の浸透に対応できなかったのを見て、富が集積する都での政権運営が必須と考えたことによるとされている。

尊氏がまず行なったのが、建武の新政で滞っていた鎌倉幕府討伐時と建武の新政終結における戦功への恩賞に決着をつけることで、元寇の時以来の懸案だった。一連の戦乱は地方まで巻き込んでいたため土地の所有関係は流動化して複雑化し、農民も自己防衛のため村落単位で団結し武装するようなケースも発生していた。尊氏は恩賞方を設置して、積極的に解決を図った。

もうひとつ戦略的に行ったのが守護の権限と選定基準の見直しで、相次ぐ戦乱で低下した中央の支配権を高め国内統治を安定化しようとした。守護の選任では一連の戦闘で戦功のあった者を選んだのだが、地域の有力者から足利氏の一族や代々仕えて来た者へと重点を移したのである。特に一門の細川氏・斯波氏・畠山氏に対しては、全国の約三分の一の国の守護職を分け与えている。ただ、足利一族すべてが尊氏に忠実だったわけではない。

こうして足利尊氏は武家政権を再興したのだが、源頼朝が起こした鎌倉政権とは基本的なところで異なっていた。頼朝を支えたのは、頼朝への「ご恩と奉公」の関係で結ばれた御家人で、大儀に基づいて朝廷の支配から脱する戦いに参じて土地と守護・地頭という役職を与えられたのである。こうして頼朝は御家人にとって絶対的な存在だった。

これに対して尊氏の場合は、拡大指向の強い武家たちにとっての利害関係に基づく存在だったのである。このことは、将軍といえども政権内や各地の有力者たちのバランスの上に成り立たざるを得なかったことを示している。

当然の結果として、足利尊氏から新たな領地の権限を与えられた守護は、それまでの任国の管理者の立場から領国の支配者へと変質していった。この状況は貨幣経済の進展によりさらに加速し、地域差はあるものの、守護は任地内の国人や荘園領主を家臣にしたり豪農を取り立てるなどして支配を強めて行った。

南北朝時代の始まり

足利尊氏が政権を起こした1336年の末、後醍醐天皇は幽閉されていた花山院から大和国吉野に脱出した。天皇は独自の朝廷を樹立して、都を奪回すべく幕府軍との戦いを再開したのである。これに呼応して、全国で後醍醐天皇に味方する大覚寺統の反乱が発生した。天皇が朝廷を起こした吉野が都の南方にあたることから南朝、これに対し尊氏が支持する持明院統側は北朝と呼ばれる。南北朝時代の始まりである。

後醍醐天皇は劣勢を挽回するため、各地に親王を派遣して南朝側勢力の結集を図った。九州にも南朝の拠点を作るべく、1336年にまだ幼い息子の懐良《カネヨシ》親王を征西大将軍として向かわせた。親王はまず伊予国の島嶼部に渡り、瀬戸内海の海賊衆の庇護のもと数年間過ごした。このため安芸国の能美島の海賊衆である能美氏がいちはやく親王に味方したように、瀬戸内海の海賊衆の多くは南朝側に付いたとされる。ただ伊予国の河野氏は、当時の守護の得能通綱が天皇側についたが、対抗している惣領家の河野通盛は尊氏側に付くという混乱が続いていた。

親王は1341年に薩摩に上陸し九州で勢力を拡大したため、その後長く北朝側の悩みの種となる。

当時北朝、持明院統側の光厳天皇が治天の君として朝廷の実権者であった。上皇は北朝としての権威を示すために、1338年に足利尊氏を征夷大将軍に任じた。これにより足利氏による幕府が名実ともに成立したのである。一方の南朝は、なお一定の独自性を持っていたものの、その権力の基盤となる荘園や国領は次第に各地の守護により吸収され、南朝自身が国家支配の体制を保つことはできなくなっていた。

尊氏が征夷大将軍になった年、総大将の新田義貞が敗死し、さらに翌年、後醍醐天皇が吉野で崩御して南朝側の劣勢が明らかになったが、尊氏はこの状態を黙認したままで南北の和解を進めることはなかった。こうして束の間の平穏な時を迎えるが、南朝はその後も存続し、全国各地に南朝に味方する勢力も生き続けていたのである。

南北争乱と安芸国

足利尊氏の建武政権奪取の戦いで功をあげた武田信武は、1336年に安芸国守護職を得て、翌年には本拠地だった甲斐守護にも復活した。

一方、石見国などの南朝側勢力は、尊氏方である安芸国に狙いを定めて制裁を加えようとした。そのため、以降数年にわたり方々で騒乱が発生し、武田信武はその度に馳せ参じた。たとえば1337年、武田軍は丹波国の八幡城に籠っていたが、南朝方の石見国の勢力が出陣するとの報をうけ安芸国に出向き、今度は南朝方の伊予勢が都に向かったため戻って戦うといった状況だった。また武田信武は、後醍醐天皇が征西将軍として九州へ派遣中の懐良親王が潜んでいる伊予国忽那《ツクナ》島を攻撃し、さらに石見国に１年近く出陣するなど沈静化に務めた。

1338年、石見の南朝方が安芸国に侵入して山県郡新庄、現在の大朝に乱入してくるが、この辺りを所領とする吉川氏が撃退した。さらに南朝石見勢は安南郡開田（海田）にある日浦山に山城を造って立てこもったが、守護代の福島氏が攻め落とした。

この頃、安芸国の表舞台に登場したのが毛利氏である。毛利氏の当主である毛利時親は鎌倉幕府の六波羅評定衆にまで出世したが建武の新政の際、後醍醐天皇から距離を置いたため安芸の地頭職を取り上げられ、家運は急速に沈下して苦境に立たされていた。

時親は河内国加賀田郷などいくつかの領地を持っていたが、その中の安芸国にある高田郡吉田荘が毛利家の本拠にふさわしいと考えたようだ。それは石見国や備後国への交通の要衝に位置しているためで、1334年、時親は将来を託して曾孫の毛利元春を安芸国に送り込んだ。この時同行した家人は15人だけだったとされる。翌年、足利尊氏が建武政権に反旗を翻すと、元春はいち早く馳せ参じ獅子奮迅の活躍をみせて吉田荘を回復し、時親の期待に応えた。

一方、越後国に留まっていた元春の祖父毛利貞親と父親の毛利親衡《チカヒラ》は、時親の意に反して後醍醐天皇側について動き始めた。こうして毛利氏は分裂状態になり肉親同士の争いが展開され、親衡の軍勢は一時期安芸吉田荘にまで攻め込んだという。

すでに隠居していた時親だが、毛利一族を統合して生き延びるため自らが安芸国に下ることを決断し、小規模ながら郡山南東の峰の一角に郡山城という山城を建て、貞親と親衡の北朝方への帰順を取り成して吉田荘に呼び寄せたのである。貞親は後醍醐天皇の逝去に伴い出家していて来なかったが、親衡は1341年、時親が亡くなった年に吉田にやってきた。ただ、反骨精神旺盛な親衡は息子元春の仕切る郡山城に居づらくなったのだろう、吉田の南方の向原に日下津《ヒゲツ》城を建て移ったことで、ふたたび混乱を引き起こすのである。

もう一つ一族内で争いを起こしたのが小早川氏である。相模国を本拠とした土肥氏から分れて、承久の乱の後に安芸国の東南端にある沼田荘に地頭として入ったが、しばらくすると惣領の沼田小早川氏と庶家の竹原小早川氏の間でいざこざが頻発するようになった。

沼田小早川氏の後裔のうち小泉村に本拠を得た小泉氏平は、1342年北朝方に属した父小早川宣平に従って南朝方の伊予国世田山城攻略戦に船で参戦した。この際、他の小早川氏庶家と共に、瀬戸内海の弓削島・因島・生口島などに権益を狙って乱入し、年貢の横領などを繰り返した。領主の京都東寺から訴えられたが、後に小早川警固衆と呼ばれる。

守護大名の成立

相次ぐ戦乱を治めて国内を安定させるため、幕府は身内の有力武将を守護に任じていたが、さらに守護への権限拡大を進めた。1346年には所領紛争に対し守護が現地で強制執行できる権限を追加し、1352年には守護が軍費調達のためなら荘園や公領から年貢の半分を徴収できる半済《ハンゼイ》と呼ばれる権限を限定的に認めた。これが次第に拡大し1368年には総括的な半済令が発布され定常的に行われるようになった。

このように守護に税の取立権や所領紛争への介入権といった権限が集中して経済力が拡大してゆくと、守護に年貢徴収を委託する領主もあらわれ独自の支配権を持つようになっていった。さらに守護は、それまで幕府が持っていた地頭の任命権や年貢徴収権なども持つようになった。こうして従来の地頭制度は消滅して行き、地頭の領地に定住する「国人」とよばれる独自の勢力が拡大して行った。この国人は守護が配下として置く場合と、中には守護には従わず独立した在地勢力として幕府や守護に影響を及ぼす者も現れた。

こうして尊氏の意図と違って、南北朝時代を通じて幕府の支配権は相対的に弱まり、幕府は守護を通じて全国を支配せざるを得ないという状況が出来上がって行った。この時代の守護は、軍事と警察権限のみを持っていた鎌倉時代の守護とは異なるため、区別して守護大名と呼ばれる。

なお、天皇家内の争乱で朝廷の権威が低落したこともあり、権限が拡大された守護は朝廷が任命する国司も兼ねるようになり、在庁官人を家臣として取り込み、国領や官人の所領を併合して守護領を拡大した。これ以降、国司は単なる名誉職に変質してゆき、実効支配地に関係なく任命されるようになった。

観応の擾乱

足利尊氏は武家の棟梁として念願の幕府を開いたが、これを支えたのが執事の高師直《コウノモロナオ》と政務を担当する弟の足利直義だった。

しばらく平穏な時期を迎えた二頭体制だが、二人は改革派と旧守派の関係で性格も考え方も異なっていた。尊氏は中立の立場にいたが、厳格な裁定で秩序を守ろうとして既得権益層から支持される直義に対し、その裁定に不満を持ち武力によって利権を獲ようとする勢力は師直を立て、次第に幕府内は両派に分裂して確執が深まって行った。

先に動いたのは直義だが、師直は逆に直義を武力攻撃し尊氏の屋敷に追い詰めた。尊氏が取り成した結果、直義は出家し幕政から去ることで一旦決着し、代わって尊氏の嫡男である足利義詮《ヨシアキラ》が幕府の政務を統括することになった。

退いた直義だがこれでは気が収まらず、翌1350年になると大和で兵を集めて京都を攻撃し、さらにこれまで敵だった南朝側に通じて後村上天皇と手を結んだのである。これが「観応の擾乱《カンノウノジョウラン》」の始まりである。

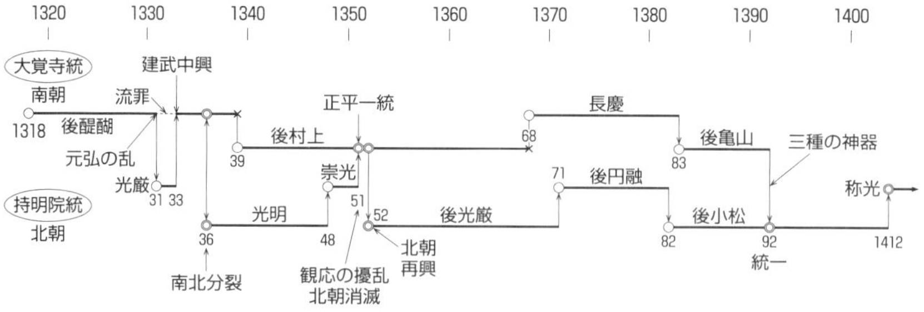

南北朝時代の天皇

この戦いで足利尊氏は北朝の後ろ盾であるため高師直側に付かざるを得ず、南朝方と対立すると同時に自分の弟である足利直義とも敵対するという状況が生まれた。さらに尊氏・師直勢は1351年の初めに打出浜の戦いで直義の軍勢に敗れ、和議に応じているうちに師直は殺されてしまった。こうして足利直義の天下になるかと思われた。

ところが、直義の非現実的な厳格さが幕府内で敬遠されてゆき、逆に人心掌握の巧みな尊氏が勢力を取り戻していった。そこで尊氏の打った手というのが、北朝の皇位と三種の神器を南朝に引き渡す代わりに、南朝の後村上天皇から直義討伐の綸旨を得るという奇手だった。綸旨を得た尊氏は東国に直義を追って捕らえ、鎌倉に幽閉した。『太平記』によると直義はここで毒殺されたとされ、観応の擾乱が終結した。

この結果、幕府内で高師直と足利直義に分割されていた権力が、将軍尊氏と嫡子義詮に一本化され、将軍の権限は強化され安定した。

南北対立の再開

南北朝間の争乱はいったん収まったが、対立を再燃させたのが足利直冬である。直冬は足利尊氏の長子ながら母親の出自のためか実子として認知されず、足利直義の養子になったという経歴の持ち主である。尊氏は直冬を遠ざけるため、1349年に中国地方を統括する中国探題に任命した。ところが直冬は長門国に赴任した頃から南朝勢力の優勢な隣国の石見国に接触して勢力を拡大して行ったようで、安芸国の中でも石見国に接している山県郡に本拠を持つ勢力にも影響を及ぼすことになった。

中国地方での南朝側の勢力拡大を懸念した尊氏が、直冬の討伐令を出したところ、これを知った直冬は九州に逃げ込んだのである。当時の九州は、後醍醐天皇の皇子で南朝の征西大将軍の懐良《カネヨシ》親王、幕府の九州探題の一色氏、大宰府の少弐氏が鼎立しており、そこに直冬が加わったのである。直冬が足利将軍家の一員であることを生かしてここでも勢力を拡大し、これを危ぶんだ尊氏は九州探題に直冬の討伐命令を下した。すると直冬が南朝の懐良親王と結ぶなど、九州内で四者の生き残りを懸けた戦いが始まった。

この状況を見た尊氏は、自ら幕府軍を率いて九州に出兵しようと考え、中国地方の有力国人に動員令を発した。伊予国では河野家内の争いが続いていたが、惣領家の河野通盛が尊氏側に付いたことで伊予国守護に任じられ、河野氏再興となった。

ところで、「中国地方」という名称であるが、現在と同じ地域を示す地名として使われるようになったのは、1349年に足利直冬が「中国探題」を命じられたのが始まりのようだ。元々この「中国」は、京都と九州の中間という意味で付けられた言葉であり、『太平記』によると、中国探題は備中・備後・安芸・周防・長門・出雲・伯耆・因幡の8カ国を管轄する役職である。京都祇園社の記録『祇園執行日記』によると翌1350年に高師泰が足利直冬討伐に「発向中国」と命じたとか、細川家の『永青文庫文書』には1354年に将軍義詮が細川頼有に命じた「中国凶徒退治」にも同じ意味の「中国」が使われている。南北朝時代中頃には中央の支配者層には、現在の中国地方がほぼ「中国」として認識されていたようだ。

また「中国」という用語そのものは、10世紀ごろできた『律令制』の中で、地名ではなく都からの距離に応じて畿内・近国・中国・遠国とに国を分けたのが始まりであるが、この時の安芸国は遠国に分類されていた。『古事記』や『日本書紀』の神話に出てくる「中つ国」を起源とする説もあるが、高天原と黄泉の間の国、転じて日本の国土を意味し、地名ではない。

なお、現在、中華人民共和国の略称として用いられる「中国」は、古代の秦・漢時代より自国の領土を指す言葉として使われてきたもので、全く異なったものである。

足利直冬のほうも尊氏の九州下向を阻止すべく、同じように中国地方の南朝を支持する国人に通じたのである。ここで足利直冬の呼びかけに応じて1350年に安芸国で立ち上がったのが、寺原時親・山県為継・壬生《ミブ》道忠・毛利親衡ら石見国に接した山県郡と高田郡の国人である。

寺原氏は藤原神主家一族ながら寺原荘に移り住んだ者で、山県氏は平安時代末期に美濃国から壬生荘に下向したとも国造だった凡《オオシ》氏の末裔とも言われている。壬生氏は平安時代初期の僧、円仁を生んだ下野国都賀郡の壬生氏の末裔とされる。元春の父親の毛利親衡は、以前の南朝への思いが再燃したのであろう。

甲斐国にいた安芸守護の武田信武としても、守護の役目を果たさねばならず、すぐに次男の武田氏信を安芸に派遣した。氏信は同じ山県郡の国人である吉川実経らを味方にして彼らを抑えにかかった。氏信はまず石見国西条郷の南朝側勢力を攻め、それから安芸国に戻り寺原時親の籠もる寺原城や余谷城、山県為継・壬生道忠らの籠もる猿喰城を攻略した。また、日下津城《ヒゲツジョウ》に籠って反抗した毛利親衡に対しても攻撃したが、これは攻め落とすことができなかった。

さらに足利直冬の呼びかけに応じて、1352年に毛利氏の棟梁である毛利元春が、吉田郡山城の近くにある琴崎城に籠もって武田氏に反旗を翻したのである。これに対して武田氏信は吉川実経に命じて城を包囲し陥落させ、元春は吉田郡山城に逃げ戻ったが結局降伏した。このため毛利氏は再度滅亡の縁に立たされたのである。

一方、九州で勢力を拡大していた足利直冬だが、1352年に父の直義の死亡が伝わると、味方の離反が相次ぎその勢いは急速に衰え、少弐頼尚らと共に九州から長門国、さらに石見国へと逃れることになった。ところが石見国は南北朝対立で不安定な状況であったため、直冬は石見国の南朝側勢力と呼応して隣国の安芸国に入り国境に近い山県郡の壬生城《ミブジョウ》に陣取った。

ここは山陽側へ進出するための足掛かりになる位置で、尊氏に対する蜂起の思いが現れたとされている。一度は武田氏信に鎮められた南朝側の安芸国人衆も、直冬の動きに刺激されて再び蜂起し、日下津城の毛利親衡も直冬方についた。

さらに安芸国の状況を複雑にしたのが大内氏だった。当主の大内弘世《ヒロヨ》は直冬側に通じて南朝側に付き南朝から1351年に周防守護に任命されおり、安芸国に侵出する機会をうかがっていた。これに対し武田氏信は、本拠地甲斐国から多くの有力家臣を安芸銀山城に派遣し沈静化に当たらせた。

このように足利直冬は安芸国内を混乱に陥れたが、最終目的は都に上って尊氏を討つことにあった。1353年には直冬党の一部が山名氏と連合で京都を攻め、さらに翌年には直冬自身が長門守護の大内弘世・出雲と伯耆守護の山名時氏・若狭守護の桃井直常・越前守護の斯波高経などの軍勢を率いて1355年に京都に攻め入ったのである。

この攻撃で足利尊氏と義詮父子は一旦近江に逃れることになったが、軍を立て直して京の東寺に陣を張った直冬に反撃を加えた。結局、直冬は2カ月で京都を放棄することとなり、再び安芸国に戻った。その後の直冬については、山名時氏の庇護を受けて安芸国内に隠れ住んだなどとはっきりしないが、再び蜂起することはなかった。

南北朝の分裂も一旦終結し、南朝の後村上天皇が統一の天皇となり、尊氏自身がかつて擁立した北朝の崇光天皇は廃位された。これは南朝の年号を採って正平一統《ショウヘイイットウ》と呼ばれている。

ただ、南朝の御所はそれまでと同じ吉野の賀名生《アノウ》だったため、京都の御所を奪還したい南軍の武士たちによりふたたび事件が発生した。1352年初め、尊氏が鎌倉に滞在している間を狙って、南朝軍は京に攻め込み北朝の光厳・光明・崇光の三人の上皇を拘束したのである。しかし足利義詮はすぐに南軍を都から追い出したため、後村上天皇は幕府の後ろ盾を失い、再び吉野に逃れざるを得なくなった。南北統一は1年も経たないうちに崩れたのである。

尊氏は三種の神器のないまま北朝の後光厳天皇を擁立したが、この頃から尊氏は病気がちになり1358年に亡くなってしまった。二代目将軍になった足利義詮は幕府を取り仕切って幕府機構の再建に努めたが、義詮も南北統一を果たせぬまま1367年に38歳で病に倒れたのである。

その後も南朝は三種の神器を確保していることもあり都に戻ることを諦めきれず、その後も京への攻撃を繰り返したのだが、南朝が再び都に戻ることはなかった。

観応の擾乱とその後に起こった事件は、武士にとって自分の利益のためなら裏切りも厭わないという風潮を定着させ、日本各地で信義を無視した戦闘が展開されるきっかけとなったのである。このような戦いを通じて、武士の数が大きく増加したこともあって、日本における武家政権が確立したとされている。

一方で、鎌倉時代に確立された武家内をまとめる惣領制が崩壊し、親子や兄弟同士の争いが頻発してそれまでなかった庶子からの守護への取りたても行われるようになった。こうして源頼朝の確立した武士道精神に基づいた御家人制度も消滅していった。

安芸武田氏と大内氏

観応の擾乱が発生した頃、安芸国守護の武田信武は本拠である甲斐国にいたようだが、引き続き足利尊氏側についていて安芸国も安定していた。1359年に武田氏の当主武田信武が没し、甲斐守護職には嫡男の武田信成、安芸守護職は安芸国の平定に奔走した二男の武田氏信がそれぞれ就任した。こうして武田氏は甲斐国と安芸国を個別に継承することになり、以降、独立した両家の関係は次第に薄まってゆく。

安芸武田氏の創始者となった武田氏信だが、安芸国内で足利直冬の潜伏継続や、南朝方の大内弘世の侵入を許すなど、守護としての権威を確立できない状況がつづいていた。

一方、隣国の大内弘世は、将軍義詮の補佐役である細川頼元の誘いに応じて、1363年になって直冬に見切りをつけ幕府に帰順することで防長両国の守護職を得た。こうして大内氏の安芸国に対する影響力が再び拡大して行くのである。

ところで、弘世は足利義詮に拝謁のため京に上った際、その街づくりにおける文化や風情に感銘を受け、1360年頃政庁を移していた山口に、同じ盆地である京都に似た街への改造を始めたとされる。それはその後約200年に渡り歴代当主に引き継がれた。山口が「西の京」と呼ばれる所以である。

海賊衆の拡大

この時代、西日本各地で展開された戦いの背後には、瀬戸内海における船舶を使った兵站による支えがあった。これは瀬戸内海各地で主要な海峡に縄張りを持った海賊衆がその役を果たし、海上での戦いの主役になった。特に安芸国と対岸の伊予国の間にある芸予諸島はその中心だった。

海賊衆であるが、近代になってスチーブンソンの『宝島』が翻訳された際、海の盗賊piratesが海賊と訳されて悪者のイメージが強くなった。そのため、関係者が江戸時代に初見の水軍という言葉を海賊衆に代えて用い、現在は水軍が広く用いられている。

当時の海賊衆は、領海内を通過する船の案内と警護することで通行料を得る武装集団で、これを無視する場合は積荷を略奪する武力行使もした。水夫は水主《カコ》衆とよばれ通常は漁師で、警護もしたことから警固衆ともいった。

なお陸上の交通でも、中世を通じて朝廷・武家政権・荘園領主・有力寺社などが独自に街道沿いに関所を設けて、通行の安全を保護すると同時に関銭を徴収していた。

海賊衆は古代から存在していたが、鎌倉時代後半になって戦乱が増えると各地に生まれ、南北朝時代になって活発化して私設の海の関所が増えて行った。その発祥などにより異なった性格の海賊衆が存在する。

多くの海賊衆は自分の根拠地を中心に海賊衆に徹して活動していて、本来は権力に従うことを嫌う体質を持っていたが、守護など領主が海域まで支配を拡大するに従って領主のために警護したり海戦に加わるようになった。

例えば、西備讃瀬戸の塩飽《シワク》諸島周辺に勢力を持っていた塩飽氏は、信長・秀吉・家康と天下人に付くことで明治時代まで栄えた。また戦国時代になって芸予諸島を根城に瀬戸内海を制覇した能島・因島・来島の村上三家も状況に応じて主君を選んだ。伊予国の河野氏の庶家が北上した江田島の久枝氏、三ヶ島衆と呼ばれる安南郡呉保の呉衆・蒲刈島の多賀谷衆・能美島の能美衆もこれに当たる。また武田氏は太田川下流に基地を持つ川内衆や府中や仁保島を本拠にした警固衆を持ち、小早川氏は独自の警固衆を持ち安浦の内海衆も従えていた。なお海賊衆に対する恩賞は､忠誠心が薄いとして領地ではなく金銭や現物を原則としたとされる。

これと異なるのが伊予国の河野海賊衆である。河野氏は自身が伊予国守護で、芸予諸島を中心にした海賊衆の頭領というより、拡大志向を持って地域を支配する領主だった。

南北朝時代の厳島神社

この時代の厳島神社であるが、足利尊氏の京都攻防戦の際に討死した藤原親顕から神主職を受け継いだ藤原親直は、幕府との良好な関係を保ちながら50年余り神主を続けるのである。当初は京都に住んでいたが1340年頃から安芸国に定住し始めたとされる。屋敷はそれまでも藤原氏一族が住んでいた佐方であるが、鎌倉時代末期に造った桜尾城を持っていた。その後、ここで多くの戦いが繰り返されることとなる。

1354年に、厳島神社の神領を巡って争いが起こった。それは観応の擾乱の際、反足利尊氏派によって瀬戸内海の島々が占拠されたが、これを鎮圧する尊氏・義詮軍に小早川一族の小泉氏平が加わって戦功をあげた。それに対し将軍義詮は氏平に対して18年前に父尊氏が厳島神社に寄進したのと同じ造果保を与えてしまったのである。藤原神主家が提訴すると幕府は一旦それを認めるなど、朝令暮改が繰り返された。

この神主家と小泉氏との争いは、神主の藤原親直が厳島神社を深く崇敬している大内弘世を味方にしたため、小泉氏としても実力で神主家を追い出すことが難しく、この争いはこれ以降も長く続いた。なお、弘世はこの後山口に厳島神社を創建している。

このように藤原神主家は厳島神社の神主といっても、実際は幕府と繋がって神領を確保し拡大を図ろうとする国人領主そのものだった。

一方、厳島神社の神事については、古代からつづく佐伯氏とその庶家が分担して執り行う組織が出来上がっていった。当時、多くの武家では惣領制の崩壊と共に、庶家は宗家とは別の姓を起こして称したが、佐伯氏の場合もこの武家のやりかたに倣ったようで、三宅・田所・竹林・

田・野坂など多くの庶家が生まれた。このような神社関係者は、主に神社の対岸に居住して神事の度に島に渡っていた。

厳島神社の主要業務である棚守・上卿・祝師は、佐伯氏の宗家と庶家が分担して行い、次第に各家に固定化されて行った。その中でも上卿については、本殿・客人社《マロウドシャ》・外宮《ゲグウ》への各神主代と朝廷からの勅使の代役に分けられていた。

勅使であるが、朝廷は定期的あるいは凶事などの際、有力な神社に奉幣使として勅使を遣わして平安を祈念した。有力神社として、当時は伊勢神宮を始めとする都に近い「二十二社」と呼ばれる神社が定められていたが、厳島神社はその中には含まれていなかった。ただ平清盛が厳島神社をこれに加えようとしたとされるように、厳島神社は二十二社に準じて扱われていたようで、遠方のため勅使ではなく国府内に勅使代を定めて代行させた。安芸国府ではこの役目を佐伯氏の系属で長く国府に仕えた田所氏を選び、厳島神社としてはこれを上卿職として扱った。1387年に田所在俊が上卿職に定められたとされている。

また、平安時代から貴人たちの接待に活躍した内侍の役割も継承され、これは江戸時代まで続いている。

足利義満による安定化

足利義詮の跡を継いで1368年に３代将軍になったのが、まだ幼い足利義満である。幕府としては管領《カンレイ》の細川頼之が補佐役として幕政を統括し、家臣や武士を統率する侍所の長官に足利氏所縁の源氏を本姓とする赤松・一色・京極・山名の４家を就かせることで体制を固めた。幕府としても大儀もなく味方を裏切るような風潮を懸念して、守護大名の頭越しに各地の守護の分家と足利氏一族を結び付けるなど幕府に忠誠な武家を確保することに努めた。また、将軍就任の年に『応安大法』を施行して土地支配を強め、京都や鎌倉に五山制度を整えて宗教統制も強化した。

二十歳になった義満は京都の室町に新しい邸宅の建設を始め、3年後の1381年に完成させた。これは「花の御所」とか、地名から「室町殿」とよばれ、室町時代の呼称の由来となった。位置は現在の御所の北西の角に隣接する辺りで、敷地は御所の2倍もある立派なもので、当時の皇室と将軍の関係を表している。

こうして世情は安定していったが、若い義満は各地の守護大名や幕府内の有力武家の勢力に押されて不安定な自分の立場を何とかしたいとの思いに駆られたようで、知恵袋として禅僧、義堂周信《ギドウシュウシン》を側に置いた。そこで義堂は義満に儒書を学ばせたのだが、義満は孟子の「天命があれば武力による君主交代を是認する」という政治思想に取りつかれたとされる。これは自分が天皇の上に立つことを正当化するもので、朝廷にとっては危険な考えだった。

このよう中で義満は特に熱心に軍事力の強化を図り、奉公衆とよばれる身内による軍隊を整えてゆくと同時に、過大な権力を持つ勢力の弱体化にとりかかった。まず1379年、幕府内で重きをなしていた管領の細川頼之を斯波氏との対立を利用して四国讃岐国に追い出した。さらに1387年、幕府創立に功があり美濃・尾張・伊勢の3国の守護として勢力を拡大した土岐《トキ》氏を滅ぼし、1391年には、関西近隣の11カ国の守護として最強だった山名氏一族に対し、明徳の乱を起こして勢力を削いだ。

南北朝問題

将軍になったばかりの足利義満にとっての懸案が、南北朝問題の決着であった。それまでにも幕府は、南朝側の征西大将軍として九州の大宰府を中心に勢力を伸ばしている懐良《カネヨシ》親王に対して、九州探題を大宰府に派遣して抑え込もうとしたがうまく行かなかった。最初の一色範氏《イッシキノリウジ》と代わった一色直氏《ナオウジ》も南朝軍に大宰府を攻め落とされ、さらに斯波氏経も埒《ラチ》が明かず、次に指名した渋川義行は九州に足を踏み入れることもできないというありさまだった。

1366年に懐良親王に代わった良成《ヨシナリ》親王が、伊予国の河野氏や四国の海賊衆などを引き込んで反攻を企てていた。そこで義満は、1370年に文武に秀でた今川了俊《リョウシュン》を九州探題に据えて解決を目指すことにした。今川氏は足利氏の流れをくむ吉良氏の分家にあたり代々駿河国の守護で、了俊は足利義詮が亡くなった時に出家して名前を貞世から了俊にしていた。

了俊は九州の南朝勢力を征伐するに当たり、それまでの失敗を繰り返さないように弟の頼泰と息子の義範を加えて綿密に作戦を練ったようだ。特に加勢してくれる国人勢力を集めるため、軍船で九州に直行するのではなく、軍船で睨みを利かせながら自らは国人たちに参戦を説得しながら陸路をとることにしたのである。幕府もこれに合わせて、事前に了俊を安芸国と備後国の守護にすることで支援した。

今川了俊の『道行きぶり』

今川了俊はこの山陽路の旅で『道行きぶり』という紀行文を書き残している。軍事的な記述は極力排し文人としての才能を表す多くの和歌が読まれており、当時の山陽道の状況も記述されている。古代に直線的な大路として整備された山陽道だが、補修されないまま荒れ果てたところも多く、それに代わって生活に密着した道路が繋がっていたことが分かる。了俊の通った道は、江戸時代に整備される西国街道に発展してゆく。

1371年早春、了俊は京を出発して播磨路から吉備路を進んだ。備後国の尾道まで来たところでしばらく滞在し、備後の国人たちへの動員工作をして参戦を取り付けた。安芸国に入ると、こんどは沼田《ヌタ》に3か月余り滞在して国人の説得に当たり、沼田を領地とする小早川氏の支援を得た。さらに山路に入り入野・高谷(高屋)・瀬野など安芸路を進み海田浦に至った。海田浦は瀬野川の河口にあって、開田荘という皇室の荘園が置かれたことに始まり、二日市とよばれる市が開かれていた。了俊はここで20日ばかり滞在し、味方に取り込もうとして国人衆と接触した。中でも了俊が熱心だったのがその器量を買っていた毛利元春とされている。その他にも吉川経見、熊谷直明らが了俊の説得に応じた。ただ、参戦を約した安芸や備後の国人領主の中には、自らは九州に行かなかったり、遅れてやって来る者も多かったとされる。それは自分の留守中に周辺の領主に侵略されることを恐れたためで、当時の不安定な状況を示している。

現在の広島市については道路でなく軍船で通過したとおもわれる。それは当時の広島は太田川の中洲があるだけで、道路で行こうとすると可部の近くまで遠回りする必要があり、しかもその辺りの佐東郡は幕府に不満を持つ武田氏の領地でもあった。了俊は海田浦から直接藤原神主家の桜尾城の近くにある佐西の浦に向かった。翌朝沖にある厳島神社に参

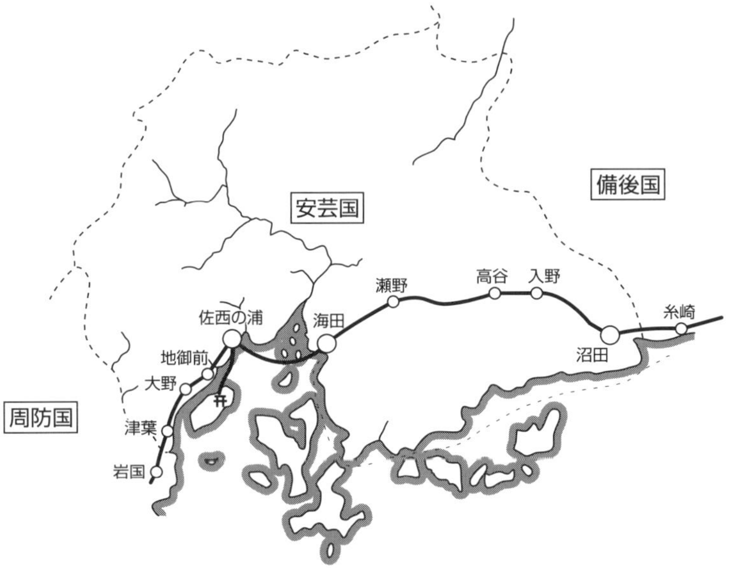

今川了俊の道程

詣し戦勝を祈願し戻って再び宿泊している。さらに地御前から山路に入り大野の辺りで厳島の見える海岸に出て、ここで3首の歌を詠んでいる。

「大野浦をこれかと問へば山梨の片枝の 紅葉色に出でつつ」

これがそのひとつだが、地名としての大野の初見とされている。このあと再び山に入り津葉（玖波）を経て、周防国の岩国に到着している。

この周防国で了俊の最大の懸案は大内氏を取り込むことにあった。南朝に帰順したことのある守護大名の大内弘世は、幕府側に付くべきとする息子の大内義弘との間で生き残り策での対立があったが、了俊の誘いに対しとりあえず息子の意見に従って九州行きを決断したとされる。こうして今川了俊は、体制を整え九州の対岸に到着した。都を出発して10カ月ほど経っていた。

九州での南北争乱

都を出発した1371年の末、今川了俊は九州に上陸し、征西将軍府になっていた大宰府を豊前国と肥前国の両側から攻撃するという共同作戦を行った。これに参戦したのは了俊の息子今川貞臣と弟今川仲秋の他に、山陽路で味方に取り込んだ大内氏父子や毛利直冬、大宰府のある筑前国守護の少弐冬資、在地勢力である大友・松浦氏、さらに島津氏などの南九州の有力者たちであった。この攻撃で良成親王を始めとする南朝勢力は大宰府をあきらめて肥後国に逃れ、1372年の夏には大宰府は幕府側に戻った。

今川軍の順調な勝利の結果、大内親子はすぐに地元に戻ったが、毛利元春は安芸国に戻ることはなく、その後も了俊に従って九州に居続けた。それは元春自身が安芸国で不安定な立場のため、この戦いに身を賭してでも戦功をあげて地位を確立したいとの覚悟だったのだろう、この後7年間に渡り了俊の元に仕えるのである。

こうして大宰府を取り返して成功裏に初戦を終えた今川了俊だが、南朝勢力はその後も抵抗をつづけ、将軍足利義満の期待する南朝滅亡には至らなかった。ただ了俊のほうは、義満の了解をとることなしに戦功をあげた国人へ恩賞として惜しげもなく領地を与えた。結果的にこれは了俊の九州での権力が拡大することとなり、義満は次第に了俊に対する不信感を強めて行った。

このような時、今川了俊は南朝側菊池氏の本拠地である肥後国の水島に軍を進めた。開戦を控えた1375年、了俊は九州三人衆の少弐冬資《フユスケ》・大友親世《チカヨ》・島津氏久に支援を求めたところ、当時了俊との関係が悪化していた冬資は拒否してきた。氏久の仲介で冬資が陣にやって来るのだが、そこで了俊は冬資を謀殺してしまったのである。面子をつぶされた氏久は、陣をたたんで薩摩に帰ってしまい、親世も了俊への支援を止めてしまった。このため、了俊軍は南朝側菊池軍に大敗を喫することになり、この事件はその後長く島津氏と幕府の関係に影響を与えることになった。

今川了俊は肥後国水島からの撤退を余儀なくされたため、九州の有力者の離反や南朝側の再蜂起などが起こり、九州統一が遠のいたかに見えた。そこで了俊は少弐冬資の筑前国守護を自らが兼任するなどしたことにより、結果的に北九州における了俊自身の権力基盤は固まるという状況になった。

２年後の1377年、了俊は肥前国蜷打《ニナウチ》でふたたび南朝側と対決するが、こんどは了俊側の大勝利となり、多くの南朝側武将が討ち取られた。これ以降了俊は攻勢を強め、1381年、南朝征西将軍良成親王を奉じる菊池武朝が籠る肥前国の隈部城を落城させた。こうして南朝側は衰退を余儀なくされ、征西府も転々とする状態になった。

義満の厳島神社参詣

九州での南朝抑え込みがほぼ成功したとみた足利義満は、南北朝統一に決着をつける前に、自分の権力を誇示することを考えたようだ。1385年に奈良の春日大社への参拝を皮切りに、翌年には丹後国に天橋立を見物、1388年秋には富士山見物と称して壮麗な行列を従えて駿河国まで出かけた。

さらに1389年、義満は祖父尊氏に習って厳島神社に参詣し、自ら南朝軍と決着をつけるべく九州に行くことにした。同行者には幕府の重鎮だけでなく義満の正室日野業子《ナリコ》や僧侶、歌人までが顔をそろえており、九州から今川了俊を呼び寄せて大小百余艘といわれる大船団を先導させ、人々を驚かすに十分だった。この時の様子は今川了俊の書いた『鹿苑院殿厳島詣記』に残されている。

一行はまず四国に向かって讃岐国の宇多津に寄ったのだが、ここは管領だった細川頼之の地で、頼之は瀬戸内海航路の海賊衆や伊予国の河野氏などに影響力を持っており船舶も頼之が手配したものだった。その後宇多津から山陽沿岸に戻り、尾道や糸崎を経て現在の竹原市に当たる高崎から音戸を経て、実質6日間の船旅で厳島に到着した。翌日に厳島神社に参拝したが、これは周防国守護の大内義弘への牽制だったとされている。すぐに再び乗船し周防国に入り下松に向い、ここで出迎えた大内義弘は、義満を先導して三田尻の高洲の浜で盛大に歓待した。さらに船団は周防国赤崎まで進んで九州を目前にしたところで、嵐で九州上陸を諦めざるをえなくなった。

こうして義満は九州遠征を終えて都に引き返したのである。

九州制圧を任された今川了俊は、ついに1391年、征西大将軍の良成親王を降伏させ、翌年菊池氏と和睦し九州平定を果たし、その後も九州探題として留まった。

中国明王朝と李氏朝鮮の成立

鎌倉幕府の滅亡後、日本では建武の新政から南北朝の対立と戦乱が絶えなかったが、大陸の方でも混乱が続いていた。

まず中国であるが、鎌倉時代の建長寺船以来、日本と元との公式交易は途絶えていた。1339年に後醍醐天皇が崩御されると、足利尊氏は弔いのため天龍寺を造営しようとしたが、南朝との戦いで財政は逼迫していたため、1342年に元へ天龍寺船と呼ばれる幕府主体の貿易船を再び派遣した。こうしてわずか２艘の船で豪壮な天龍寺の造営費を賄えるほど、交易による利益は膨大だった。

元朝は内部での相続争いや海賊の横行などで混乱が激しくなる中、南部で漢民族の朱元璋を頭にした紅巾党の乱が発生した。その結果、朱元璋は足利義満が将軍になったと同じ1368年、元朝を北に追い出して南京に明王朝を起こした。明は黄河流域ではなく、初めて江南と呼ばれる長江流域から起こった中国統一王朝である。こうしてモンゴル人による中国王朝は約百年で終結を迎えたが、モンゴル帝国は滅びたわけではなく、中国を追われた後も17世紀まで継続するのである。

明の皇帝となった朱元璋は洪武帝と名乗ったが、世界史の中で最も貧困な状態から天下を獲ったとされる。この上昇気性の激しい男は中国統一を実現すると、漢民族の権威を取り戻すために徹底的に専制的な手段を取った。まずは優秀な部下を粛清して反対論を封じ、人民に対しては商工業や交易中心から農業に重心を移すために銀山を官有化して銅銭や紙幣の発行を禁じたことで事実上銀が通貨となった。また海賊の横行を許していた民間の交易を禁じるため『海禁令』を発し、周辺国を冊封体制に囲い込んで朝貢貿易を推進した。

貿易を重視する洪武帝にとって、朝鮮半島や中国大陸の沿岸を襲う海賊集団である倭寇討伐が重要な課題だった。安定していない中国や朝鮮の王朝にとって倭寇は頭痛の種で、政治的にも大きな影響を与えたのである。

『高麗史』によれば、倭寇は1350年頃から朝鮮半島で活発化し中国沿岸部にも拡大して激しくなったとされる。九州や瀬戸内海沿岸の漁民や有力者が中心に南朝勢力と結びついて行った私貿易が、しばしば海の盗賊と化したようで、物品の掠奪が主体で土地に対する執着はなかった。特に懐良親王が九州で勢力を確立した頃から、南朝に味方する九州北岸の松浦氏などが中国や高麗沿岸を侵略したとされ、また瀬戸内海から小早川氏が加わったとの話もある。このように南北朝時代を中心にした初期の倭寇は日本人主体で行われた。

洪武帝は1369年に「日本国王」宛てで「略奪行為を行う倭寇の鎮圧を命じ、放置するなら明軍を派遣して海賊を滅ぼし国王を捕らえる」という高圧的な国書を持たせ、従来から日本の窓口だった九州の大宰府に使者を送った。ところが当時大宰府は南朝の懐良《カネヨシ》親王が占拠していたのである。短気な親王は７人の使者の内５人を殺害して追い返した。これは建国早々の明は日本の状況を把握していなかったとされる一方、倭寇は南朝勢力が主体で懐良親王が頭目だったとする説もある。

『太祖実録』によると、翌年、洪武帝は再度同様な国書を送ると、なぜか親王は一転して臣下として朝貢し倭寇の討伐を約するとして明に使者を派遣したのである。こうして懐良親王は洪武帝から「日本国王」として冊封《サクホウ》されることになった。冊封を受けるということは中国皇帝と君臣関係を持ったということであるが、交易が多大な利益を生むことから北朝勢力に追い詰められた末の決断と思われる。

しかし直後の1371年、懐良親王は九州探題になった今川了俊軍によって大宰府から敗走してしまう。そのため翌年「日本国王良懐」への国書を携えて博多にやって来た明の使者は了俊に拘束された。良懐とあるのは懐良の間違いとされている。こうして朱元璋が望んだ日本からの朝貢は実現しなかったのである。

一方、朝鮮半島の高麗であるが、元が明に代わるとすぐに冊封を受けるが、内部では元朝派と明朝派に別れて争いが起こるなど混乱が続いた。高麗としては、年々疲弊する中で倭寇が沿岸部を襲うと撃退する余力もなく、日本に制圧を求めざるを得ず1366年に使節を派遣した。

外国使節に対する国としての窓口は慣習上朝廷であった。高麗の文書を受けた後光厳天皇は、元寇の決着もついてない元が背後にいるものと考え、使節の受け入れを拒絶した。一方の幕府としても海外からの使節を迎えるのは未経験で、将軍義詮は自ら使者に接見したが、朝廷も拒絶していたことから正式な回答を躊躇し、交渉に当たらせた禅僧による非公式な返書で、倭寇対策を講じることはできない旨を伝えた。

そこで高麗は、喫緊の倭寇対策について幕府に訴えても埒《ラチ》が明かないと1377年九州大宰府に使者を送った。博多でこれを迎えた今川了俊は、倭寇取り締まりを約束し、実際に大内氏などに協力を求めて兵を送った。その後もしばしば倭寇に拉致されていた捕虜を送還し、同時に交易も行われたようだ。このように今川了俊が前向きに取り組んだのは、南朝側を追い詰める一環と考えたことによるが、対外交渉権を勝手に行使する了俊の動きは、義満からますます危険視されることになったのである。

高麗はその後も倭寇に悩まされるが、倭寇との戦いで名を成した武将の李成桂が台頭し、クーデターを起こして政権を掌握し、親明派官僚をまとめて1392年、自ら国王に即位し朝鮮王朝（李氏朝鮮）を興した。474年続いた高麗が滅んだが、これは奇しくも日本で南北朝の終結した年である。

義満の対明政策

足利義満は儒教を通じて中国文化に憧れを持っていて、明との繋がりを持ちたいと考えていた。しかし当初の管領の細川頼之が特に対外交流に消極的だったこともあり、1372年に懐良親王への国書を持って来た明の使者を送り返してしまった。一方、薩摩の島津氏など九州を中心にした有力者達が「日本国王良懐」と詐称して明との貿易を行い始めた。

義満としては自身が一元的な対明貿易を行いたいとの思いが強くなり、1374年に明の洪武帝に征夷大将軍の名で使者を派遣した。ところが中国側は二度にわたる使者に対して、義満が天皇の臣下だとして「日本国王」として認知しなかった。

中国の場合、皇帝は絶対的な権力を持っているが、日本の場合、天皇は権威はあるものの権力は持たず、将軍が実権を持っているという二重権力構造になっている。そのような中で、義満が征夷大将軍として天皇に勝る権力を持って地方も差配しているという事情を中国では理解できなかったのである。ただ明としても倭寇の鎮圧が喫緊の問題で、室町幕府の介入が必要だった。

義満としては、孟子の君主交代を是認する思想にのめり込んでゆくに従い、明に対し自分が日本国王として冊封を受けてでも、対明貿易を独占したいと思うに至った。そのため義満は1379年の康暦《コウリャク》の政変で細川頼之を罷免し、海外進出に積極的な斯波義将を管領に就任させることで環境を整えた。さらに1383年に皇后に準じた准三后《ジュサンゴウ》という位となったことでその思いを強めた。

安芸国の変化

幕府は1371年に今川了俊を九州の南朝勢力討伐に派遣するにあたり、その支援もあって安芸国守護に任命した。それまでの安芸守護だった武田氏信は、南朝派の討伐や大内弘世に対する牽制役もできず、幕府から責任を問われた形でもあった。

これに対して武田氏信は守護を解任されたものの、銀山城に住み続け、幕府への不満から安芸国府の領地を横領するなどした。一方では寺社への社領寄進を多く行うなどの面を持っており、幕府としても太田川河口に強力な地盤を持つ氏信が足利直冬と結びつくことを恐れたのだろう、1378年になって佐東郡に限って守護の役務を行う分郡守護という特異な役職を与えた。翌年氏信は隠居し、跡を息子の武田信在が継いで、武田氏は安芸国中央部の勢力を保持した。

一方、毛利元春は、今川了俊の誘いを受けた九州征伐に参加して武勲をあげ、幕府からの信頼を勝ち取った。元春が九州に滞在中の1374年と76年の２度にわたり、敵対関係にあった父親の毛利親衡が先に帰国していた大内弘世と結んで元春の領地吉田荘を侵略するが、将軍義満や管領細川頼之がこれを咎めて弘世から石見守護職を取り上げた。元春が九州から安芸に戻った1378年、吉田荘は元春の領地として安堵され、幕府の後押しもあって毛利氏は再び息を吹き返したのである。

このような南北朝の争乱による惣領制の崩壊は、兄弟や一族間の抗争による分裂を引き起こし、安芸国にも影響を及ぼした。

毛利氏の他に例えば平賀氏惣領の平賀直宗は、賀茂郡高屋保で足利尊氏と通じていた平賀共兼と家督争いで勝利し、また熊谷氏をはじめ、庄原の山内首藤氏、高山城の小早川氏らにも同様な分裂が見られた。

また厳島神社の佐伯氏の場合と同じように、庶子家が惣領家とは異なる家名を名乗ることが進み毛利氏も元春の兄弟の坂・有富、庶子の麻原《オハラ》・中馬・福原、さらに坂から桂・光永・志道などが派生し、近隣に毛利の血統が張り巡らされて行った。これがその後の毛利氏を支える家臣団へと発展するのである。

九州平定の目途が付いた1390年、今川了俊は目的が達せられたとして安芸守護を解任されているが、南北朝時代の終わる1392年になるまでの２年間、誰が安芸国の守護だったかの明確な記録がない。

安芸国への進出を狙う大内義弘は、足利義満が厳島神社を参詣した際に随行して上洛するなど関係を深めてゆき、京にいることが多くなった。南北朝時代が終わる頃、義満の供で花見に行ったとき機転の利いた和歌が気に入られて、安芸国賀茂郡の西条盆地と黒瀬川下流一帯から成る東西条《トウサイジョウ》を与えられたとされる。この東西条だが、古くは東条郷と西条郷にわかれていたものが、南北朝時代に統合され東西条になったとされている。

このような将軍義満との関係から、当時安芸国への影響力を強めていた大内義弘が安芸守護だったとの説がある。いずれにせよ、安芸国の穀倉地帯で中央部に位置する東西条という足掛かりを得て、大内氏の安芸国への進出が加速される。

南北朝時代の経済

南北朝時代も日本の経済構造の中心は農業で、施肥法や灌漑・排水の改善などにより水稲の収穫量が増加し、さらに麻・綿・胡麻などが広まり、簾《スダレ》・蓆《ムシロ》・油・素麺などの農産加工品の生産と流通が拡大した。ただこれで農民が豊かになったというわけではなく、通常の年貢以上の率を課すことなど、それを収奪する領主が増えたのである。さらにこの権利が売買されて農民の階層化が進んでゆき、地主的性格を持った有力農民を中心にした村落共同体が生まれた。

また中国や朝鮮半島から輸入された絹や木綿の使用が広まったのもこの頃である。

一方、農業以外の商業や運送業も貨幣経済の進展と共に発展し、特に土倉《ドソウ》とか酒屋と呼ばれる高利貸しが幅を利かせた。幕府は鎌倉時代に比べて直轄領が少ないこともあり、財源確保のため貨幣経済の発達を利用し、京都周辺の金融業者に土倉役や酒屋役といった税金を課した。また、諸国の守護に対し、国家行事や寺社の造営の際、段銭《タンセン》と呼ばれる土地への課税が臨時に行われたが、これが次第に恒常化して行った。

一方それまで発展して来た貨幣経済に問題が発生した。それは南宋を滅ぼした元王朝が銅銭の使用を禁止して銅銭鋳造が行われなくなり、1368年に興った明王朝も当初は銅貨を鋳造したが銅が足りず紙幣の併用を始め、1392年には銅貨の使用を禁止したのである。

そのため日本への銅貨輸入は次第に減少し、銅銭の不足が表面化し、国内で鋳造された鐚銭《ビタセン》とよぶ私鋳銭が流通するようになった。また百年以上も使用された宋銭の劣化もあって貨幣経済に支障がでて、発展していた日本経済も停滞していった。なお、後醍醐天皇は大内裏の造営のために銅銭の鋳造や紙幣の発行を計画したといわれるが、短政権のため実現しなかった。

またこの頃から始まったとされる芦屋釜とよばれる鋳物製品があるが、筑前国の芦屋津で制作され、その後茶道具としての名声を博すのである。

南北朝時代の宗教

鎌倉時代に栄西と道元の二人の僧が南宋から禅宗をもたらして幕府の支持もあり武士のあいだで発展したが、南北朝時代になって戦乱が続くと権力者たちも座禅による心の平安を求めたのか、禅宗はさらに広まった。

特に臨済宗は公家や武士と積極的に結び付き、その保護の元で勢力を拡大した。中でも夢窓疎石《ムソウソセキ》は、後醍醐天皇や足利尊氏といった異なる立場の権力者から師と仰がれ大きな影響を与えた。疎石は天台宗と真言宗を学んでから禅を学んだこともあり教えには密教的要素が強く、平安時代から密教とつながりの深い公家や武家の転向が比較的容易だった。1325年に後醍醐天皇の勅により南禅寺の住職となるが、北条氏の要請で鎌倉に行き、鎌倉幕府滅亡後は上京して南禅寺に戻った。

観応の優乱の後、足利尊氏は後醍醐天皇の菩提を弔うため天龍寺を開基し、天皇との関係の深かった無窓疎石を初代住職とした。後醍醐天皇と反目を続けた尊氏だが、実は天皇を心底から敬愛していた現れとも言われている。こうして臨済宗の夢窓派は足利氏を門徒とし、室町時代を通じて隆盛することとなった。

臨済宗には五山という最高の格式を持つ五つの寺院を定める制度があった。当初、鎌倉の寺院を中心にした五山が選ばれたが、鎌倉幕府の滅亡により1334年に後醍醐天皇の意向で京都の寺院も加えた五山が制定された。それが南禅寺・建仁寺・東福寺・建長寺・円覚寺である。

さらに足利尊氏の政権が始まると、自身が建立した天龍寺を五山に加えるべく、1341年に朝廷から五山の決定を任され、夢窓疎石が中心になって新たな格付けが行われた。それは、第一位が南禅寺・建長寺、第二位に円覚寺・天龍寺、第三位に寿福寺、第四位に建仁寺、第五位に東福寺で、建長寺・円覚寺・寿福寺が鎌倉である。

その後数回の変更があったが、1386年に足利義満が足利将軍家の菩提寺として相国寺を創建しこれを五山に入れるため、南禅寺を別格として上位に置き、その下に京都五山と鎌倉五山をそれぞれ置くという制度の拡大が行われた。京都五山とは天龍寺・相国寺・建仁寺・東福寺・万寿寺、鎌倉五山は建長寺・円覚寺・寿福寺・浄智寺・浄妙寺である。

このように臨済宗は幕府の権力を背景にした官立寺院として勢力を伸ばした。五山の寺院は叢林《ソウリン》と呼ばれ、これに対し幕府など政治権力と一線を画した曹洞宗などの禅宗寺院を林下《リンカ》という。

五山とは別に、足利尊氏は夢窓疎石の勧めにより、後醍醐天皇の菩提と元弘以来の戦死者の霊を弔うため国ごとに安国寺とよぶ寺院と利生塔《リショウトウ》の建立を進めた。これは南北朝時代の中頃までには全国六十余州に設立され、臨済宗が地方まで広まっただけでなく寺院に対する幕府の統制が強まった。

安芸国にも安国寺が建てられ守護の武田氏の菩提寺として繁栄した

が、武田氏の衰退で変貌し、現在は真言宗の不動院として牛田に残っている。大内氏の周防国では、1320年に創建された臨済宗の高山寺が安国寺に定められ、高山寺の名称で継続している。

南北朝時代の文化

南北朝時代は、それまでの歴史の中で育まれ築かれてきた権威や信義などが大きく崩れた時代といえる。ここで発生した争いには多くの人たちがそれぞれの立場で加わったが、勝ち残った者の多くが自己中心的で実利主義の考えが強かった。

このような世情を反映したのが、当時の流行語だった「ばさら/婆娑羅」である。ばさらとは、奔放で人目を引くような振る舞いや粋で華美な格好をするとの意味で、公家や天皇といった名ばかりの権威を軽んじるなど、形式や常識にとらわれない風潮が生まれた。室町幕府は『建武式目』でこれを禁じたが、『太平記』によると足利尊氏の腹心であった高師直がばさら的行動をしたとされ、近江国守護の佐々木道誉、美濃国守護の土岐頼遠などの守護大名は「ばさら大名」とよばれた。後の戦国時代における下剋上の風潮の萌芽ともされる。

このばさらの気風は、公家たちが持っていた優雅な気風に対する武家たちの憧れの裏返しでもあった。そのため武家の間で連歌・能楽・茶寄合・闘茶《トウチャ》などが流行ったが、これらは皆、多くの人を集めて会を催すという自己顕示の場でもあった。

一方、皇族など旧来の支配層が存在感を示すことが出来るのは、継承されてきた行事や儀式の知識で、後醍醐天皇は『建武年中行事』、名門公卿の北畠親房は有職故実《ユウソクコジツ》を集めた『職原抄』を著している。

また、1375年には足利義満が後円融院に『新後拾遺和歌集』を奏上したが、当時の皇族が名を連ねる中、尊氏や義満の歌も載せられている。

このような中、特徴的な多くの歴史書が編纂されている。武家の視点から足利氏が政権をとる経緯を書いた『梅松論』、公家の立場から天皇王中心に編年体で書かれた『増鏡』、北畠親房が南朝の立場から皇位継承について語った『神皇正統記』などが代表である。

また『太平記』は南北朝時代を南朝側から描いた長編の歴史文学で、足利尊氏を逆臣、楠木正成などを忠臣とするイメージがその後長く日本社会に影響を与えた。これに対し今川了俊の『難《ナン》太平記』は足利将軍家に忠誠を尽くすべく子孫に書き残したものだが、『太平記』が今川家を軽んじていることを批判して題名が付けられたとされ、脚色が多く軍記物語とされている。

南北朝時代の終焉

九州で南朝の劣勢がはっきりしてきても、南朝の長慶天皇は頑なに北朝側との和睦交渉を拒絶していた。しかし1383年に和平派の後亀山天皇が即位すると、南朝内では主戦派が力を弱めてゆくなど変化の兆しが出てくる。

1391年の「明徳の乱」で足利義満が山名氏の勢力を削いだ際、戦で功をあげたのが大内義弘で、山名家の領地だった和泉国と紀伊国の守護職が与えられた。義満が南北統合を進めるにあたり、この両国が従来南朝の勢力基盤だったこともあって、守護となった大内義弘が南朝との折衝役に選ばれた。

この交渉で幕府側が提示したのは、天皇は北朝と南朝が交互に即位し国領は全て南朝側の所有とするとの和平案だった。これを基に南朝は後亀山天皇が確保していた三種の神器を北朝の後小松天皇に譲渡することで、1392年南北朝合一が実現した。これは「明徳の和約」と呼ばれているが、内容について幕府は北朝側には何も伝えていなかったとされる。また、三種の神器を持って京都にやって来た後亀山天皇は従者も少なく哀れな姿だったとされるように、この南北統一は幕府主導で、朝廷にはこれを跳ね返す力はすでに無くなっていた。さらに南朝側に対する約束は反故にされ、その後南朝系の天皇が生まれることはなく、国領もほとんど残っていなかったとされる。

ただ南朝勢力が消失したわけではなく、これ以降も俗に「後南朝」とよばれる勢力が存在し、九州探題も継続された。

このように南北朝時代は50年余りで終結したわけだが、この間に日本の統治構造に大きな変化が起こった。それは、中央で幕府と天皇家が二手に分裂して対決したため、幕府は求心力を保持しようとし守護などに分権化を認めたことに起因し、守護大名の更なる権限拡大を許したのである。ただ安芸国では、南北朝の混乱に引き込まれたものの、地域に根差す権力者が生まれるには至らなかった。

5 大内氏の安芸国進出（室町時代）

南北朝の統一が実現し、一応安定した室町幕府だったが、安芸国では権力を持った守護大名というものに恵まれず、隣国の有力者である大内氏が進出して国人同士の争いが続き、さらに厳島神社がからんで複雑な状況がつづいていく。

南北朝統一後の室町幕府

1392年に南北朝の統一を成し遂げた足利義満は、足利政権を安定して存続させるべく色々な手を打った。

まずは朝廷に対しては、義満とは険悪な仲だった治天の君の後円融上皇が統一の翌年に崩御した。跡を継いだ後小松天皇は義満に対抗できる存在ではなかったため、義満は事実上の上皇として皇室に深く入り込んで朝廷のいろんな機能を接収し、天皇は形式上の君主で政務は武家が一元的に握るという政治形態を確立していった。義満はもともと母が天皇家の血筋を引いていて皇族の一員との意識を持っていたともいわれている。

一方、地方の統治であるが、室町将軍家は畿内など近国では強力な支配力を発揮していたものの、将軍家に対抗できる勢力として南北朝時代を通じて西国を中心に複数の領国を保有した守護大名たちが育っていた。九州の島津氏や大友氏、中国西部と北九州を固めた大内氏、四国と中国東部の細川氏、山陰の山名氏などで、東国にも北陸の斯波氏、東海の今川氏なども侮れない力を蓄えていた。幕府はこのような諸国の守護に支えられて全国を治めていたわけだが、一方で守護の任免権だけは持ち続けていた。

このような微妙なバランスの中で、それまでも幕府は突出した勢力を色んな手段で抑え込んで来たが、義満はさらにそれを推し進めようとしたのである。

対明貿易の地ならし

足利義満が念願の明との交易を進めるために、目障りなのが今川了俊だった。了俊は南北朝統一後も九州探題を続けて、離反した島津氏や大友氏と対立していた。そこで朝鮮半島で興った李氏朝鮮と倭寇禁圧で関係を深めるなど独自に積極的な外交を進め、支配下に置いた博多は大陸との貿易港として賑わっていた。

そのような中、義満は1395年、今川了俊を都に呼び戻して九州探題を罷免したのである。了俊自身は私利私欲に走って義満に対抗するなど想いもせぬ人物だったが、義満に対する政治的な配慮に欠けていたようだ。

今川了俊が九州探題を罷免された結果、持っていた交易の権限は大内義弘に移った。義弘はそれまでにも将軍義満に接近して九州の南朝討伐に協力し、南北朝合一の交渉役としても功をあげて、周防・長門・石見・豊前・和泉・紀伊六国の守護を務めていた。この勢力範囲は瀬戸内海航路の両端を握っていることとなり、和泉国の堺港を使って大陸との交易を拡大し、李氏朝鮮とも公的な交易を行い、巨万の富を得たのである。

同時に義弘は倭寇退治にも力を注いだようで、『李朝実録』によれば1399年に李氏朝鮮に使節を派遣して、退治の恩賞として朝鮮半島での領地を要求している。

このような朝鮮半島との関係強化の裏には、義弘が大内氏の先祖は百済国王族の琳聖太子《リンショウタイシ》だったと自称したことで、朝鮮半島に受け入れられたこともあったようだ。これは戦国時代の武家の間に先祖が源平藤橘などと称することが盛んになったことの先駆けでもあった。この琳聖太子の話はその後長く信じられてきたが、近年の調査でその存在に疑問符がつけられ捏造との説が強くなっている。

足利義満は当初、大内義弘の活躍ぶりを許容していたが、1397年、北山に金閣寺を建設するための賦役を義弘が断ったころから疑念を持ち始めた。翌年、義弘が朝鮮貿易で膨大な賄賂を得たとの讒言を聞いた義満は、義弘が九州で抵抗勢力の少弐氏を平定したのを好機と見て上洛するよう命じた。ところが義弘はこれが大内氏の弱体化を狙う謀と見て応じなかった。それは２年前、九州探題の渋川満頼からの要請で南朝討伐に弟の大内満弘を九州に派遣したが、満弘が討死した上に足利義満からの恩賞や領地付与がなく、このことが大内義弘の義満に対する不信感を生んだためとされる。

これに対し義満は強引に上洛を命ずるなど挑発したため、義弘は窮地に追い込まれ、ついに1399年軍勢を引き連れ和泉国の堺ノ浦に上陸した。しかし上洛はせず根回しに徹し、これに痺れを切らした義満はついに討伐を命じた。この戦いは「応永の乱」と呼ばれるが、義弘は城砦に籠って２カ月以上に渡って抵抗を続けたが、結局は自刃して決着した。

こうして義満にとって、明との交易を阻む者はいなくなったのである。

足利義満と勘合貿易

これまで明との正式な交流のための地ならしをしてきた足利義満は、1401年、満を持して博多の商人に「日本准三后道義」の名の国書を持たせて明に派遣し、２代目建文帝との交渉を開始した。この道義というのは義満の出家名である。これに対し建文帝は翌年「日本国王源道義」宛ての詔書を持たせた明使を派遣した。これにより遣唐使以来の中国王朝との交流が再開したわけで、日本の倭寇征伐が条件ながら、明は義満を日本国王と見なしたのである。これに対し義満は、明側の要求である倭寇鎮圧を果たした上で、返書をちょうど交代した永楽帝に送り、念願の明との交易が確定した。ただこれは義満が明皇帝の臣下となったことを意味していた。

この結果、1404年から日本国王が明国皇帝に朝貢する形の貿易が開始された。これは勘合を所持した者に限られたため、勘合貿易と呼ばれている。

勘合とは、従来は勘合符として割符《ワリフ》と誤解されていたが、実際は明が朝貢船と私貿易船の区別をつけるために発行した日本国王宛ての渡航証明書で、皇帝一代に100通発行されたといわれる。船団は勘合を携え南京に近い寧波の港で明側の台帳と照合され都に向かった。都では皇帝に冊封の礼として貢物をもって挨拶するというまさに朝貢貿易だった。明の都は当初南京だったが、永楽帝末期の1421年に北京に遷都している。

明国皇帝は朝貢団に対し、自らの権威を示すため大量の銅銭などを含む返礼品を下賜するが、幕府にとってはこれが目的でもあった。この下賜品に加え幕府の収益となったのが、同行させた商人に勘合符を与えて私貿易を許してその輸入品の国内販売額の10%を抽分銭《チュウブンセン》と呼ばれる税金として徴収することで、膨大な益を得たのである。

義満はこの勘合船を独自に6回も派遣して多くの織物や書画などの中国製品を輸入すると同時に膨大な抽分銭を得た。こうして意図通り幕府財政を多いに潤し、義満自身にとっても憧れの中国文化に浸って北山文化を開花させた。

足利義満は1394年に将軍職を9歳の嫡男、足利義持に譲って隠居の形にした。しかし同時に公家社会における頂点である太政大臣に就くことで､政治の実権は離さなかった。さらに翌年に大臣を辞して出家したが、これは寺社勢力を支配するためといわれ、実質上法皇としての扱いをうけている。こうして義満は室町幕府を安定させ全盛期を築き上げたのである。

ところで真偽は明らかではないが、義満の母親は順徳天皇の血を引いており、実際に義満は時の天皇である後小松天皇を妻の養子にして、天皇の義理の父親という大義名分を得るのである。さらにこれを足掛かりにして自分の息子を次の天皇にすべく画策したとされる。

ところがその最中の1408年、51歳の義満は急死して野望は挫折してしまった。天皇制を揺るがす思想に反発した何者かによる暗殺というのが定説である。

足利義満の後継将軍

足利義満が後継指名をしないまま亡くなったため、幕府内で足利将軍家の家督相続の問題が起こった。それは足利義持が公的な将軍職は継いでいたものの、足利家の家督は義満が持ち続けていたことによる。特に義満は義持と仲が悪く義持の異母弟で元服したばかりの義嗣《ヨシツグ》を溺愛していたため、義嗣が次期将軍になると見られていた。

管領としては足利一門の斯波・細川・畠山の３家が交代で就任していたが、幕府長老の斯波義将《シバヨシユキ》が大名の意見をまとめて義持を後継者に決定したのである。当時の武士社会は､義満の思いを忖度する風土ではなく、現実的な考えが採用されたのである。

４代目将軍になった足利義持は禅宗を重んじる知識人で、もともと君主交代を是認する義満の思想を否定しており、斯波義将の補佐により父親とは異なって武家本来の姿に戻そうとした。たとえば義満が建てた花の御所を引き払い祖父の義詮が住んでいた三条坊門邸を改修して移り住み、義満の政務の中枢だった北山第を、金閣寺をのぞきすべて取り壊してしまった。また、守護の所領の組み換えを積極的に行った。

さらに批判の強かった冊封関係を断ち切るため1411年に明との国交を断絶し勘合貿易を停止した。代わりに朝鮮や琉球に日明間の朝貢貿易を肩代わりさせたが、勘合貿易で得られていた莫大な利益は減少し、有力守護大名を抑え込むのも難しくなって行った。

義持は1423年、嫡子の足利義量《ヨシカズ》に将軍職を譲って出家したが、将軍義量は名ばかりで実権は義持が持ち続け、2年後に義量が急死した後も同じだった。そして義満につづき義持も後継者を決めないまま1428年に急死したのである。

そのため6代目将軍は義持の4人の弟の中から籤《クジ》によって決められたとされる。この4人はすべて出家した禅宗寺院の門跡で、決まったのが義円、足利義教《ヨシノリ》だった。この籤は石清水八幡宮で行われたが、幕臣による八百長だったとされる。

ちょうどこの年は天候不順で凶作になっただけでなく流行病が発生して社会不安が高まり、正長の土一揆と呼ばれる初の農民一揆が発生しており、この頃から幕府の権力構造にも変調をきたし始めた。そのため幕府の財政を立て直すため、足利義教は1432年に勘合貿易を復活させるのである。しかしこれ以降は、相国寺など有力寺院、山名・大友・大内などの有力大名が運営に加わり幕府の独自性は薄れて行くが、幕府にとって貿易は有力な財源であり続けた。

幕府としては合議制により将軍権力の保持に努めたが、義教は次第に将軍専制を指向するようになり、守護の家督相続にも圧力を加えるなど猜疑心にかられて過度に独裁的な恐怖政治になって行った。これは義教の外聞を極度に気にする性格が原因とされている。

結局、義教は1441年に粛清を恐れた播磨守護赤松満祐により暗殺された。この事件は嘉吉の乱と呼ばれるが、この赤松氏を成敗した山名氏が再び勢力を拡大するのである。

室町幕府の内政

南北朝合一を成し遂げた室町幕府は、基本的な法規として鎌倉時代からつづく『御成敗式目』を継続させた。

この時代、公領だけでなく従来からの荘園も残っていて二元的な土地制度が続いており、荘園のほうは中央貴族や寺社が保有し朝廷が管轄する形態が細々と保たれていた。幕府は自身の財源を賄える直轄領は持っていないし、朝廷や貴族の権限を幕府に取り込もうとした。しかし幕府の思いとは裏腹に、公領や荘園の管理権限は各国の守護大名に浸食され、朝廷はすでに凋落していた。結局、幕府は従来からの複雑な土地の権利を整理して旧勢力を取り込もうとしたがうまく行かなかったのである。

南北朝時代に生まれた守護大名は、複数の国の守護を兼ねる者が多く足利氏の親族や譜代であることを生かして、経済の発展もあって勢力拡大をもたらした。守護は直属家臣の中から選んだ守護代を派遣し、その土地の国人や農家の統率者である名主などを代官として領地を拡大して行った。その結果、複雑に利権が絡んだ支配構造が出来上がった。地域により異なるが、対抗する国人や村落の自治組織が生まれたのもこの頃である。守護大名自身の多くは都にいて幕府の役職を持って権力を高めた。

幕府としては、力を持ちすぎた守護大名家の弱体化を図るため、場当たり的な課税を繰り返したり、大名家の庶流に対し別個に守護職を与え分裂させようともしたが、将軍の権力強化は有力守護大名の抵抗で進まなかった。

安芸国の守護と国人

南北朝の争いに巻き込まれてしまった安芸国だが、統一後も武田氏の守護への復活はなく1375年からの分郡守護の立場が継続されていた。守護には幕府管領の細川頼元が兼任していたが、1395年に将軍足利義満が出家したのに付き合って仏門に入り、守護を止めてしまった。頼元の跡を継いだのが渋川満頼である。満頼は備中・摂津・肥前各国の守護でもあり、安芸国守護の間は九州探題も兼ねており、安芸国の統治に注力したとはいえない。渋川氏は複数の所領でも管理が行き届かず問題が発生したことが知られている。

このように南北朝が統一されても、安芸国には在地の有力な権力者が存在せず、幕府重役や他国の有力者の兼任という形の守護に振り回されていた。逆に国人領主たちは自己を守るために相互扶助的に団結することで対処しようとした。

当時の有力な国人領主としては、山県・熊谷・香川・毛利・吉川・阿曽沼・平賀・温品・天野・小幡・宍戸・野間・小早川の各氏や厳島神主家などがいた。この内、山県氏は鎌倉時代初期、熊谷・香川・毛利・吉川・阿曽沼・平賀の各氏は承久の乱後に地頭として東国からやって来た御家人で、温品氏は同じ頃やって来た金子氏の末裔である。東国からの移住はその後も続き、天野氏は鎌倉時代後半に伊豆国田方郡天野郷から賀茂郡堀荘と志芳荘に、小幡氏は南北朝時代初期に上野《コウズケ》国甘楽郡小幡から佐西郡石道に、宍戸氏は南北朝時代に常陸《ヒタチ》国から高田郡甲立荘に、野間氏は室町時代になって尾張国野間荘から阿南郡の海沿いの矢野にやって来た。

これらは互いに勢力争いをしながらも生き抜くための知恵として、長く守護であった武田氏を中心にするグループと、隣国の有力な守護大名である大内氏に与するグループに分かれていた。ただグループは固定的なものではなく、状況に応じて変わったようだ。

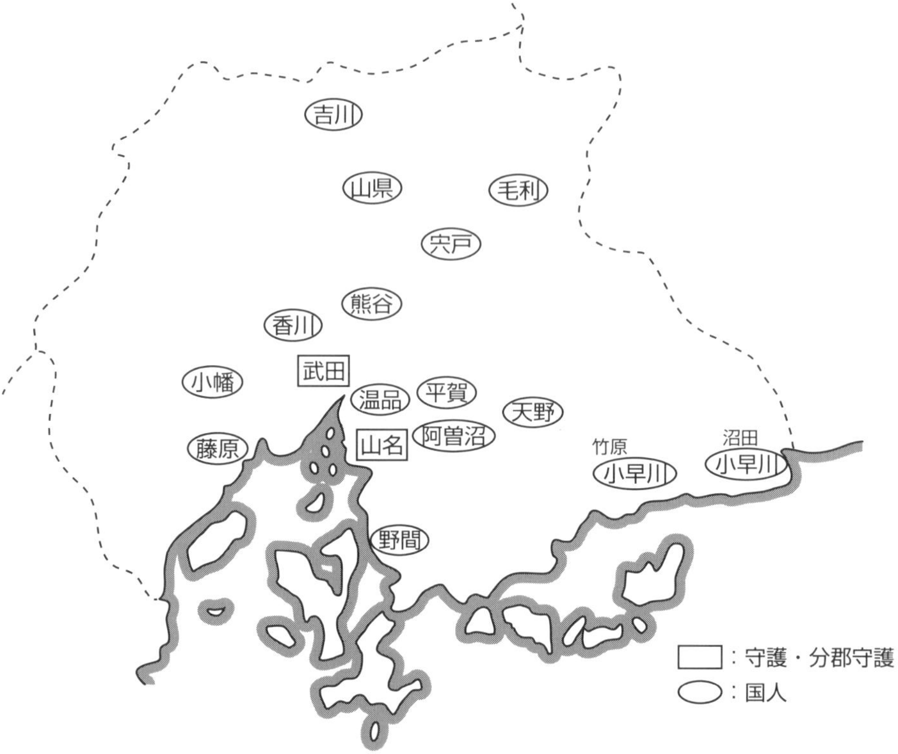

室町時代の守護と有力国人

このような時起こったのが応永の乱である。大内義弘が足利義満に逆らって1399年に堺で戦死した事件だが、これは安芸国にも大きな影響を与えた。

足利義満はこの勝利の結果、義弘の豊前・石見・和泉・紀伊各国の守護職を没収し、残る周防・長門両国守護には、恭順の意を表した義弘の弟の大内弘茂を任じたのである。ところが周防国に陣を張っていた、やはり弟の大内盛見《モリハル》が幕府の所領没収に従わず義満に反抗した。義満から盛見の討伐を命じられた弘茂は、安芸国や石見国の反大内勢力の支援を受けて争ったものの、結局盛見に打ち負かされて戦死してしまったのである。

義満は九州での混乱もあって一旦この状況を受け入れざるをえず、1404年、大内盛見の周防国と長門国の守護職をしぶしぶ認めることになった。義弘の反乱により没落するかに見えた大内氏は、盛見により勢力を保持したのである。こうして大内氏はふたたび周辺国に影響を与えることとなった。

安芸国人領主連合の結成

幕府としては、大内氏が再び勢力を拡大することを防ぐため、しばらく空席になっていた安芸国守護に山名満氏《ミツウジ》を任命した。山名氏は一時勢力を極めたため足利義満に危険視されて勢力を削がれたが、その時攻撃に加わったのが大内義弘だったという因縁もあってか、当主である満氏本人が安芸国にやって来た。

1392年に東西条に領地を得て以来、大内氏は安芸国での影響力を継続しており、大内氏との関係が深い安芸の国人衆はそれまでに大内氏に認められていた領地の見直しがあるのではと、山名満氏の安芸国守護への就任を好ましく思わなかった。中でも東西条に近い賀茂郡高屋保の国人の平賀氏は、満氏に反抗して御薗宇城に籠ったため、満氏としても守護の権威を示すために兵で城を包囲した。

これを見た安芸の国人の多くが平賀氏を支援し、毛利・宍戸・小幡の各氏や厳島神社神主の藤原親胤《チカタネ》など33名が1404年に盟約を結んで山名満氏に対峙したのである。この盟約には、もしこの誓いを破ったら日本国中の神、特に厳島神社の罰が当たるとされていた。なお、この盟約に当時の分郡守護の武田信守の名前は載っていないが、武田氏の一族や武田側とされる熊谷・温品・香川・山県各氏が加わっている。

この戦いは3年経っても決着せず、1406年に幕府は山名満氏の安芸国統治が失敗したとして守護職を罷免した。これに対し当時山陰で勢力を持ち石見国で守護を務めていた山名氏利は、一族を安芸国に派遣して幕府の期待に応えるべく平賀氏を攻めたが、平賀氏は多くの犠牲を出しながらも持ちこたえた。

結局、幕府が仲介して平賀氏は咎めなしとする一方で、安芸守護は山名氏が継承することで決着し山名熙重《ヒロシゲ》が就任した。この戦いで指導的な役割を果たし武名をあげたのが平賀氏当主の平賀弘章で、高屋保の支配権を確固たるものとし、大内氏との関係も深めて安芸国南部の有力国人になっていった。

一方で安芸国の東端の小早川氏は、惣領家の沼田と庶家の竹原の争いが続いていた。沼田の小早川則平《ノリヒラ》の代になると、幕府の命で政情の不安定な北部九州に親族から成る警固衆を率いてたびたび遠征するなどして、時の将軍足利義持に接近した。これにより幕府から最初に明との交易の許可証である勘合印を得て、沼田小早川氏は大陸や南方諸国まで出かけて交易して勢力を拡大した。ところがこの繁栄の裏で、小早川則平の長男の持平《モチヒラ》と二男熙平《ヒロヒラ》の間で相続争いが起きた。この裁定は幕府に持ち込まれ一旦折半との裁定が下されたが、その後も将軍の気まぐれで混乱が繰り返され、結局は熙平が家督を継ぐことで一応決着した。

このような沼田本家の内紛の一方、竹原小早川氏の弘景（入道陽満）・盛景・弘景の三代は海賊衆を傘下に持ち、大内氏と結ぶことで勢力を拡大した。その支配範囲は瀬戸内海に沿って安芸国の東の大部分を占め、音戸の瀬戸など交通の要衝を押さえていた。

安芸国気質の形成

安芸国で1404年に起こった一連の事件は、「応永の安芸国人一揆」と呼ばれている。「一揆」という言葉だが、現在使っている反乱とか暴動といった意味とは異なり、「揆を一にする」つまり、やり方を一つにして事を成し遂げることで、ここでは武家が盟約に基づく政治的な集団行動を意味している。

この争乱は、安芸国の国人同士が連帯して他国の支配を排除する動きだったが、一方でこの一揆は幕府が有力国人などの声を聞き入れて対応せざるを得ない、絶対的権力を失った苦しい立場を表している。

鎌倉時代初期に東国の武士が安芸国にやって来てから約200年経過しており、国人にとっての生きる場所は安芸国しかないとの思いが定着し、同時に国人に支配される農民たちも、安芸国の人間として他国とは違うとの思いを持ち、それが地域住民固有の特性、現在でいう県民性を育んでいったと考えられる。

日本史の中で中世と呼ばれる時代は、安芸国は他国からの侵入をうけての戦闘や、逆に他国への出兵も頻繁に起こった。しかし他国の支配をうけたり領地を奪われることはあっても、古代に制定された安芸国の区域は変わることはなく、このことが地域特性を強くしたようだ。

この状況を間接的に示しているのが『人国記』という地誌である。作成年代ははっきりしないが、室町時代末期とされており、日本全国を国ごとに人情や気質を風土と関連づけて、かなり辛辣にその国独自の特性が記述されている。

その中で、安芸国についての記述は、以下のようになっている。

「風俗だが、性質は実多き風で気が自然と狭いため、諸人控え目で人を先だて、
人の善悪ともに判断する事なく、己々が一分を守る風である。
依って、抜群なる人少なし。世間の嘲りを恐れる事なき故、頼もしげなき様だが、
底意は実義より起これば善き所多し。
殊に佐伯・沼田・賀茂の人健やかにして、二心表裏の風なし。」

これをどのように解釈するかは難しいが、なかなか興味深い。

大内氏の安芸進出

大内盛見《モリハル》は対立していた将軍足利義満が亡くなると、翌1409年に上洛して幕政に参加するなど将軍義持に接近した。一方、幕府としては大内氏の勢力拡大は面白くないものの、安芸国守護を兼任している山名氏にとって安芸国の重要度が低いため山名氏も頼りにならず、分郡守護の武田氏に拡大阻止の役割を負わすしかなかった。そこで幕府は武田氏に圧力をかけると、武田氏は山名氏に対抗心を持っていたこともあり幕府に従ったので、佐東郡のみの分郡守護だった武田信守に1412年に山県郡が与えられた。

しかし大内盛見の勢いは止まらず、1425年には九州探題の渋川義俊を助けて少弐満貞らの反乱を平定するなど活躍し、1429年にふたたび京に上り新将軍の足利義教に拝謁した。

この頃幕府は筑前国を直轄地にしたため、少弐氏や大友氏と領有権をめぐって争いになっていた。そこで義教は筑前国の平定のため盛見を筑前国の代官にして、安芸国の武田信繁・小早川則平、伊予国守護の河野通久ら近隣の国人にも支援を命じた。こうして九州での戦いが行われたが、結局1431年に大内盛見が戦死したためうやむやの内に戦いは終わった。この頃、武田信繁は分郡守護に安芸国阿南郡が追加されている。

大内家の家督は兄弟で後継ぎ争いが起ったものの甥の大内持世《モチヨ》が継いだ。持世は1435年、九州に遠征し豊後国立石城で大友氏の軍と戦ってこれを破った。この時安芸国の吉川経信が持世に従って出陣しているが、大内氏の安芸国への影響力を示している。しかし大内氏が急速に勢力を拡大する状況に懸念を抱いた足利義教は上洛命令に従わないことを理由に1439年、安芸国の東西条の地を一時的に取り上げている。その２年後、問題が決着して持世は上洛したのだが、その際、将軍義教が暗殺される嘉吉の乱に居合わせ、持世も重傷を負いそれが原因で亡くなってしまった。

跡を継いだ大内教弘《ノリヒロ》は、筑前国の守護職を獲得して大陸交易の中心である博多を手に入れたことで、倭寇を取り締まるとの名目で私貿易を活発化した。教弘は拡大指向の強い人物で、幕府の有力者である山名氏と姻戚関係を結ぶなど、領国内での権力を拡大して行き、安芸国の東西条に鏡山城を築き、拠点とした。

このころから大内氏は、家人や百姓の心得、商人の統制、社寺の儀式などに対する『大内家壁書』とよばれる法令を制定しており、大内氏の安定ぶりを示している。

一方、武田信繁の長男・武田信栄《ノブヒデ》は、1440年、将軍の足利義教から命じられて勢力を拡大していた丹後国と若狭国守護の一色義貫の暗殺を成功させ、恩賞として若狭国守護職と尾張国知多郡を与えられた。分郡守護だった安芸武田氏が再び守護に返り咲いたのである。ところが信栄が急死したため、弟の武田信賢《ノブカタ》が若狭国と父信繁の安芸分郡守護職を継承することになった。ただ信賢は若狭国にいることが多く、信繁が安芸国銀山城を守っていた。

このような時、大内氏は安芸国の足掛かり拠点である東西条に向けて侵攻し、1447年、武田信繁の軍との衝突が起こった。これは小競り合いに終わったが、10年後、厳島神社神主の藤原教親と武田信繁の所領争いをきっかけに大内氏と武田氏の直接対決が起こった。

桜尾城に籠る神主側が大内教弘に支援を求めたため、大内軍が安芸に侵攻し武田氏の居城である佐東銀山城と己斐城を攻めたのである。これに対し幕府が介入し毛利熙元《ヒロモト》・小早川熙平《ヒロヒラ》・吉川之経らに武田氏の支援を命じたため、大内軍は敗れ武田氏は落城を免れた。敗戦を喫した大内教弘は幕府により当主の地位を嫡男である大内政弘に譲ったものの実権を持ち続けた。

1461年、幕府は大内教弘が将軍義政の不興を買っている斯波義敏を匿っていることを理由に、大内氏の安芸国の拠点である東西条を取りあげて武田信賢に与えようとした。これに対して教弘は平賀弘宗や竹原の小早川盛景らを従えて奪還のため出陣し、細川氏や幕府の支援を受けた武田信繁と戦って安芸国東西条を取り戻し、自身も当主に復帰した。

この戦いの際、武田側についた沼田の小早川熙平は主力不在になった竹原小早川の本拠を攻撃した。これにより竹原と沼田に別れていた小早川氏の内部対立は決定的なものとなった。

このように安芸国における武田氏と大内氏の抗争は、拡大指向の強い大内氏とそれを抑え込もうとする足利将軍家の争いでもあった。一方で、中央で幅をきかす山名氏も安芸国守護として分郡守護の武田氏の勢力拡大を黙っているわけにはいかず、姻戚関係を持つ大内氏に接近した。そうなると地盤の弱い武田氏としては幕府の管領である細川氏に頼ることになり、当時細川氏は瀬戸内海航路の支配や日明貿易で大内氏と対立関係にあったこともあり、細川氏は武田氏支援の姿勢をとった。

この大内氏と細川氏の対立は、細川氏が勢力を持つ四国にも波及し、伊予国の守護で海賊衆を持つ河野氏が本家の河野教通と予州家の河野通春の間で繰り広げられていた対立と結びついた。大内氏は予州家と結び細川氏は河野本家と結んだのである。このような時、大内教弘は1465年に病死し大内政弘が継ぐことでいったん収まった。

しかし、この後も安芸国での武田氏と大内氏の小競り合いは、安芸国人や近隣勢力を巻き込む形で続いて行き、さらに中央政界にまで波及して応仁の乱の前哨戦となるのである。

藤原神主家と大内氏

瀬戸内海航路を使った物資の交流が活発になると、厳島対岸で神領を背後にした佐西の浦は、交易の要衝となる港湾として変貌していった。

そのため、厳島神社は近隣の有力者である大内氏・武田氏・守護の山名氏らにとって、自分の支配下に置きたいとの思いに駆られる存在だった。

南北朝統一当時の厳島神社神主は藤原親直の跡を継いだ藤原親詮《チカアキラ》で、大内氏との繋がりを継続していた。1397年には大内義弘が九州に南朝討伐に出かけた際、親詮も参戦したが小倉の陣で没したこともあり、藤原神主家は増々大内氏との繋がりを強めた。

親詮を継いで神主になった藤原親胤《チカタネ》も、2年後に起こった応永の乱では大内義弘に従って堺城に籠った。しかし落城すると投降して神主職に戻り、その後発生した国人一揆でも契状に自ら署名して加勢している。親胤は親頼と改名したとされているが、親弘との名も知られている。

なお、武士の名前は、生まれるとまず幼名が付けられ、元服すると漢字二文字で訓読みの諱《イミナ》に改名することが一般に行われた。この場合、通字《トオリジ》といって代々継承される特定の文字を一字入れる習慣があった。藤原神主家の「親」、武田氏の「信」、大内氏の「義」、毛利氏の「元」などである。また偏諱《ヘンキ》といって身分の高い者や主君が功績をあげた家臣に自分の諱の通字でない一字を与えることも広く行われた。そのため、一生で何度も改名する者も多く、引退して出家する際も名前を変えた。

親胤の次の神主として藤原親景との名が伝わっているが、詳らかでない。親景を継いだ藤原親藤（季藤ともいわれる）は、1435年に大内持世が九州に出向いて大友氏・少弐氏らを攻撃した際に参戦した。ところが九州にいる隙に、神領が毛利氏の一部や宍戸氏に侵略されるという事件が起こった。これは守護の山名氏の仲介で回復されたが、当時の領地獲得競争の激しさと同時に、神領といえども争奪の対象になっていたことが分かる。

1441年に将軍足利義教が赤松満祐に暗殺される嘉吉の乱が起こると、守護として若狭国にいた武田信賢は赤松氏討伐軍に加わった。この結果、信賢に対して厳島神社の神領を含む領地が幕府から恩賞として与えられたのである。信賢はさっそく神主の藤原親藤と話をつけようとしたが、親藤はこれを拒んで桜尾城に籠り争いになった。結局、大内氏の睨みもあって武田勢が撤退し、厳島神社も桜尾城も一旦平穏を取り戻した。

1444年頃に藤原親藤が死去して神主を継いだのは藤原教親《ノリチカ》だった。教親は毛利氏庶家の長屋氏の出で毛利元春の曽孫にあたり、親藤の養子として跡を継いだ。教親は佐伯親春とも名乗り、大内教弘の娘を娶ったことで、大内氏が厳島神社の支配権を強め、武田氏に対抗した安芸国への勢力拡大を確実なものにした。

ところで厳島神社の社殿は海上に建てられているため、風水害に遇ってしばしば補修や建て替えが必要だった。鎌倉時代は幕府の庇護により行われたが、室町時代になると国家的な支援がなくなり荒廃する時期もあったが、神社を崇敬する地域の有力者によってその都度修復され、摂社客神社《マロウド》は1430年から1433年にかけて改修された。

五重塔は1407年に建立されたが、寄進者は明確でなく諸人の寄付によるとされている。また1441年に大願寺の子院金剛院の鎮守として荒胡子神社が建造されるなど、新たな建造物が付け加えられて行った。

足利家の混乱

1441年の嘉吉の乱で殺害された6代目将軍の足利義教の後継には、長男の足利義勝が就いたが8か月後に赤痢で急死してしまい、三男で8歳の足利義政が元服を迎えた1449年に正式に第8代将軍として就任した。

当初義政は管領の畠山持国などの後見により、祖父の義満などに習って将軍の権限である守護の相続の承認権を行使して、頻発していた家督相続争いに積極的に介入した。しかし義政にとって意のままに行かないことが増え、次第に政務への意欲を失っていった。

それは当時、武家の相続は分割相続による家の弱体化を避けるために惣領の単独相続が広まり、それに伴って相続争いが激化していたことによる。

そこで権力を握ったのが義政の妻の日野富子とその一族である。日野家は藤原北家の流れを汲む名家だが、足利尊氏の頃から足利家との関係が深まり、義満に嫁した業子《ナリコ》以来、室町将軍の正室は日野家から出すことが慣例になっていた。このように、平安時代の天皇家に対する藤原氏、源氏に対する北条氏などと同じで、外戚の権限が世襲化することが中国にはない日本の歴史の特徴である。

足利義政と日野富子との間には男子がいたものの早世し、その後は嫡子に恵まれず実弟の義視《ヨシミ》が次期将軍に内定していた。ところが1465年、富子に男児、後の義尚《ヨシヒサ》が生まれたのである。そうなると富子は息子を将軍にするため暗躍し始め、有力者である山名宗全に頼って義視の排斥を図った。その策謀による義視謀反の讒言が露見すると、足利義視はこれに対抗すべく管領の細川勝元と手を結んだ。

元々、細川勝元は山名宗全の養女を正室としているように二人は良好な関係だったが、この将軍継承問題の成り行きから二人の対立関係が出来上がり、幕府内は真二つに割れたのである。当時、細川氏は一族で9カ国、山名氏も安芸国を含む8カ国の守護で、両氏は守護大名の頂点に立っていた。こうして室町幕府は一挙に危機の時代に入るのである。

将軍家だけでなく、当時有力者の斯波氏や畠山氏、さらに大和国の興福寺でも激しい後継者争いが続いており、これらも細川派と山名派の2派に収斂していった。

応仁の乱

畠山氏の家督争いは将軍義政の中途半端な介入などで長年つづいてい

たが、1467年早々、畠山義就《ヨシヒロ》と畠山政長という従兄同士の武力衝突が京都相国寺の北側で発生し、応仁の乱の始まりとなった。

まず畠山政長が陣を敷いて勝負に出たのだが、畠山義就は山名宗全の命による加勢もあって政長を敗走させた。政長側とされていた細川勝元は将軍義政の指示で加勢しなかったが、これが結果的に政長を見殺しにしたことになり、武士としての面子は丸潰れになった。これをきっかけにして細川勝元は汚名を返上すべく山名宗全との対決を決意したとされる。当時の武士にとって面子《メンツ》を守ることは、何物にも代えられない重要性があった。

そして全国各地で細川側が攻撃を開始し、さらに勝元は将軍御所の向かいにある一色邸を急襲させ、洛中に戦火が拡大した。

この時、足利義視側の細川勝元は自分の屋敷とすぐ近くの将軍義政の住む花の御所を本陣とし、一方足利義尚側の山名宗全は御所の西側にある自分の邸宅を本陣とした。このように東西に布陣して対決したため、勝元側は東軍、宗全側を西軍とよばれる。

東軍の陣は周辺を御構《オンカマエ》とよばれる土塁と堀で囲んでその一部を仮の内裏として整備され、後花園上皇と後土御門天皇や公家たちが避難した。将軍義政は当初中立の立場をとったが花の御所に居続け、天皇と将軍が同じ邸内で同居する事態となった。

ところが、細川勝元に頼っていた東軍の総大将の足利義視が叔父である義政の理不尽な人事で対立し、乱勃発翌年に比叡山延暦寺に脱走して伊勢に逃げて西側についたのである。一方の足利義尚は、両親である足利義政と日野富子と共にほとんど東軍本陣の花の御所にいたとされ、将軍争いの敵味方が逆転し大儀のなさを露呈したのである。

戦いは当初東軍が優勢だったが、大内政弘の参戦によって形勢が逆転した。大内氏は瀬戸内海の支配権や日明貿易の権益を巡って細川氏と長く激しく対立していたこともあり、細川勝元に対抗する西軍として海路大軍を率いてやって来たのである。この戦いは特に大義名分があったわけではなく、当時の有力者にとって将軍が独占している対明貿易の利権を得たいとの裏事情がこの戦を拡大した。
まずは相国寺を舞台に戦いが行われたが、多くの守護は自分の立場が有利な側に回って、両軍が拮抗し終わりの見えない戦いが続いた。戦を混乱させたのが、両軍が正規の武士身分でない者を大量に雇い入れたことにある。この足軽とよばれる傭兵の中には盗賊や無法者が多く含まれており、都の市街地で放火や略奪を繰り返した。これは将軍の恣意的な裁定により多くの没落武家を生んだことにも起因しており、当時の京都は職を失った浪人であふれていたのである。

さらに1471年ころから、この都を中心にした争いが地方にも拡散して、守護大名同士の争いを引き起こし、また独立志向の高まった国人がこれに加わった。中でも越前の朝倉孝景は主君の斯波氏に対し謀反を起こし、東軍に寝返りし西軍に大打撃を与えた。これは下剋上のはしりとされ、反逆が肯定されるきっかけとなったとされている。この「下剋上」というのは戦国時代をよく表す言葉で、下位の者が上位の者を打ち負かすことで権力を逆転させることである。
また四国では、伊予国守護の河野氏の宗家と庶家の抗争が大内氏と細川氏の争う応仁の乱にも巻き込まれただけでなく、その後も延々と家内勢力争いが続いた。

こうして京都の寺社や公家・武家の邸宅の大半が焼失し、歴史的な文物の多くが失われた。当時の天皇家や公家は、公領からの年貢が入らなくなり困窮を極めた。このような状況になると離合集散を繰り返してきた武士の間にも厭戦気分が広がって行き、都に馳せ参じていた守護大名としても領地を離れ長期にわたり留守にしていると守護代など配下に乗っ取られる懸念もでて多くが都から逃げ戻った。

1473年になって両軍の大将である山名宗全と細川勝元が相次いで亡くなった。続いて足利義政は将軍職を9歳の義尚に譲り、対抗していた足利義視の方も和解に向けて動いたとされる。また日野富子だが、山名宗全側だったはずが、両軍に金銭や米を高利で貸して莫大な私腹を肥やしていたとされ、当時の乱れた風紀を現している。

1474年には宗全の息子の山名政豊と勝元の息子の細川政元の間で講和が成立したが、徹底されずに畠山氏の相続争いがなお続くなど、さらに両軍のにらみ合いが続いた。1476年には御所が戦火で焼失し、都は食料不足や疫病の流行もあり目を覆うような状態になり、もはや戦いを続ける意味を失っていた。

11年にわたって繰り広げられた応仁の乱は、東軍優勢ながら足利義政と日野富子が西軍の大内政弘の面子をつぶすことなく帰国させることで、勝敗の付かないまま終わり、守護たちもすべて地元に引き上げたのである。

この戦いは室町幕府で別格の政治力を持って運営していた細川管領家に対し、山名氏などの勢力が起こしたクーデターだったが、結局は細川家が管領の座を独占し続けるという結果になっただけだった。ただこの争いは確実に室町幕府の屋台骨を揺さぶり、下剋上の世を現出させたのである。

また、それまで権力だけでなく富・情報・文化などすべてが京都に集中していたわけだが、応仁の乱によって各地に離散して地域の勃興に繋がってゆくのである。

応仁の乱における安芸国

都で発生した応仁の乱であるが、安芸国ではこのころすでに武田氏と大内氏の対立構造が出来上がっており、当然のように巻き込まれて行った。当初、東軍側としては、武田・熊谷・毛利・吉川・沼田小早川各氏で、西軍側の大内氏に付くのは厳島神社・阿曽沼・野間・平賀・天野・松永小早川各氏と能美島・倉橋島・呉・警固屋など安芸沿岸島嶼部の海賊衆だった。ただ、相続争いや独立要求など一族内の争いや、情勢の変化を睨んでの寝返りなど、複雑な様相を呈していった。

安芸国分郡守護の武田氏の場合、大内氏との対立で細川氏から支援を受けていたため、当然ながら東軍側に属した。当時の当主である武田信賢《ノブカタ》は若狭・丹後両国の守護として若狭を本拠地としており、乱が始まると早速軍勢を引き連れて上洛した。ただ東軍の中核として市街戦を展開したものの、敗戦が続いたとされている。

安芸国の分郡守護代を務めていた弟の武田元綱も、東軍の兄に従って都での市街戦を展開した。しかし東軍の敗北が続くと、西軍側に移った毛利豊元らの誘いに乗って1471年に大内側に寝返ったのである。元綱としては惣領家から独立するのが目的だったが、結局実現せず、逆に大内氏の圧迫に悩まされ続けた。

一方、安芸国に勢力を拡大していた大内氏であるが、当時の当主は1465年に19歳で家督を相続した大内政弘で、周防・長門・豊前・筑前各国の守護を継承していた。政弘は父の代から日明貿易を巡って管領の細川勝元と争っていることもあり、西軍側についた。早速大軍を率いて上洛したが、この時先陣を切ったのが能美氏で、倉橋や警固屋の海賊衆を率い戦乱が決着するまで兵庫津の警護に当たった。政弘は約10年に渡り西軍として畿内各地を転戦し大活躍した。東軍側にいた将軍義政から二度にわたって朝敵として討伐の命令書が発せられたことがこれを示している。

大内政弘の留守を預かっていたのが叔父の大内教幸《ノリユキ》だが、それまでにも政弘と家督争いをしていたこともあり、将軍義政から政弘の討伐令を受けると、1470年、東軍に付くべく部下を集めて現在の下関である赤間関で挙兵した。そして備後国の東軍に合流するため、周防国と安芸国の境近くまで兵を進めた。これに対し政弘は周防国留守役の陶弘護《スエヒロモリ》に反乱鎮圧に当たらせ、結局豊前国まで追い込んで1472年に鎮圧した。

西軍の将である山名宗全は1433年から安芸国守護であったが、1454年以降は３人の息子に順に守護を務めさせている。応仁の乱が始まったころの安芸国守護は次男の山名是豊で備後国の守護も兼ねていた。ところが是豊は父宗全とは不仲で対立していたため、東軍の細川側に付いて父の率いる西軍と戦うのである。翌年には本拠地としていた備後国に戻り西軍と交戦、次の年には再び上洛し大内政弘と交戦し破るなど活躍した。そのため東軍側にいた将軍義政より安芸・備後両国の守護職に任じられ、備後山名氏の祖となる。

ところが、山名是豊は味方の沼田小早川氏の籠る高山城が西軍の竹原小早川氏に攻められたため救援に向かったのだが、着いた時には東西両軍の和睦が結ばれていたという失態を演じた。これは武士道に悖《モト》るということで、是豊は人望を失い追放されて歴史から消えてしまった。1473年以降、弟の山名政豊が備後・安芸・山城各国の守護を継いだ。

このように応仁の乱は安芸国に関連する守護一族の内部に複雑な関係を生んだが、国人たちもそれぞれ自己の有利さを求めての争乱が頻発した。

まず毛利氏だが、当時の当主の毛利豊元は、豊の字が安芸国守護の山名是豊から戴いたとされるように深い繋がりがあり、父山名宗全に逆らって上洛した是豊の東軍に属して戦乱の日々を送った。豊元はこれより前、庶家の麻原氏との争いで土地を没収され幕府に戻すよう訴えていたが埒があかなかったため、この決着を期待して東軍側に属して戦った。ところが一向に解決しなかったため、帰国した際に大内政弘の誘いもあって西軍側に鞍替えして戦い、旧主の山名是豊を打ち負かすなどして勢力を拡大した。こうして安芸国は西軍有利となった。

しかし応仁の乱終結の前年、毛利豊元は酒の害により33歳の若さで亡くなってしまった。こうして勢いを増すかと思われた毛利氏に再びブレーキがかかり、この酒の害はその後三代にわたり続くが、大内氏傘下の国人領主としてしたたかに生き残った。

以前から小競り合いの続いていた沼田と竹原の小早川氏だが、応仁の乱が起ると幕府とつながりの強い沼田小早川氏は東軍に、大内氏と通じる竹原小早川氏は西軍に加わった。さっそく竹原小早川の弘景は沼田小早川の熙平《ヒロヒラ》・敬平《タカヒラ》父子の本拠高山城を攻撃した。一旦は撃退されたが、これ以降1470年に和睦に至るまで３年間にわたり争いが続いた。応仁の乱が終結すると、沼田の小早川敬平は、本郷などの所領を竹原の小早川弘景に譲ることで、後の両家再統合の機運が生まれた。

山県郡大朝本庄に勢力を持つ吉川氏は、南北朝の際両派に分裂したため一旦衰退したが、吉川経信《ツネノブ》・之経《ユキツネ》の二代にわたり幕府側について活躍したことで勢力を回復していた。特に嘉吉の乱では、之経は播磨国に出陣して赤松軍と戦い功を立て、新将軍の足利義勝から太刀を賜り、丹波国志摩庄を受領した。

応仁の乱が発生すると、当主の之経の息子である吉川経基は、細川勝元の率いる東軍として洛中に出かけ、山名宗全の西軍と壮絶な闘を展開した。経基はその強さのため「鬼吉川」との異名をとり全国に知れ渡った。またこの乱で共に戦った出雲の有力者である尼子経久に娘を正室として嫁がせ、その後の戦乱に備えている。

応仁の乱を通じて安芸国内では群雄割拠の状態が続いたが、1475年、安芸国で戦っていた東西両軍は和睦を結び戦乱は終息に向かった。戦乱は沈静化したものの、守護の山名政豊は不在で、分限守護の武田元綱が独立を画策するなどしたため安定せず、依然として国内に強力な権力者不在の状態が続いた。

一方、多くの安芸国人衆が隣国の守護大名の大内政弘との対立を解消したことで、結局は大内氏の影響力を強めることで安芸国は平穏になったのである。ただ室町幕府は守護や分郡守護を通さず直接幕命を下したため、安芸の国人たちは大内氏などとの狭間で苦難の年を過ごしており、変革を求める不満が鬱積して行った。

厳島神社の変化

毛利系の厳島神社神主の藤原教親であるが、応仁の乱では大内氏との関係から西軍側について都に出兵した。ところが大内教幸《ノリユキ》が大内政広に逆らって東軍として挙兵したことに影響されて、神主教親に背いて神領を侵略する社家勢力が生まれた。まずは高田郡と山県郡の神領が侵略をうけ、北部地域の支配体制が崩壊に向かってしまった。さらに佐西郡内でも棚守職を世襲する有力社家まで加わって侵略が起こった。教親は大内氏配下の陶弘護の援助を得て反対勢力から神領を守ろうとしたが、神主家の支配体制の動揺は隠せなかった。

藤原教親は1474年に神主職を息子宗親に譲ったものの実権は掌握し続けた。1479年に摂社である速谷神社の梵鐘を寄進し、1487年には大内氏ゆかりで西の永平寺と呼ばれる周防国の龍文寺《リュウモンジ》から禅僧の金岡用兼《キンコウヨウケン》を呼んで、神主家の菩提寺として桜尾城の近くに洞雲寺《トウウンジ》を開創している。

このように本来の神主としての性格を強めているが、宗親が伯父長屋泰親の養子になってしまい、神主職を弟の興親が継ぐ頃になると、藤原神主家のこれまでの国人領主としての権勢は衰退していった。

一方、厳島神社周辺の人口は次第に増加して祭礼時には船舶の往来も盛んになり、山陽道の宿駅である対岸の佐西の浦も厳島神社へ参詣する人の宿泊地として発達した。

明と李朝朝鮮

中国の明では、1398年に洪武帝が亡くなると長男はすでに亡くなっていたため孫が建文帝として2代目皇帝に即位した。しかし地位固めに叔父達や皇族の力を削ぐことを画策したため、洪武帝の4男が反乱を起こし1402年に帝位を簒奪し永楽帝として即位した。

永楽帝は､洪武帝の拡大指向を継承し独裁体制を完成させたといわれ、明の国威発揚を狙って宦官である鄭和《テイワ》の指揮する大艦隊を7回にわたり南海方面に派遣した。この遠征は貿易拡大を狙ったものではなく、艦隊には多くの兵を乗せての対外宣伝だったとされている。艦隊の中核になる60隻もの大型木造船は長さ150m、幅60mの当時としては超大型で各地の支配者からの献上品が満載されており、東南アジアからアフリカ東海岸に至る多くの国々との朝貢関係を結び、東方向には現在の樺太にまで進出した。

こうして明は海外との交易を盛んに行ったが、倭寇の経験もありあくまでも国家管理のもとで行った。当時の日本からの輸出品は銅・刀剣・硫黄・扇・屏風・蒔絵などで、輸入品は生糸・絹織物・書画・骨董品などと共に、明王朝からの下賜品として大量の銅銭が持ち帰られた。

倭寇についてであるが、明王朝は交易を条件に国々に倭寇討伐を要求し、さらに海禁令を発布して海賊や密輸の取り締まりに力を入れた。対立していた日本に対しても和解し、足利義満に朝貢貿易を許した。こうして日本は明との正規な貿易のため取り締まりを始め、倭寇は1389年頃から急速に衰退して行った。

ただ義満の跡を継いだ足利義持が勘合貿易を中断したため、交易を生業とする者の間にはふたたび倭寇の動きがでて来たとされている。

永楽帝は首都を現在の北京に移し紫禁城も整備したが、1424年にモンゴル遠征の帰途に亡くなった。跡を継いだ子供の洪熙帝、孫の宣徳帝は莫大な費用の掛かる海外への拡大政策を転換して明の国力を内的に充実させ、この時代を明の最盛期と称されるようになった。しかしこれ以降、歴代の皇帝は内向的な性格を強め、政治を顧みない者も多くでて、明の国力は次第に低下して行った。

明の貨幣制度であるが、建国時には銅貨が採用されたがすぐに紙幣を発行して併用とし、さらに1392年には銅銭の使用が禁止された。しかしこの紙幣は金銀と兌換できず、価値が次第に下落したため、銀が通貨として用いられるようになって行った。

永楽帝は、1411年に永楽通宝と呼ばれる銅貨の鋳造を始めたが国内での信用が低かったため、これを貿易決済や朝貢に対する下賜品として日本に大量に輸出された。

明代、国家教学となった朱子学は、科挙合格という世俗的な利益のために盛んになり、また体制側でも郷村で共同体としての倫理を確立するために朱子学を使うなど、道徳的実践を重んじた聖人の学としての本質を損なうようになった。このような形骸化した朱子学を批判して、王守仁は儒学を基にした実践倫理である陽明学を誕生させた。

朝鮮半島では、倭寇の侵略で高麗王朝は疲弊しきっていた。そのような時、倭寇討伐で功をあげた武将の李成桂は、日本で南北朝時代が終わったと同じ1392年、自ら高麗王を称し、都を今のソウルである漢陽に定めた。すぐに明に使節を送り、明の洪武帝から朝鮮という国号と王位の承認を得て自らは太宗と名乗った。日本ではこの新王朝を李氏朝鮮とか李朝朝鮮と呼んでいる。

朝鮮では元々農業を立国の基本としており、必要最低限の物資以外は外国との交易を必要としてなかった。しかし李氏朝鮮が起ってからも倭寇が頻繁に襲って来て農業にもその影響が及ぶと、日本に倭寇禁圧の協力をとるために通行権を与えざるを得なくなった。

このような時、以前から倭寇の基地であった日本の対馬から、再び朝鮮に対しての侵略が始まった。これに対し、倭寇討伐で王になった太宗は、倭寇を殲滅するとの名目で1419年、対馬に大軍を侵攻させ残虐行為を行なった。日本にとってこれは元寇の再来で、対馬国の守護だった宗氏だけでなく幕府や西日本の有力者を巻き込んでの争乱となった。これは応永の外寇と呼ばれるが、結局台風来襲などもあって朝鮮軍は敗退した。

この結果、朝鮮は制限貿易ながら交易港を定めて国王の認証制として、宗氏を窓口にした交易を始めた。こうして倭寇は下火になり、対馬は日本側の貿易港として栄えた。しかし元々貿易を制限したい朝鮮王朝と拡大したい宗氏を始めとする日本側の間で次第に軋轢を生ずるようになって行った。

当時の朝鮮への輸出品は絹・扇子・屏風・刀剣などの美術工芸品が中心で、輸入品は人参・虎皮・経典などで、博多や琉球の商人が仲介した。

このような朝鮮との貿易に参加を許された中に、将軍家や都の有力者、九州の有力者のほかに、安芸国の小早川氏も含まれていたといわれる。

朝鮮王国の外交方針としては、明を絶対的な上位に位置づけることで独立の保証を得る「事大主義」とよばれている。この上下関係重視の考え方は儒教に通じるもので、前王朝の高麗が仏教だったのに対して儒教を国教としたことでより堅固なものとなった。さらに明において儒教を基とする朱子学が発展すると、この姿勢はますます強化されて行った。

逆にこの考え方は、中国以外の国に対しては自国が上位とするため、日本などに対しては下位とみなし、国力に関係なく服従を要求するなど偏狂な面が強まった。さらに朝鮮王国は、儒教だけでなく従来から取り入れていた科挙や宦官などの制度をより厳密な形で取り入れることで体制整備を図った。また儒教は反商業主義の面を持っており、商人を押さえることで貨幣経済をも規制した。これらのことは、上下関係にこだわるなどの朝鮮人の国民性に対して長く影響し続けるのである。

朝鮮半島では現在ハングル文字が使用されているが、第４代王の世相が朝鮮固有の文字を創りたいと積極的に進めた。しかしこれは中国の漢字を疎かにするということで事大主義を標ぼうする保守派の反対があったが、漢字の分からない者に発音を教えるためだとして、1446年にハングルを頒布したのを始め、各種の発刊が行われた。ただ一般化するのはずっと後である。

室町時代の経済

貨幣経済は一層進展して銭貨による年貢納付が広く普及してくると、南北朝時代から顕在化していた銅銭の不足対策は、足利義満にとって喫緊の課題であった。そこで義満の選択した方法は信頼性も高く直接投資も不要な銅銭の輸入だった。その結果が名を捨てて実を取った冊封貿易ともいえるが、義満の意図通り大量の銅銭が安価に持ち込まれ、幕府が非常に潤っただけでなく、一般の市場も大いに活性化されて銅銭の使用が拡大された。特に1411年以降造られた永楽通宝は大量に輸入された。

ただこのような急激な貨幣経済の発展の裏では、地域によって流通する銅貨の種類に偏りが生じた。それは鎌倉時代から貨幣経済が発達していた西日本では、少しサイズの大きく品質の劣る永楽通宝が入って来ると、その使用を拒否する撰銭《エリゼニ》が広まった。反対に東日本では、永楽通宝が入って来ると貨幣経済が盛んになり、これを真似た私鋳銭が大量に鋳造されるようになった。

幕府は対策のため撰銭令を出したが収まらず、銅銭の価値に差が生じてしまった。このような貨幣経済では信用取引が過熱化して投機的になり、権力者は領地や財産の拡大に走ったり遊興に浸るなど倫理観の欠落した社会情勢が生まれてくるのである。

当時の守護大名は複数の国を持つ権力者も多く、貨幣経済の進展に従って自国内に独自産業の活性化を図った。流通拠点が定まってくると、常設の店舗や卸売業を営む問屋などが集まって定期的な市ができ、これが後の城下町の下地となった。さらに領国内の街道の整備や地域産業の活性化が図られ、また土倉や酒屋と呼ばれる高利貸しが増加した。このような商業活動の発達により棟別銭・土倉役・酒屋役などの商工業者に対する税が地方にも拡大し、関銭《セキセン》と呼ばれる通行税の徴収も始まった。

このような産業の発達は、守護大名など地域の支配者に支援された特産物が定着化して行った。六古窯など製陶業、港湾都市近辺での高級織物業、寺社の地方拡大による製紙業の発展など、現在各地の特産物と呼ばれるものは室町時代に起り発展したものが多い。

従来からの農業に関しても、水車による灌漑設備の整備や肥料の発達で生産力が向上し、二毛作の技術が広まったり低湿地帯の活用が進むなど新開地が増えて生産力が飛躍的に拡大した。また稲作以外にも、枇杷・梨・柿・瓜などの果実類の生産と流通が拡大したのもこの頃である。

当時の農村では田畑の一部に住居があったが、次第に田畑と住居が分離して地域の農家が結合した村落が形成されていった。これを惣村《ソウソン》と呼ぶが、農民の自立を引き起こし有力な農民を中心に団結して領主に対し自分たちの要求を突きつける核となった。この村落という結合形態は、従来からの支配単位であった郡・郷・保などの中で現在に続く地域単位になった。

安芸国の経済であるが、隣国の大内氏の影響下にある状況が続いていた。大内氏の支配下にある厳島は、海上航路取引の拠点として人口も増えて栄えていた。また対岸の佐西の浦でも桜尾山の西側にある神主居館を中心に商人や職人が集まって市が開かれるようになり、商業の神の胡堂《エビスドウ》もできた。

これが廿日市になるのだが、この名前の起こりについては諸説ある。

市《イチ》に由来する日本の地名として、一日市から十日市まで三斉市《サンサイイチ》とよばれる月3回の市を起源とするのが一般的だが、廿日市とする場合は月1回となり商売が成り立たない。また毎月二十日に開かれる胡堂の御開帳が有名になって地名になったという説も同じである。

当時厳島神社では年4回ほど二十日に祭礼が行なわれていたが、対岸の佐西の浦で不定期に開かれていた市が厳島神社の祭礼日が特に賑わったため、二十日市と呼ばれるようになった、との説に説得力がある。廿日市との地名の初見は1454年とされているから、これより前から使われていたとしていい。

また鎌倉時代にこの地域で始まったとされる鋳物生産も、制作年代の明確なこの時代の梵鐘や鰐口が残っていて盛んであったことが知られる。

一方、安芸国南東部の小早川氏は相続争いが絶えなかったが、惣家の小早川則平《ノリヒラ》は足利将軍に接近し、幕府から初めて勘合印が与えられ朝鮮との貿易に進出しただけでなく南方諸国まで進出したといわれる。また沼田《ヌタ》川の湿地を干拓して市を起こし、近隣で生産された塩の取引を活発化したのもこの頃である。ただ則平の死後はふたたび内部での争いが起こって混乱した。

室町時代の宗教

室町時代になってからも禅宗は、五山制度という南北朝時代から行われた幕府の禅院保護政策により、臨済宗の相国寺などは隆盛を極めた。金閣寺の鹿苑寺や銀閣寺の慈照寺も相国寺の子院である。

このような時、京都で足利将軍家に奉公衆として仕えていた安芸沼田の小早川春平《ハルヒラ》は自領に臨済宗の寺院を建てるべく動き、1397年に臨済宗の僧である愚中周及《グチュウシュウキュウ》を迎えて佛通寺を創建した。小早川一族の帰依を得て、その後佛通寺は日本屈指の禅道場として栄えた。

しかし都では次第に座禅に徹するといった精神的な活動に代わって中国の兵法研究が盛んに行われ、五山禅僧は五山文学と呼ばれる漢詩文・学問・水墨画・庭園・能・茶の湯などの文化活動といった将軍家や皇族の世俗化した世界にはまり込んでしまった。中でも相国寺は五山文学の中心となり、画僧の雪舟を輩出した。

しかし応仁の乱が起こると、平安京以来の伝統を誇る京都を焼け野が原にしてしまい、東軍の赤松政則の攻撃で南禅寺が焼け落ちたのをはじめ京都五山の大半を失い、臨済宗の宗勢は衰退してゆくのである。

一方、禅宗の中で林下《リンカ》と呼ばれる曹洞宗《ソウトウシュウ》の寺院は五山派の世俗化を批判して在野で活動していた。特に幕府に対抗心を持つ大内氏は、25代大内義弘が帰依した頃から曹洞宗を保護し、支配する周防国と長門国に広まった。1410年に長門国に開創された大寧寺《タイネイジ》は曹洞宗最高の寺格を持つとされる。

この時代の僧に「一休さん」で名高い一休宗純《イッキュウソウジュン》がいる。一休は後小松天皇の落胤とされるが、五山派の教えに反して人間的で民衆に寄った禅を実践した。応仁の乱で焼失した大徳寺の再建に力を尽くし、一休の元には連歌の宗祇・能の金春禅竹・茶の湯の村田珠光・俳諧連歌の山崎宗鑑・碩学者の一条兼良などが集まり、禅宗文化の拠点になった。

一方浄土真宗であるが、宗祖とされる親鸞は浄土宗の開祖である法然の弟子との立場で、独立した宗派を起こす意図はなかったとされ、死後には弟子が分散して衰退していた。その中で親鸞の嫡流により継がれた一派は、室町時代になって京都東山の大谷に本願寺を建て、天台宗の青蓮院の末寺として存続していた。

そこに登場したのが本願寺中興の祖と呼ばれる蓮如《レンニョ》である。蓮如は精力的に浄土真宗の布教を開始し勢力回復して行ったが、これを管轄する立場にある比叡山の山法師たちは快く思わず、1465年に本願寺を破却した。そこで蓮如は比叡山の影響の及ばない北陸などで布教を続けて勢力を拡大し、1483年には京都に戻って山科本願寺を完成させた。これは寺というより実質は城郭で、時代を先取りした平城だった。蓮如はここを核にして北陸・東海・畿内に多くの寺院を支配下に置いて本願寺教団を作り上げたのである。

その頃北陸では国人や農民の権利意識が高まって権力者に逆らう、いわゆる一揆の風潮が高まっていた。浄土真宗の布教はちょうどその流れに乗って広まり、ついには1488年に始まる加賀一向一揆という頂点に達するのだが、加賀国守護を襲ったのは蓮如の教えを基にした国を造りたいとの思いだったとされる。

この「一向」という言葉であるが、一向宗が浄土真宗の別名かといえばそうではなく、もともと浄土真宗を含む浄土教系の宗派は念仏を唱えて仏道修行に勤める意味の「一向専修」を宗旨としたことから一向宗とも呼ばれた。また一遍の時宗を信じる人達が「一向衆」と呼ばれることがあり、さらに鎌倉時代に「一向俊聖《シュンショウ》」という浄土宗の僧侶が踊念仏などを通して北陸の民衆にとって一向が身近だったなど、色んな要素が混同されて一向一揆という言葉が使われたとされている。

室町時代の文化

室町時代の文化というと、３代将軍の足利義満が京都北山に営んだ山荘を中心にした北山文化と、応仁の乱の後、８代将軍の足利義政によって京都東山の慈照寺から展開された東山文化という非常に対照的な二つの文化によって語られる。

まず北山文化であるが、足利義満は将軍になると明との交易を進めるために敢えて冊封を受けることに甘んじた。その結果大陸との貿易を主導することで膨大な利益を獲得したが、この豊富な資金を使って花開いたのが北山文化である。義満は守護大名を押さえていただけでなく、皇室や貴族に対しても絶大な立場を確立したため、この文化は武家様・公家様・唐様が融合したものとなった。

義満は1378年に御所の倍もの広大な敷地に、鴨川から水を引いた寝殿も加えて、花の御所と呼ばれる新しい邸宅を建設した。ここで天皇などを招き詩歌や蹴鞠《ケマリ》の会を催し、公家社会に対しての優位を誇示した。

1394年に将軍職を降りると、西園寺家から譲り受けた北山の土地に巨費をかけて北山殿《キタヤマドノ》を造営した。ここには広大な庭園と仏教関連の建物が設けられた。その中で現在も残っているのが鹿苑寺で、金閣寺とよばれる舎利殿で名高い。これは３階建ての建物であるが、１階が公家様式である寝殿造り、２階が武家様式、３階は唐風の禅宗様式で、さらに２階と３階だけの内外に金箔が貼られている。これは１階の公家より武家が上で、自分が最上位であるとの考え方を現しているとされている。

義満は北山殿に移り住んで活動拠点とし、時宗の僧を中心とした同朋衆とよばれる芸能者を侍らせて貴族や武士をもてなした。中でも能については、当時民間で流行していた猿楽は貧賤が演ずるものとされていたが、義満はこれに興味を持ち、特に後に世阿弥として名を成した若者に目をつけて保護し、幽玄と華麗を表現する能楽を日本の代表的な芸能に育て上げた。一方では従来から庶民に受け入れられていた田楽や猿楽には圧力をかけて次第に衰退していったことも、義満の思いで物事が決まる当時の状況をよく示している。

またこのような文化的背景により、宋風や元風の水墨画や茶の湯の源流が勃興し、立花《リッカ》とよばれる生け花の様式が生まれ、従来からの連歌の理論が確立された。さらに京都と鎌倉五山の禅僧を中心とした五山文学も栄えるなど、当時の権力者の権威を支える新しい教養が確立されて行った。

義満を継いだ足利義持も当時の第一級の知識人で、京都五山の禅僧を呼んでサロンを催すなど、北山文化を継承した。特に水墨画は全盛期を迎えた。

義満の孫に当たる８代将軍の足利義政のころになると、幕府の権勢も緩んで来て財政的にも苦しい時代を迎えていた。義政は当初義満の時代を取り戻そうとしたものの、方々で家督争いが起こりついには応仁の乱が起こって、貴族的で華麗な北山文化は消失してしまった。こうして政治的な野心を諦めた義政の周辺では、北山の時代からの流れを汲む公家・武家・禅僧などによる旧来の伝統的な文化と、商工業の発達につれて台頭してきた酒屋や土倉といった高利貸業者をはじめとする町衆の庶民文化が加わって、渾然と融合した新しい文化が生まれたのである。

これは東山文化と呼ばれるが、義政が晩年になって京都の東山に造営を始めた東山山荘が名前の由来である。これは未完に終わるが、現在残っている慈照寺の中の銀閣寺が義満の金閣寺との対比で名高い。またこの一画にある東求堂の同仁斎《ドウジンサイ》とよばれる書斎は日本最古の書院造りの建物で現在の畳敷きの和室の源流とされる。義政は自ら茶をたてて客人をもてなしたといわれ、これが日本の茶道の始まりといわれる。客人としては貴人や大名だけでなく幅広い階層が招かれ、関連して造園・華道・香道・能楽・連歌なども発展した。また水墨画の雪舟・大和絵の土佐光信・大和絵と水墨画を融合させた狩野正信・連歌の宗祇などを輩出した。

北山文化が都の上流階級に限られた文化だったのに対し、東山文化は、義政が将軍在任中の後半に応仁の乱が起こり文化の集積した京の街が焼き尽くされたため、地方に逃げた都の貴族や地元に戻った守護大名などが京の文化を伝えたため、全国各地の庶民の生活文化にまで浸透し、地方文化に影響を及ぼした。こうして東山文化は侘寂《ワビサビ》幽玄といった日本独特の生活様式や文化的嗜好を形作り、現在までそれを伝えている。

地方での特徴的な文化活動として西日本では、大陸との私貿易を進めて突出した経済力を持った大内氏が都と大陸の文化を融合させ独自の文化、大内文化を生んだ。この基礎を造ったのは1360年に本拠を周防国山口に移し、京都に倣って市街地を整備し居館を建てた9代当主大内弘世である。その後大内盛見が大内義弘の菩提を弔って曹洞宗の瑠璃光寺五重塔の建設を計画し、1442年頃この大内文化の最高傑作が完成した。

さらに都から多くの客人を招き、山口が「西の京」呼ばれるほどの華を咲かせたのが14代当主大内政弘である。政弘は和歌や連歌を好み、一条兼良や宗祇など多くの歌人や連歌師との交流を持った。ただ宗祇には領国内を回って連歌の会を開かせて冠者の役目をさせたとも言われる。また能楽についても関心を示し、1483年には猿楽座を呼び大内氏の館で演じさせた。

山水画でも画聖といわれる雪舟を山口に呼び寄せたが、雪舟は作庭でも名高く、別邸として建てた常栄寺に池を配した庭園を造らせたと伝えられている。雪舟はここだけでなく、数年間石見国に滞在したといわれ、石見国には益田の萬福寺・聖清寺、柿木村の昌谷寺、浜田の玉林寺と多くの雪舟庭園が伝えられている。また、九州筑前国田川の魚楽園、さらに安芸国厳島の旧西方院庭園も雪舟の作とされている。

一方東国では、下野国において足利荘の領主の上杉憲実が儒教を中心に兵学や医学を教育する足利学校を再興して多くの人材を輩出している。

応仁の乱後の状況

応仁の乱による戦乱や火災のために、多くの公家や民衆は京都から周辺の都市や地方の所領に逃れていた。1479年になって室町殿や内裏の造営が開始されると共に人々が戻り始めたが、都の悪環境はなかなか改善せず、疫病・窃盗・火災などが頻発していた。また、戦乱中にも京に留まってそれなりに消費活動を支えていた守護大名や家臣たちが領国へ帰国してしまい、都の経済活動も停滞して再建は順調には進まなかった。

守護大名のほうも、大名同士の紛争が重なり、それに合わせて国人層の独立志向が強まったため、権威が低下して守護代や国人にその地位を奪われて没落する者や、逆に国人を押さえ領国支配を強める者へと分化して行った。

応仁の乱以降の勘合貿易であるが、幕府は1476年・1483年・1493年と有力者と共同で勘合船団を派遣した。しかし、一隻ずつ一定の抽分銭《チュウブンセン》と呼ぶ輸入税を予め出港前に受け取るというやりかたで堺商人に委託せざるを得なかった。これは幕府の資金が逼迫していて、逆に堺商人が貿易の実利を独占して実権を握るようになったことを示している。

一方で堺商人の影響の及ばない西国の大内政弘は、独自の勘合船を参加させており、この船では帰港後に抽分銭を徴収することにより、大内氏は依然として豊かな財政状況を継続していた。この間、政弘と管領の細川勝元と貿易利権を巡って争いが繰り返されたが、結局は大内氏の貿易利益は拡大して行った。こうして大内氏は朝廷に収益の一部を献上することで安定化を図った。

明応の政変

応仁の乱の最中に足利義政から将軍職を譲られた足利義尚《ヨシヒサ》は、乱が終結した時まだ12歳で、実権は父の義政が握り続けていた。一方、将軍職を争った足利義視は息子の義稙《ヨシタネ》と共に逃れた美濃国に留まり続けていた。

義尚は成長するに従って本格的に政務を行おうとするが、父義政は実権を手放さず、意見が食い違い始めて幕府の決定機関が二つに分裂した状態になった。当時義尚は室町殿、義政は東山殿と呼ばれていた。こうしている内、1486年、義政は義尚に政務を譲ることを表明し、対外交渉と禅院関連は関与し続けたが東山山荘に退いた。

足利義尚はさっそく将軍権力を再構築するため、無法な横領などを繰り返す守護に対して自ら率いる幕府軍で征伐しようとした。まず1487年、長年反抗を続ける近江国守護の六角氏を討伐するため出陣した。しかし六角側もゲリラ戦などで抵抗をつづけ、長期戦になってしまった。そのため義尚が滞在する鈎《マガリ》の陣所は将軍御所のようになり、京都から公家や武家を呼んで華やかな儀礼を開催したり、僧侶なども加えて和歌・連歌・蹴鞠・学問などに耽っていった。

こうして幕府の権勢は一時的には回復したものの、義尚は次第に酒色に溺れるようになり、政治や軍事を顧みなくなった。一方では側近を重用して政治を任せたため幕府内で権力の専横が起こった。このような状態で、1489年将軍義尚が陣中で病死したのである。

足利義尚には男児がなく、幕府内で新しい将軍を誰にするかの調整が行われた。当時の管領は細川勝元の息子の政元で、幕府内の存在感を増していた。そのような時、義尚の病死から１年も経たず大御所の足利義政が亡くなってしまったのである。

結局未亡人になった日野富子は､応仁の乱で対立した足利義視の息子、足利義稙《ヨシタネ》を押さざるを得ず、義尚の猶子として10代将軍とした。これに反対していたのが細川政元であるが、将軍義稙の後見として再起した足利義視と対立するようになった日野富子と手を結んだ。1491年に義視が病死してしまうと、細川政元は将軍義稙を京都から追放し、1493年には義政の弟足利政知の子供で12歳の足利義澄を11代将軍に据えるというクーデターを決行したのである。これは「明応の政変」と呼ばれる。

この明応の政変が下剋上だったかといえば、そうではない。細川政元の場合は、足利義稙を追い出したものの、自分が代わって将軍の地位に就こうとしたわけではなく、傀儡《カイライ》といえども足利氏の血統の中から義澄を将軍として立てたのである。

近年このような状況を「君主押込《オシコメ》」と呼んで下剋上とは区別するようになっている。すなわち押込とは、君主が暴君や愚君などの場合、家臣が合意の上で主君を監禁し、改心が難しい場合は退位させて新しい君主を擁立することである。この頃儒教の教えが広がり始め、身分秩序の上下関係が守られた面もあり、当時の主君交代のすべてが下剋上ではなかった。

応仁の乱以降も曲がりなりにも将軍の権威を保ち続けていた足利将軍家も、足利義澄の11代目将軍は名ばかりで、ついに将軍としての権限が決定的に消失したのである。室町幕府は守護大名の連合政権だったが、結局その長である将軍による専制君主制は、一時的に成功したものの守護大名の不信を招いて挫折したのである。こうして日本は戦国時代に突入していった。

6 毛利元就の制覇（戦国時代）

室町将軍の没落により日本中で権力争いが発生し、これまでにはなかった下剋上の風潮もこれを加速して戦国時代に突入した。このような中、中世を通じてこれまで生まれなかった安芸国の権力者として、毛利元就が出現する。

足利政権の没落

1493年に起こった明応の政変では、室町幕府の管領である細川政元が、日野富子などとの周到な根回しの上でクーデターを起こし、権力の簒奪に成功した。政元は10代将軍の足利義稙《ヨシタネ》を廃位し、年少の足利義澄を立てることで、将軍家を差配することになり、足利将軍が持っていた守護の任命権や司法に関する権限は消失した。

この政変は都の周辺だけではなく、特に東国での戦乱を恒常化させる契機となり、戦いの炎が全国に拡散していった。こうして日本史における戦国時代を迎えたのである。

戦国時代の開始時期については、応仁の乱が終わった1477年の説もあるものの、足利義政は東山での文化活動を継続していたことで、ここでは明応の政変で足利将軍の権威がほぼ消滅したこの時点とする。

足利将軍の名前であるが、10代目将軍は初名が義材《ヨシキ》、将軍職を追われ逃亡中に義尹《ヨシタダ》、最後に義稙《ヨシタネ》で、11代目は初め法名を清晃《セイコウ》・還俗して義遐《ヨシトオ》・義高《ヨシタカ》・最後に義澄、12代義晴は変わらなかったが、13代目は義藤・義照・義輝、14代目は義親・義勝・義栄《ヨシヒデ》、最後の15代目は覚慶（法名）・義秋・義昭とそれぞれ改名を繰り返している。この複雑な流れの理解を容易にするため、将軍最後の名前である義稙・義澄・義晴・義輝・義栄・義昭をそれぞれ用いて記述することにしたい。

このように頻繁に名前を変えた理由だが、当時の元号と同じように、戦乱の世における厄除けや心機一転のためだったとされている。

将軍足利義澄をたてて幕府の権限を一手に握った細川家は全盛期を迎えていた。ところが当主として結束をはかるべき細川政元は、修験道に熱中し始めるなど次第に政務を疎かにするようになっていった。また妻帯もせず実子がいなかったため澄之・澄元・高国の３人を養子として迎えたが、1507年に政元は養子澄之の配下に暗殺されて細川家は養子間で分裂状態に陥ってしまった。

一方、細川政元に将軍職を解任された足利義稙は、京都の龍安寺に幽閉されていたが脱出して越中国から越前国に逃れた。ここで北陸の兵を結集して近江国に侵攻したが敗れたため、かつて応仁の乱の際に父義視に味方してくれた周防国の大内義興《ヨシオキ》の元に逃れたのである。

しばらく大内氏に匿われていた義稙は、細川家が混乱しているこの時こそ将軍復帰の好機とみて、1508年大内義興の力によって集めた西日本の諸大名の軍勢を引き連れて山口から海路上洛した。その結果、大内義興は将軍義澄と管領になっていた細川澄元を追放して義稙を将軍職に復帰させることに成功したのである。逃れた義澄のほうは将軍職を取り戻そうと反撃したものの、結局1511年に病死してしまった。

大内氏の勢力拡大

大内義興は将軍になった足利義稙の求めに応じて京都に留まり、管領になった細川高国のもとで管領代として幕政に参画した。義興は文武に優れた武将の理想像とされ、これまで幕府が握っていた日明貿易の管理権限を取得するなど地歩を固めて行った。ただ、都では諸勢力間の争いがつづき、自国への帰還を果たせずにいた。

こんな状態が10年も続くと、次第に将軍義稙や細川高国との関係がぎくしゃくしていった。同時に義興が引き連れて来た安芸国や石見国の国人の中には長引く在京を不満とするものが出るし、本国では隣国の尼子氏が勢力拡大で安芸国へ侵攻を始めるなどしたため、1518年義興は管領代を辞して周防国の山口に帰国することになった。

尼子氏であるが、名門の京極氏の流れで出雲国の守護代だったが、幕府に従わず地位を剥奪されたため1486年に月山富田城を奪い返し山陰に勢力を拡大していた。

大内義興にとって、帰国してまず力を入れたいのが大内氏の財政基盤となる勘合貿易のてこ入れだった。当時の明は長く閉鎖的な政策が続いていたが、日本との勘合貿易は形としては継続していて、日本側は幕府管轄から博多商人と結んだ大内氏と堺商人と結んだ管領の細川氏の二つの勢力による形に移行していた。

このような状況の1523年、中国の貿易港である寧波《ネイハ/ニンポー》に遣明船でやって来ていた大内側と細川側の間で明の役人も巻き込んだ紛争が起こった。この寧波の乱の結果は大内側の勝利に終わり、大内氏の利権が拡大した。

この乱で勘合貿易は一時中断したものの、1536年に大内義隆が独占的に再開すると配下の博多商人は莫大な富を得た。細川側だった塩飽海賊衆は大内氏に従うようになったとされるが、堺商人は大内氏の仕切る瀬戸内海航路を避けた太平洋側の航路をとって交易を続け、堺の街は内外から多くの商人が集まる国際貿易都市として都への影響力を拡大して行った。

戦国大名

将軍の権威低下に伴って、これまで守護としての権限がそれなりに保証されていた守護大名たちにとって、自力で領地を守らなくてはならなくなった。同時に、自らの力で領地を拡大することが咎めなしにできるようになったのである。こうして守護大名の中でも、領国内の土地の権利を自ら保障できる者だけが生き残っていった。

そのため軍事力を持つ者の多くは、武力だけでなく暗殺や策謀、買収さらに婚姻や養子縁組などあらゆる手を使って勢力拡大に邁進し、守護大名の中には家臣や国人などによる下剋上でその地位を奪われる者も続出した。

こうして守護という権威のあるなしに係わらず、この戦乱の時代に国や郡など一定以上の領地を占有した者は戦国大名と呼ばれることとなる。彼らは有力国衆や家臣をまとめて家臣団を結成して軍役を課す制度などを自ら定め勢力拡大を図った。

戦国時代の初期に守護大名から戦国大名と呼ばれるようになった者として、西国では周防国の大内氏・豊後国の大友氏・薩摩国の島津氏・若狭国の武田氏・管領の細川氏である。また出雲国の守護代だった尼子経久は守護の京極氏から支配権を奪取して戦国大名となった。

東国では駿河国の今川氏や甲斐国の武田氏などが守護大名出身だが、守護ではないが地域で支配力を高めていた勢力が下剋上などで主君を倒して戦国大名に伸し上がった者も多かった。中でも相模国を制した北条早雲は下剋上で上り詰めた最初の戦国大名とされる。この北条氏は鎌倉幕府の執権だった北条氏とは直接関係はなく、後北条氏と呼んで区別される。また、少し時代は下がるが美濃国の斎藤道三も下剋上で名高い。

一方、戦国大名の元で領地を確保した国人領主を国衆と呼ぶが、全国各地に国衆や有力農民らによる自治組織が生まれ、大名との婚姻などで関係を深めるなど独自の掟による行動によって集団の存続と拡大を図った。この組織は略奪行為を防ぐために周囲に濠などで要塞化した所もあった。

このような状況になると、それまで貴族や寺社によって確保されてきた荘園はどこも戦国領主による横領が行われて荘園公領制は完全に崩壊し、皇室の所有地といえども免れることはなかった。

当時の朝廷であるが、幕府自身が窮乏していることもあり財政が破綻した状態だった。そのため公家は地方に離散してしまい、たとえば御所だった土御門東洞院殿は応仁の乱以降荒れるに任せていた。1500年に即位した後柏原天皇は在位26年に及んだが、即位の礼と呼ばれる儀式は即位から21年後にようやく行われ、次の後奈良天皇も同様で、全国からの寄付金によって10年後の1535年に行われた。

この寄付に応じたのは、大内義隆・毛利元就・織田信長の父信秀を始め、今川氏・上杉氏・北条氏・朝倉氏・本願寺などが名を連ねており、天皇は政治権限を失ったものの権威は保たれていたことが伺える。なお、当時の皇室の窮状ぶりは公家の山科言継《コトツグ》の50年間に及ぶ日記『言継卿記』に記されている。

安芸国での大内氏勢力拡大

大内義興は1495年に父の大内政弘が亡くなると若くして大内氏の当主になった。その際、周防・長門・石見・筑前・豊前・山城各国の守護職を受け継ぐと共に、山名氏から百年近く続いた安芸守護職を獲得し、さらに内部紛争に乗じて、分郡守護の武田氏をも支配下に置いたのである。大内氏の安芸国拠点の鏡山城があった東西条は、この頃から東を略して西条と呼ばれるようになった。

さらに義興は安芸国の沿岸に勢力を持つ海賊衆を配下に置いた。それは南北朝時代から続く三ヶ島衆・川内衆・小早川警固衆などだった。

そのような状況で、安芸国周辺で大内義興に対抗できる勢力としては、出雲国の尼子経久のみだったが、経久も大内氏に従う姿勢になっていた。

1508年に大内義興は足利義稙を擁して上洛したが、その際、安芸国からは武田元繁をはじめ多くの国人衆が義興に従って都に上り参戦した。

4年後に一応の決着を見たものの、将軍義澄の不安定な状況が義興の帰国を許さなかったために起きたのが「永正の安芸国人一揆」で、百年前の応永年間に起こった国人領主連合に似た動きであった。国人たちにとって長期間に渡り自領を離れることは軍役の負担や身内の反乱の懸念だけでなく、出雲国の尼子氏の不穏な動きもあって、早急に帰国したい思いが強かった。そのため1512年、安芸の国衆9名が盟約を交わして大内氏に帰国を許すよう申し入れたのである。

この起請文に連署したのは、高田郡の毛利興元・高橋元光、豊田郡の小早川弘平、賀茂郡の天野興次・天野元貞・平賀弘保、それに分郡守護の武田元繁支配下の三郡に領地のある阿曽沼弘秀・野間興勝・吉川元経の9名であった。

これらは皆、大内氏が安芸国守護になる前から大内側に属す国人だが、共通の思いを主君に対し要求するという気風が熟成された結果で、大内氏への反逆ではないとされている。ただ近年の研究では、分郡守護の武田元繁が配下の国人と結束することがないように、大内義興が陰で動いたとの説がある。

こうして安芸国人衆は、大内義興を都に残したまま帰国したのである。

毛利元就の登場

毛利元就は、1497年に毛利弘元の次男として生まれるが、幼いうちに両親を亡くし吉田郡山城の支城である多治比猿掛城で過ごすなど、苦しい幼年時代を過ごした。また毛利氏自体も大内氏と尼子氏という二大勢力に挟まれた困難な時期であった。このことが元就の策略を好み慎重ながら大きな決断により家系を守ることに専念するという性格を形成したと思われる。

毛利元就（1497〜1571）

1515年になって、武田元繁は大内義興が依然上洛中で尼子氏の支援もあることから、領地である山県郡の壬生・有田・今田各氏を引き連れて大内氏に反旗を翻した。これに対し毛利当主で元就の兄の毛利興元は、大内氏の命をうけて有田氏の居城である有田城を攻撃し落城させた。この翌年、興元が25歳の若さで亡くなると、長男として跡を継いだ幸松丸はまだ2歳で、元就と外祖父の高橋久光が後見人になった。

主力の毛利氏の跡継ぎが幼児であることを好機と見た武田元繁は、大内義興が都から帰国していない内にと、1517年に家臣や国人などを集めて有田城の奪回作戦にでた。これを迎え撃ったのは毛利軍と吉川軍であるが、毛利軍には20歳の毛利元就が初陣として参戦し、武田軍の猛将の熊谷元直が率いる軍を破るという手柄をたてた。これは有田中井手の戦とよばれ、武田元繁が戦死して戦いは終結した。

初陣での活躍により毛利元就の名が近隣に知れ渡り、毛利家内でも地位を固めていった。一方の武田氏だが、戦死した元繁に代わって当主になった武田光和は、武勇に優れており父の意を継いで尼子経久と組んで大内氏に対抗した。

毛利元就と一緒に有田城で戦った吉川元経は、地理的に近いことから元々尼子氏と親密で、有田城の戦が済むと尼子経久に接近し、経久の要求で毛利元就を尼子側に取り込むよう動いた。元就としては吉川国経の娘を正室として迎えていることもあり、これに従って尼子側についたのである。

大内義興は1518年にようやく管領代を辞して都から戻ったが、その後に北九州へ再び出陣した。尼子経久はこの隙を狙って1523年、再び安芸への侵攻を始め、毛利元就も引き連れて大内氏の安芸国支配の拠点である西条の鏡山城への攻撃を開始した。これに対して鏡山城の大内家臣達は、尼子軍を迎え撃ち戦闘が始まったが、両者対峙したまま膠着状態になった。そこで毛利元就は策略を巡らせ、大内側副将に家督継承を条件に寝返らせて尼子軍を城内に手引きさせて鏡山城を落とすという手柄を立てたのである。

こうして勝利した尼子経久だが、元就の知略に危険を感じたのか、手引きした大内側副将を処刑し、最も戦功のあった元就へは恩賞を与えなかった。この仕打ちは後に元就が尼子氏を離れ大内氏に鞍替えする原因になったとされる。

戦いが終わった直後に、暗殺説もあるが、毛利氏の当主幸松丸が亡くなってしまった。そこで毛利元就は、鏡山城の活躍もあって家臣に押され、毛利氏当主になった。しかしこれに不満を持つ家臣の一部が尼子側とも図って、元就の腹違いの弟だった相合元綱《アイオウモトツナ》を立てて謀反を起こした。これに対し元就は元綱の籠る船山城を囲み、忍び込ませていた琵琶法師の間諜の合図で攻め込み武勇に優れた元綱を討ち取ったとされている。

この結果、元就は謀反に加担した家臣を徹底して誅殺したが、逆臣の嫡流だった桂広澄は無関係ながら責任を取って自決した。残された一門もあとを追うべく城に籠ったが、元就は単身乗り込んで説得して思い止めさせた。これにより広澄の嫡男の桂元澄はその後長く元就の腹心として活躍することになる。この一連の事件は、毛利元就の家を永続するために兄弟が協力すべきとの信念を形作ったとされている。

元就は家督を継ぐと早速、多治比猿掛城を引き払い郡山城のある吉田に戻った。当時の郡山城は戦時だけに使う初期の山城だったが、元就は戦国の世に合わせて大小270の曲輪を配して郡山全体を城塞化するという大規模な工事に着手し、城の西南麓に居館を構え、万願寺《マンガンジ》や清神社《スガジンジャ》まで取り込んで生涯ここを居城とした。さらに城下の道路を整備し三日市・六日市・十日市などによる街づくりも行われた。

ところで山城であるが、初期に造られた山城は攻撃を受けるなど緊急時だけに使うもので、平時の居住場所は堀などをめぐらせた平地にあっ

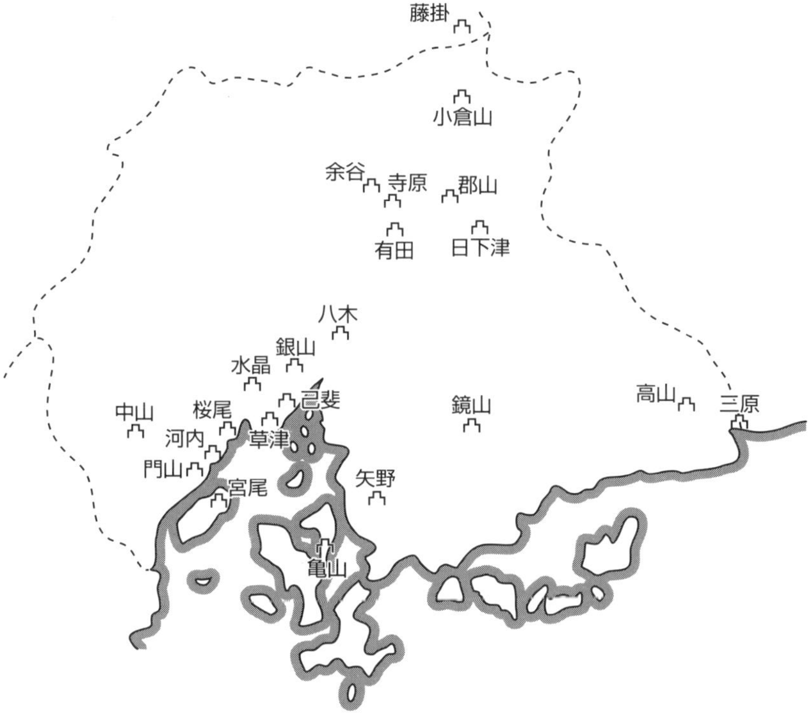

戦国時代の主要な山城

た。しかし、戦国時代になって戦乱が常態化してくると、山城を拡大し砦と一体化して掘割や土塁で囲んだ屋敷を設けて山全体を要塞化するという流れが起こった。その一つが元就の造った吉田郡山城である。この山城がさらに平地に堀や土塁で防御した平城になって城下町へと変貌してゆくのは少し後になる。

城郭の石垣造りで名高いのは穴太衆《アノウシュウ》であるが、毛利氏は独自に「石つきのものども」と呼ばれる石組専門の集団を持っていたとされている。

鏡山城を落とされた大内義興は、1525年になると勢力回復を狙って攻勢に転じ、重臣の陶興房《スエオキフサ》を安芸国に向かわせた。大内軍はまず志和にある尼子方の米山城を攻撃したのだが、この戦いで毛利元就は尼子方から再度寝返って大内側として参戦し、米山城主の降伏を仲介したとされている。大内軍はさらに鏡山城の奪回にも成功して尼子氏の安芸国への影響を遮断した。

こうして毛利元就は再び大内側国人として安芸国内の足場を固めてゆくと共に、1525年には隆元、1530年に元春、1533年に隆景と次々と男子を儲けて毛利家としての体制固めも進んだ。

このような中、1528年に大内義興は陣中で病に倒れ、山口に帰還直後に死去した。跡を継いだのは嫡男の大内義隆である。義隆は尼子側から寝返って来た元就を全面的に信じていたわけではなく、元就の変心を防ぐため長男隆元を人質として自分の元に置いている。

一旦安芸国から引いた尼子氏であるが、1537年に尼子経久から当主を引き継いだ尼子晴久は血気にはやる人物で、大内氏が九州で戦っているのを見て、裏切りの報復として1540年に毛利元就の吉田郡山城へ侵攻を始めた。尼子軍には安芸国の吉川興経や沼田小早川正年などが加わった。

戦闘は最初尼子方に有利に展開したが、元就が拡張中の吉田郡山城での籠城作戦で抵抗を続けるうち、大内氏からの援軍として駆け付けた興房の息子の陶隆房（後の晴賢）が到着すると形勢は逆転し、尼子軍は大敗を喫した。これが吉田郡山城の戦で、これまで尼子方についていた安芸・備後・備中・石見などの国人衆の多くは、この結果を見て大内氏側に鞍替えしたのである。

藤原神主家の滅亡

安芸国内各地で発生した大内氏とそれに対抗する武田氏と尼子氏を軸にした争いは、勢力に陰りのでていた厳島神社神主家をも翻弄した。そして神主の藤原興親は大内義興が足利義稙を奉じての上洛に同行したものの、病死してしまうという不運が続いた。

この興親には跡継ぎがいなかったため、一緒に京に出かけていた甥で神領衆の友田興藤と小方加賀守が後任の神主職をめぐって争いになった。しかし義興は、藤原神主家から実権を奪おうとしたようで、後任の神主を指名しないまま神主不在の時が始まった。この都での対立は国元にもおよび、友田興藤を押す東方と小方加賀守に味方する西方に神領衆が分裂した。東方には五日市の宍戸氏を始め羽仁氏・児玉氏・大聖院座主・上卿ら厳島の有力者で桜尾城に籠り、西方は坪井の新里氏らが藤掛城を本拠地とし己斐城や大野河内城を拠点としてにらみ合った。

大内義興は鎮圧のため1515年武田元繁を都から帰国させることにしたが、元繁が離反しないように自分の養女を元繁に嫁がせるという手を打った。ところが帰国した元繁は義興の意に反して、義興の養女を離縁して尼子経久の弟の娘を妻に迎えることで尼子氏と手を結び、大内氏の勢力圏への侵略を開始したのである。

武田元繁はまずは混乱状態だった大内氏配下の厳島神社の神領を接収し、次に神領衆の己斐氏の己斐城を攻めた。それに対し大内義興は有田城を攻撃させるなど、しばらくは大内方と尼子氏に支援された武田方との間で、厳島神社争奪戦が繰り返された。

こうして神主不在の時が続いたが、1518年に大内義興が京から帰国すると、友田興藤と小方加賀守も国元に帰り、双方が再び神主職を与えてくれるよう訴えた。ところが義興は依然としてこれを受け付けず、桜尾城・己斐城・石内の水晶城《スイシガジョウ》に家臣を送って神領を接収して直接支配体制を強化していった。

これに反発した友田興藤は多くの神領衆と武田光和の支持を得て、1523年に奪われた桜尾城を奪い返して入城し、己斐城・水晶城も落としたことで自ら厳島神社神主と称した。これに対し大内義興は、陸路から家臣の陶興房を送り友田興藤側と戦い、海からは周防国の警固衆に厳島を襲わせて占拠し興藤側を撃退している。

この当時、大内氏は周防国と安芸国の所領との連絡のために海路を用いていたが、義興は1522年に武田氏の勢力を瀬戸内から排除するため能美島の能美氏と倉橋島の多賀谷氏より成る警固衆を向かわせ、戦果をあげたとされる。これまで瀬戸内海の海賊衆は束縛されるのを嫌っていたが、この頃になると戦国大名の傘下に入ることが増えて、警固衆と呼ばれるようになった。

さらに翌年、陶興房が厳島の対岸にある神領衆大野氏の居城である河内城を攻撃した。これに対し興藤が自ら出陣したものの、城を守っていた大野弾正少弼《ダンジョウショウヒツ》が大内側に寝返ったため敗北を喫してしまった。

この大野氏の出自については定かでないが、厳島神社と同時期に創建されたとされる大頭神社に大野氏の五人兄弟の伝承があり、門山城と河内城を持ち勢力を張った神領衆で、その名を地名として残したようだ。弾正少弼とされているが、弾正とは治安維持の役職、少弼は階級で、神領衆としての役職を示している。

これで勢いを得た大内側は、当主の大内義興や近隣諸国から動員された軍勢で桜尾城を包囲して戦闘が展開された。しかしなかなか決着がつかず、結局両者で和解工作が行われ、友田興藤の神主引退を条件に大内側は桜尾城の包囲を解くことになった。

そこで後任神主には興藤の甥にあたる友田兼藤が就いた。しかし間もなくして病死し、1528年に興藤の弟の友田広就《ヒロナリ》が神主になった。この間も興藤はしたたかに実権を掌握し続け、思うがまま振る舞ったとされている。

この頃の大願寺は厳島神社の修理造営を担当する役割を確立したとされているが、神社造営の職人集団を持ち、大内氏との関係から筑前国の筥崎宮《ハコザキグウ》や豊前国の宇佐八幡宮の修理造営にも当たっている。

1529年に大内義興が亡くなり大内義隆が継いだが、北九州で少弐氏と大友氏との小競り合いが続いていたため安芸国への睨みは手薄になった。そこで尼子氏は、1541年に大内側についた毛利氏の吉田郡山城の攻撃を始めたが、これを見た友田興藤は神主の友田広就と共に再度大内氏に攻撃を仕掛けた。この戦いで興藤は、大内氏と敵対していた海賊衆である村上氏の加勢を得て、厳島から大内勢を追い出して一旦占領することに成功した。ところが大内軍は大量の警固船で反撃し、村上勢を追い出し厳島を取り戻した。

この村上氏は伊予国の河野氏と関係深い海賊衆で、能島・来島・因島の村上三家に分かれて競り合っていた。当時の因島村上氏は毛利氏に付き、来島村上氏の当主の村上通康は伊予の戦国大名の河野道直の娘を嫁に迎える関係だった。一方の能島村上氏は従来の海賊衆のように特にどこにも付かない状態だった。

陸上の戦でも大内義隆自身が出陣し、途中で苦戦したものの再び桜尾城を包囲した。友田興藤は前回の経験から籠城で負けることはないと思っていたようだが、尼子氏が吉田の郡山城で敗戦を喫していたことが影響して、味方のはずの羽仁氏・野坂氏・熊野氏などの神領衆が一斉に桜尾城を捨てて逃げ出したのである。その結果、友田興藤は城に火を放って切腹して果て、神主の友田広就も城を抜け出して五日市城に逃れたが、結局は残っていた宍戸氏・栗栖氏などの神領衆にも見限られて切腹してしまった。

こうして1221年以来神主職を継承し、佐西郡をはじめとする神領を支配して来た藤原神主家は滅亡したのである。ただ神主といっても、自分の領地を守ることに専念する正に武家の領主そのものだった。

なお、桜尾城の火事は城だけでなく上卿の館なども焼けてしまい、厳島神社関連の多くの文書が焼失し、当時の記録がほとんど残っていない原因とされている。

将軍を巡る争い

大内義興が1518年に山口に帰った後の都では、義興が擁立した足利義稙《ヨシタネ》が将軍の権限は失ったものの形式を重んじる武家や朝廷の思惑により続いていた。しかし1521年に義稙は管領の細川高国と対立し将軍職を奪われて京都を逃げ出した。しかし2年後に逃亡先の阿波国で客死し、12代将軍には義澄の遺児である足利義晴が擁立されるに至った。

それ以降は細川管領家と将軍家がそれぞれの跡目争いや勢力争いが絡んで、大局観のない混乱が延々と続いた。

このように将軍家を中心に、関係する武家の主導権争いが戦国時代のひとつの核となった。ただ、多くの武士たちにとって征夷大将軍に対する畏敬の念が消失したわけではなかった。

このような時、勢力拡大して表舞台に登場したのが管領家の重臣だった三好長慶《ナガヨシ》である。1549年になって長慶が管領の細川晴元に反旗を翻したため、細川晴元は将軍義輝らと共に近江国に逃れた。強大な軍事力を持つ長慶は細川高国の養子の氏綱を連れて上洛し都の支配権を握った。

1550年に義晴が亡くなると細川晴元は足利義輝を立てて長慶に挑み京都奪回を試みるが失敗し、1553年に再度近江国朽木に逃れた。これにより明応の政変により生まれた細川政権は事実上崩壊し、三好政権が成立したのである。

三好長慶は1558年に義輝を13代将軍に推戴することで和睦し、畿内での完全な支配権を得た。これにより、長慶は織田信長に先んじた戦国時代初の天下人といわれる。一方でこの政権は、三好氏が元は阿波国の国人だったことから、正当性や形式を重んじる朝廷や有力武家たちにとっては好ましからざる天下人だった。

三好長慶が足利将軍家の後継者争いに乗じて勢力を拡大していたころ、都周辺や東国では戦国大名たちが群雄割拠し、戦国時代の最終段階に突入していった。

まずは甲斐国の武田信玄と越後国の上杉謙信であるが、北信濃の領有権を巡って1553年から1564年まで5度にわたり戦いが繰り返されたが決着はつかなかった。1561年に起こった4度目の戦は二人の直接対決で、武田氏家臣の口述を記録した『甲陽軍鑑』と呼ぶ軍学書を基にして書かれた「川中島の戦」として良く知られている。その内容についての虚実は諸説あるが、これを基にして多くの物語ができた。

この頃三好長慶が居城とした飯盛山城は、河内国と大和国の間にあり鉄砲対策のための本格的な石垣を持った初めての城として知られている。しかし1563年に息子が急死した翌年に長慶は病死し、継承したのは三好三人衆と呼ばれる近親者であった。

将軍義輝は各地の抗争に積極的に介入し多くを講和に導くなど優れた政治手腕を持っており、長慶の死を機に権力復活を目指した。そのため三好三人衆などは足利義稙に繋がる足利義栄《ヨシヒデ》を担いで1565年に永禄の変を起こし、塚原卜伝直伝の腕前とされる義輝は奮戦したが殺害された。

1568年に足利義栄《ヨシヒデ》は朝廷から宣下がなされ14代将軍に就任したが、三好三人衆とはうまく行かず、義栄は上洛できないまま摂津国富田に留まっていた。

安芸武田氏の滅亡

安芸国では、1540年に武田光和が37歳で嫡子を残すことなく急死し、武田氏衰退を決定づけた。ただ出雲国の尼子氏は安芸国に武田氏を存続させた方が毛利氏との関係で有利と考え、若狭武田氏に養子を送るように求め、武田信実が当主に迎えられた。

武田氏家臣の間では、大内氏と講和するかどうかで激しい対立が起こったが、信実はこの事態に打つ手がなく、銀山城を捨てて尼子氏の元に逃げ出した。そこで尼子晴久は毛利元就の討伐のため吉田郡山城を攻撃すると、信実は尼子方として一旦城攻めに参戦したが、安芸武田氏の復興のためと訴えて佐東銀山城に戻ってしまったとされる。そのため信実は、尼子氏が敗北すると孤立して再び城を捨てて尼子氏の出雲国へ逃亡してしまい、銀山城は一部の武田家臣が籠城しているだけの状況だった。

大内氏に命じられた毛利元就はこの地形が険しく難攻不落の銀山城を落とすため、策略を巡らしたとの伝承がある。それは農民を動員して大量の草鞋《ゾウリ》を作らせ、夜になって油を染込ませた草履に火をつけ太田川に流したのである。これを城から見ていた武田軍は大軍が川を渡って夜襲をかけて来ると思い、全兵力で祇園・山本側の表門の防御を固めた。ところが元就は裏をかいて北側の安《ヤス》から城の裏側に一気に攻め込んだ。この攻撃により安芸武田氏はあっけない終焉を迎えたのである。

元就の作戦は千足草鞋《ワラジ》とよばれ、現在の太田川東岸に千足の地名が残っている。なお、1568年に観音寺城の戦いで秀吉が類似した戦略をとっている。

ただ武田氏は断絶したわけではなく、落城時に武田光和の甥武田信重の遺児が川向うの安国寺に匿われていたとされる。ここで成長して出家した後、京都の臨済宗東福寺の僧恵心《エシン》の弟子になって才能を開花し恵瓊《エケイ》と名乗った。恵心が毛利家と親交があったことから、毛利元就は安国寺恵瓊を家臣の反対を押し切って配下に置くことになり、後に小早川隆景に重用され毛利家の外交僧として交渉を任されるようになった。

毛利元就の台頭

安芸武田氏が滅亡すると、大内義隆は武田氏が守護代として所有していた太田川下流の可部・温品・深川・久村などを毛利元就に与え、さらに人質にしていた息子の毛利隆元に対しても牛田の所領を与えた。この地域には武田氏が持っていた川ノ内衆という有力な警固衆もいて、毛利氏は吉田から瀬戸内海側へ進出する足掛かりを得たのである。

ここで元就は、守護まで勤めた安芸武田氏の滅亡を間近に見て、毛利家を永続させるための手段について思いを巡らしたようだ。

元就が真っ先に推し進めたのは、有効な閨閥を構築することだった。まずは次女の五龍局を高田郡甲立の国人領主宍戸隆家に嫁がせ、さらに安芸国の南東部にあって備後にも勢力を持ち瀬戸内海の海運にも強い竹原小早川氏に狙いをつけた。当時、当主の小早川興景が戦死して跡継ぎがなかったのを見て、元就は1543年にまだ12歳の三男の隆景を竹原小早川氏の当主として送り込んだ。さらに本家の沼田小早川氏の後継者問題にも謀略を巡らし、当主の娘を隆景

小早川隆景（1533〜1597）

が娶ることで、長く離反の続いた小早川両家を統合し、毛利氏の味方にすることに成功したのである。

元就が次に進めたのが名門の吉川氏との関係強化である。これまで大内氏と尼子氏の間にいて石見国にも影響力を持ち、毛利氏とも親戚筋なのに敵味方に分かれて争ってきた。当時の当主である吉川興経には嫡男がいたが、元就は1547年に次男の元春を養子として送り出し、1550年に興経を強制的に隠居させて元春を当主にさせた。さらに興経親子を謀って殺害させることで、格上の吉川家を事実上簒奪することに成功したのである。

さらに大内氏に対してであるが、1549年に長男の毛利隆元に大内義隆の養女である尾崎局《オザキノツボネ》を正室として迎え、義隆から隆の字を偏諱《ヘンキ》として受けた。尾崎局はその後大内氏との外交の窓口として活躍した。

毛利元就は1550年に至りかねてから毛利家中で専横をきわめて来た井上一族を討って支配権を確立した。さらに元就は小早川氏と吉川氏という有力国人に加え、1554年に海賊衆の来島《クルシマ》村上氏の村上通康に一門の宍戸氏の娘を嫁がせて味方に取り込むなど、安芸国での支配権を拡大して行った。

大内氏と厳島神社

1541年の藤原神主家の滅亡により、それまで神主家が持っていた佐西郡を中心にした神領と神領衆の支配権がすべて大内氏に移った。大内義隆はさっそく門山城・桜尾城・草津城・銀山城・己斐城・八木城など神領支配の拠点に家臣を城番として配置した。

厳島神社の神事に関しては、古代からつづく佐伯氏の末裔から成る社家が実質的に取り仕切っており、大内義隆は従来の慣習を尊重すると同時に社家の権限に枠をはめて封建領主としての権威を誇示しようとした。そのため友田興藤と神主職を争っていた小方加賀守の娘婿の杉隆真《スギタカザネ》を新しい神主に任命し、藤原神主家の前の佐伯神主家の名跡を継がせ佐伯景教《カゲノリ》と名乗らせた。この「景」は平清盛の厳島神社建設時に活躍した当時の神主である佐伯景弘の通字《トオリジ》とされている。1918年に書かれた『佐伯家系譜旧記』によると、当時の佐伯宗家の当主として佐伯助右衛門尉景元・景行・景忠と景のついた名が連なっている。

それまで神事に関しては任されていた佐伯社家にとって、新しい佐伯神主の就任は面白くない。そのため佐伯景教はしばらく村上海賊衆の能島に留まっていたとされ、厳島にやって来てからも神主というより単なる祭祀職管理者の立場だった。

当時の厳島神社の運営は、従来からの棚守・上卿・祝師を中心にした社家方に、大聖院の座主を中心にした供僧方と内侍方を加えた社家三方と、神社の造営修理を担当する大願寺によって行われていた。特に神社本殿の棚守職だった野坂房顕が実質的に神社を運営していたようで、大内義隆はさっそく房顕を召し出し御師《オンシ》に任命した。御師とは社寺への参詣者の祈禱や宿泊などを取り計らう者という意味だが、この時代、有力寺社が権力者との特別な関係を結ぶ役目を持っていた。ただ、房顕も神主景教と同じく小方加賀守の娘婿だったことからも神主家内部の複雑な様相が伺える。

当時の状況を知る上で興味深いのが房顕が1580年にまとめた『房顕覚書』である。棚守房顕は、1494年生まれで1590年に亡くなるという戦国時代を生き抜いた長寿で、父の野坂玄顕《ハルアキ》から棚守職を引き継ぎ、大内義興・大内義隆・陶隆房・毛利元就を始めとする当時の有力者達の御師としての立場から、厳島神社を取り巻く諸将の栄枯盛衰を目の当たりにしてきたのである。

また、この頃の記録については、『厳島野坂文書』・『毛利家文書』・『大願寺文書』など多くの文書が残っており、研究が続けられている。

厳島の変貌

有力者達が厳島神社に直接的に関与した理由であるが、単なる厳島神社への信仰心に依るものだけではない。それは厳島が瀬戸内海交通の中継基地として流通経済の面からその重要性が増していたことによる。神社への参詣者が増すと共に町屋が形成され経済活動が活発化するだけでなく、瀬戸内海を通って中国からの輸入商品を運搬する京や堺の商人から艘別銭《ソウベツセン》という通行税を徴収できるという利権にも大きな魅力があったのである。大内義隆は、徴収に実績を持った海賊衆に任すべく、当時関係を深めていた能島村上氏の重鎮である村上隆重を招聘している。

このような状況により厳島島内での建設も盛んで、1523年に僧周歓《シュウカン》により神社の西側の岡に多宝塔が創建され、同じ年に摂社大元神社本殿が建て直されている。また大鳥居はしばしば倒壊したが、大内氏は元就などを使って1547年に現在のような前後に控え柱を持つ両部鳥居に再興した。その後も何度も作り替えが行われている。

また、信心深い人たちの寄進による建造物も増えて行った。厳島神社社殿の正面にある高舞台で平清盛の時代から舞楽が演じられたが、この舞台の欄干の擬宝珠《ギボシ》にある銘から1546年に棚守房顕が舞楽を奉納したことが分かっている。

大内氏が商業活動を積極的に保護推進したことで厳島に居住する人がさらに増加していった。1541年の『厳島屋敷打渡注文』には、瀧少(小)路、中西少路、中江少路、有浦などの小路名や地名が記載され、大内氏が35か所の屋敷を大願寺に寄進している。

当時の神社の入口は西側の大願寺側で、大願寺を中心に社家・内侍・供僧などの屋敷街が出来て、有浦周辺の東町に商人や職人が居住する商店が建てられていった。

対岸の廿日市も市《イチ》の開催で発展し、厳島が博多や堺の商人が扱う織物や薬品など高価な品が扱われたのに対し、日常生活物資を中心に取引されたようだ。中でも同業組合である座が結成された塩・紙や山間部から切り出される材木の集散地だった。神領衆でもある糸賀氏は廿日市の大商人として知られている。

ところで大内義隆は1537年頃厳島大願寺の僧である尊海を李氏朝鮮に派遣して、高麗版大蔵経《ダイゾウキョウ》を求めようとした。大蔵経というのは仏教経典の総称で一切経とも呼ばれ、仏教が国教だった高麗で版木が作られた。結局尊海は持ち帰ることができなかったが、代わりに持ち帰った中国湖南省の風景を描いた水墨画の屏風「瀟湘《ショウショウ》八景図」と裏面に李氏朝鮮の役人との折衝などの記された「尊海渡海日記」が国の重要文化財になっている。

大内氏の滅亡

大内氏の最盛期をつくりだした大内義興であるが、1528年に尼子氏との戦の陣中で急病となり山口に帰還直後に死亡した。跡を継いだのが嫡男の大内義隆で、伝来の周防・長門・石見・安芸・豊前・筑前各国に加え備後国の守護にもなった。さっそく父義興がやり残していた筑前国の少弐氏の攻略のため九州へ出兵し、肥前国の松浦氏を従えて北九州沿岸部を押さえることで、大陸との貿易の利権を獲得した。

しかし少弐氏との戦いでは大敗を喫するなど順調には進まず、結局北九州を平定して大宰大弐に叙されたのは1536年になっていた。戦闘と同時に、西の京を受け継いだ義隆は、儒学・仏教・神道・和歌・連歌・管弦などを嗜んだ。

そのような中、安芸国を完全に勢力下に置いた大内義隆だが、1542年、再び勢力を回復してきた尼子晴久の息の根を止めようと、自ら総大将として安芸・周防・石見の各国国人衆を率いて出雲国にある月山富田城を攻めた。ところが尼子側のゲリラ戦術に悩まされて城攻めは難航し、翌年になって吉川興経などの国人衆が尼子側の調略で寝返ると、出雲遠征は完全な失敗に終わり大内軍は潰走することとなった。

この結果、尼子晴久は勢力を回復して最盛期を迎え、再び侵攻を開始するのである。これに対し義隆は、撤退中に寵愛していた養嗣子を失ったためか、急に覇気をなくして領土拡大などへの関心を失ってしまったのである。

当時の大内氏の家臣は、相良武任《タケトウ》らの文治派と陶隆房を中心とする武闘派に分かれていたが、義隆は次第に文治派を重用するようになり尼子氏への反撃に出ることはなかった。さらに義隆は詩歌や蹴鞠、さらに文化振興に没頭するようになり、山口には多くの文化人や公家衆が集った。1550年には、山口を訪れた宣教師のフランシスコ・ザビエルに謁見して領内の布教許可を与えている。

このような状況は武闘派で拡大志向の強い陶隆房にとって我慢ならないことで、1551年、ついに主君である義隆へ謀反の兵をあげた。義隆は長門国の大寧寺《タイネイジ》にまで逃れたが、もはやそれまでと自決して果てた。こうして長く安芸国を支配して来た周防大内氏は事実上滅亡したのである。

なお、義隆の嫡男でまだ幼い大内義尊《ヨシタカ》は捕らえられ殺害されたとされていたが、近年1602年に作成された『内藤家系図』が発見され、義尊は家臣の内藤隆世により九州に逃れて大内氏は内藤姓として継がれたとされる。

陶晴賢の安芸国支配

陶隆房は謀反を起こして大内家を乗っ取ったが、事前にこの計画を毛利元就に知らしていたとされる。元就は状況を察知し、ただちに安芸国の大内氏の拠点である佐東銀山城や桜尾城を占拠することで隆房を支援した。しかし大内義隆を慕っていた嫡男の隆元は、謀反人として天罰を受けるはずの陶隆房の元に父元就自身が出陣することに反対したとされ、元就も義隆に恩義を感じていて複雑な思いが巡ったようだ。

陶隆房自身は、豊後国大友義鎮《ヨシシゲ》の弟で大内義隆の養子になっていた大友晴英を大内義長と改名させて大内氏当主に擁立することで反対派をなだめ、晴英から一字を賜り陶晴賢《ハルカタ》と名乗った。

なお、大内義長は1556年に勘合貿易を再開すべく明に使者を派遣したが拒絶され、同じ年に義長が討たれて大内氏が実質的に途絶えたことで公的な貿易は絶たれた。その後は、商人や倭寇による私貿易や密貿易が中心になった。

こうして陶晴賢は一気に武断政治へ転換して、内部統制を徹底し軍備強化に邁進した。晴賢はまた、棚守房顕が御師として長く仕えていたように、厳島神社には強い関心を持っており、都や堺の豪商と近隣の商人の取引場としての厳島の繁栄を我が物にすることを狙っていた。

晴賢は早速1552年に掟書《オキテガキ》を発行して、外部の者が厳島内に店舗を所有することを禁じる規制を行い、厳島経済の繁栄を域内で享受することを狙った。さらに、それまで大内義隆が能島村上氏の村上隆重に命じて島に集まる廻船から警固料を徴収していたが、この徴収を禁じて自身が商人から直接礼銭を受け取ることに変更したのである。このことは海賊衆の村上三家が共に毛利側に付く原因となった。

陶晴賢は表面上大内氏の権力基盤を受け継ぐことに成功したが、好戦的な晴賢に対して反発する傘下の国人も多かった。これに対し晴賢は毛利元就に安芸と備後の国人衆をまとめる権限を与えることで体制を固めようとした。元就はこの晴賢の動きに嫌悪感を持っていたが、大内氏の軍勢をそのまま引き継いだ陶軍に正面から対抗できる力がないことは明らかなため、晴賢に反感をもつ大内系の国人に策略を巡らし次々に自分の傘下に取り込んでいったのである。こうした元就の急激な勢力拡大に危機感を抱いた晴賢は支配権の返上を要求したが、元就はこれを拒否した。

1554年になり、大内氏に恩義のある石見国津和野の吉見正頼が陶晴賢への反抗の烽火をあげた。晴賢は直ちに主力軍を引き連れ討伐に出かけ元就にも石見への参戦を呼びかけたが、元就はこれを無視して逆に好機とみて陶晴賢と袂を分かつ決断をしたのである。この二人の断交は「防芸引分」と呼ばれる。防芸はそれぞれの領地である周防と安芸を示し、引分とは関係の決裂を意味している。

さっそく元就は行動に移し、佐東銀山城・己斐城・草津城・桜尾城と安芸国内の陶側拠点の大部分を攻略し、瀬戸内海の主要港である厳島と廿日市も抑えた。そして陶軍との最前線として桜尾城に重臣の桂元澄を配し、自らは隆元と共に吉田から銀山城に移った。これを知った晴賢は激怒し、直ちに家臣を安芸国に元就の討伐に向かわせた。

毛利方は陶軍が海路から攻めてくると思い、吉川元春が陶方の大野門山城を攻め取って待機した。この戦いで城主だった神領衆の大野氏は滅亡したとされる。このため陶軍は海路をあきらめ、陸路を通って桜尾城から近い折敷畑《オシキバタ》に対峙した。これを見て毛利軍は元就と三人の息子も加わり総攻撃をかけると、倍近い人数の陶軍は崩れを起こして逃げ帰ったのである。

その後、毛利軍は大内氏家臣の相良氏が拠点とする中山城を攻めて降伏させた。中山城は友田川と玖島川が交わる河津原に鎌倉時代に河津氏によって建てられた山城である。

厳島合戦の前哨戦ともいわれる折敷畑合戦に勝利した毛利元就は、安芸国だけでなく備後国まで支配するに至った。厳島神社の神領は毛利氏の支配を受けることとなり、桜尾城主の桂元澄に平良・宮内・佐方など廿日市一円の神領と藤原神主家が持っていたと同様の神社に対する権限が与えられた。

厳島合戦

折敷畑の戦の結果、毛利元就と陶晴賢の対決は決定的となり、双方の調略戦や各地での前哨戦が行われた。陶晴賢は1555年ついに元就の討伐を決断し、周防・長門・豊前・筑前などの国人衆に警固衆と一部の神領衆を加えた２万余といわれる軍勢を引き連れ、まず厳島の北西部の要害山に築かれた宮尾城を落とすべく海路を東に向かった。

ただこれは元就の戦略に晴賢が乗ってしまったとの説が有力である。元就は大軍と正面から戦うより狭い厳島に閉じ込めた方が戦い易いため宮尾城を囮としておびき寄せた。これに疑念をもった家臣が変更を進言したが、晴賢は聞き入れなかったとされる。

総勢４千人という毛利軍は、本陣を桜尾城に置き本隊は地御前に結集

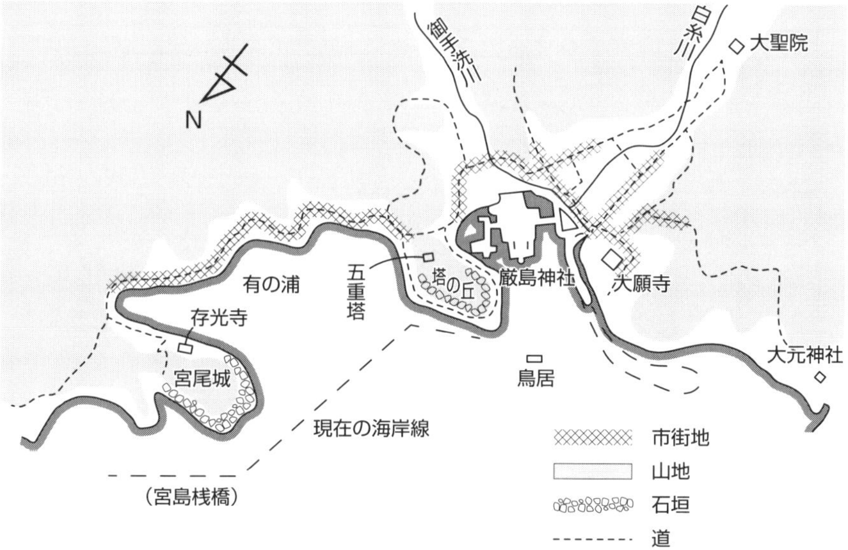

厳島合戦関連地図

した。また軍船の基地である草津城には小早川氏の警固衆や村上海賊衆などが待機し、厳島では海に突き出た要害山に建つ宮尾城に約300人の兵が籠って陶軍を待った。

陶軍は大挙して大元浦から厳島に上陸して宮尾城を取り囲み、晴賢は城の向かいの塔の岡に本陣を置いた。ただ狭い厳島に大軍が侵攻したため本陣に入り切れず広く分散した布陣になり、沿岸は陶側の警固船で埋め尽くされたといわれる。

陶軍が宮尾城を取り囲んでからすぐに攻撃していれば歴史が変わっていたかもしれない。ところが、晴賢は当日の日柄が悪いという理由で攻撃を二日間延期したのである。次の日、雷を伴う暴風雨が襲ったが、毛利元就はこれを天の加護だとして軍を夜陰に隠れて包が浦から上陸させ、翌日の早朝に陶軍を急襲するという作戦をとった。毛利軍は総大将の元就を中心に息子の毛利隆元だけでなく、吉川元春と小早川隆景も自軍を引き連れて攻撃に加わった。

急を突かれて逃げ場を失った陶軍は狭い島内で総崩れとなり、陶晴賢が自害したのを始め諸将が戦死したのである。また、陶方として参戦した宍戸氏・野坂氏・栗栖氏ら神領衆諸家も敗北を喫し滅亡した。

この合戦の勝負を分けた最大ポイントとされているのが、沖に待機していた村上通康の率いる海賊衆が陶の艦船を攻撃し逃げ口を塞いだことにあった。これは元就の要請を受けた伊予国戦国大名の河野通宣が、来島村上氏の当主で娘婿の通泰に命じたものである。この船戦で焙烙玉《ホウロクダマ》と呼ぶ火薬を用いた手榴弾のような兵器が初めて用いられた。

一方河野氏の庶家、重見通種は1530年に本家に反旗を翻し大内義隆の客将となったのち陶軍として参戦していたが、この戦で毛利軍に生け捕りになった。『与陽盛衰記』によると、毛利元就は通種の文筆が達つことを知って仕えるよう誘ったが、通種は義に反すると受け付けなかった。これに感銘を受けた元就は、通種の三人の息子を毛利の家臣とすることを約して通種の切腹を許した。その後、二人の息子には大内氏の所領だった賀茂郡西条にある領地をそれぞれ与えたとされている。

討たれた陶方の兵は５千人近くにのぼったとされるが、厳島は島全体が神域であるため島内での埋葬は許されず、死者のすべてを島外に運び出し、多くは対岸の廿日市や地御前に埋葬され、陶晴賢の首は廿日市の洞雲寺に葬られた。なお大野の鯛山に千人塚があったが、これは折敷畑合戦前の毛利軍の門山城攻撃の際の戦死者が埋葬されていたとされる。

毛利元就と隆元が桜尾城で陶晴賢の首実検をした際、法螺貝《ホラガイ》と太鼓の鳴り物入りだったとされている。この法螺貝は場を清めるという呪術的な意味と同時に、戦国時代には広く合戦の合図として用いられた。

戦後処理として、毛利元就は桂元澄を引き続き桜尾城主として厳島神社に対する権限を与え、元澄の死後は元就の四男の穂田《ホイダ》元清が桜尾城の城主になった。また戦功のあった神領衆の己斐氏・新里氏・糸賀氏らは毛利家家臣に採り立てられた。この結果、厳島神社の神領衆は消滅したのである。

また合戦で活躍したとして中丸修理亮《シュリノスケ》が、大野氏の持っていた大野郷を与えられた。修理亮は官位だが元就との結びつきが強かったようで、中丸氏は元就との関係を生かして大野の地で大きな勢力を持った。なお中丸との名は、毛利元就の後妻として奥向きを仕切って皆に慕われたとされる中の丸に由来するとの説がある。

こうして毛利元就は、自らの知略と三人の息子と家臣や村上海賊衆を始めとする国人衆の活躍によって厳島合戦の勝利を得た。江戸時代末期に30～40万部も出版された頼山陽の『日本外史』に厳島合戦が記述されたことで元就の知略が広く国内に知れ渡ることとなり、その後もこの合戦について多くの書物がある。

毛利輝元の守護就任

厳島合戦が終わって、陶氏は晴賢に繋がる嫡流が家臣に殺害されたため断絶した。一方、大内氏は晴賢により擁立された大内義長により形の上では継続していたが、毛利元就の調略もあって内乱状態にあった。厳島合戦の２年後の1557年になって、毛利軍は大内氏残党に対して最後の決着をつけるため周防国山口を攻め、大内義長は自刃した。

この年、元就は長男の毛利隆元に家督を譲ったが、温厚で教養豊かだった隆元は実権の移譲を辞退したとされる。これに対して元就が三人の息子に家中の結束を呼びかけたのが名高い『三子教訓状』で、「毛利家は天下を取らずとも、家の断絶を避けるため家中で協力すべき」という元就の願いが込められている。又この中には、厳島神社に対する深い信仰と三人がそれをつづけることを望んでいる旨が記述されている。後に「三矢の訓《サンシノオシエ》」の逸話が広く知られたが、この話は後世の創作とされている。

同じ時期に、元就は安芸国人領主の結束を固めるため、主要な12人と上下関係を示さない傘連判状に名を連ねている。

こうして元就が実権を握る状況が続いたが、当主になった隆元は将軍の足利義輝から1560年に安芸国の守護に、２年後には備中・備後・長門３国の守護、さらに翌年に周防国の守護に任じられた。安芸国吉田の国人に過ぎなかった毛利氏は正式に中国地方の大名家への変貌を遂げ、吉川元春と小早川隆景と合わせた毛利元就体制は確固たるものとなった。

一方、九州にあった大内氏の領地であるが、毛利元就により自害に追い込まれた大内義長は豊後国の大友義鎮《ヨシシゲ》の実弟で、義鎮は九州の旧大内領を確保すべく将軍義輝との関係を強化した。こうして義鎮は1559年に豊前国と筑前国の守護に任ぜられるなど九州に於ける勢力を拡大して行った。

元就は、貿易都市博多を支配下におくべく九州への進出をもくろんでおり、1562年に門司城の戦で大友氏を破った。大友義鎮《ヨシシゲ》は出家して宗麟と名乗ったが、足利将軍との密な関係を保ち1564年には毛利との和睦の調停を将軍に依頼するなどして北九州の権益を確保し続けた。

毛利氏の石見銀山獲得

毛利元就にとって残る敵は出雲国の尼子晴久だった。晴久の支配地は本拠である出雲国と直轄地である伯耆国と隠岐国のほか石見国東部・美作国・因幡国西部・備後国北部・備中国北西・備前国西部にまで及んでいた。特に当時の輸出主力品である銀を産出する石見銀山は尼子氏が独占しており、元就にとって今後の展開上重要なため度々侵攻したが撃退されていた。

そのような最中の1561年、晴久が月山富田城内で急死したのである。家督を継承した尼子義久は、家臣の動揺を抑えるため将軍義輝に銀山に関する調停を願い出て一時的に静まったが、毛利側は攻撃を再開し1562年、実に８度目の攻撃で勝利し、元就は石見銀山の完全な所有権を獲得したのである。

石見銀山を獲得した毛利元就だが、その後も尼子氏は抵抗を続けるため1563年に尼子攻に出かけたのだが、その途中に毛利隆元が急死したのである。食中毒とも毒殺と言われているが、暗殺と思った毛利元就の怒りは尋常でなかったとされる。

さらに尼子氏はしぶとく勢力を保持していたため、元就は大軍を率いて月山富田城を兵糧攻めにした結果、1566年に尼子義久は開城し捕虜になって尼子家は滅亡した。その後再興を目指した山中鹿之助ら尼子側残党の物語が名高い。

石見銀山を得たことにより、毛利氏の銀山による収益は直轄地からの税の倍以上あったとされ、軍事上非常に優位に立ったことで以降の毛利氏の拡大志向に繋がっていった。

元就はまず朝廷と幕府に銀を献上し採掘に関する口封じをした上で、銀の使い道について、自己の満足のために使うのではなく軍事強化に使うべしと一族郎党に説いたとされている。

元就が獲得した石見銀山であるが、元は鎌倉時代末期に大内弘幸が妙見菩薩の託宣により発見したとの伝承があり、当時から細々と掘られていたようだ。その後一時的に採掘を中断していたが、1526年に博多の豪商が鉱脈を見つけて大内氏の元で本格的に採掘が始まった。1537年に出雲国の尼子経久が石見国に侵攻し銀山を奪ったのをきっかけに大内氏と尼子氏の争奪戦が続いた。

戦国時代には次第に鉄砲が戦闘の勝負を決するようになるが、銀鉱山の激しい争奪戦が行われたのは、鉄砲に必要な硝石を輸入するための資金獲得競争が主目的だった。

当時、銀を取り巻く二つの重要な環境変化があった。その一つは、銀の精錬法の画期的改善である。1533年に大内氏が朝鮮人技術者二人を呼び寄せ取り入れた灰吹法によるもので、良質の銀が大量に生産可能になった。もう一つが、世界的な銀の需要の拡大である。当時の明では紙幣や銅銭の供給がうまく行かず、銀を通貨として大量に使用するようになり、さらにメキシコで銀が採掘され始め、それがスペインにより欧州や中国にもたらされて世界的に銀に対する大量の需要が生まれたのである。

そのため大内氏の海外志向もあり、石見銀山は日本の輸出品の主要産地となった。これを引き継いだ毛利元就は１万５千人の職人を投入して年間38トンもの生産量を得て、当時世界の産出量の１/３を占めていたといわれる。

銀のような貴金属を通貨として用いる場合、貨幣として一定の価値が保証される前は、不揃いな棒状で額面記載のない丁銀という銀塊が用い

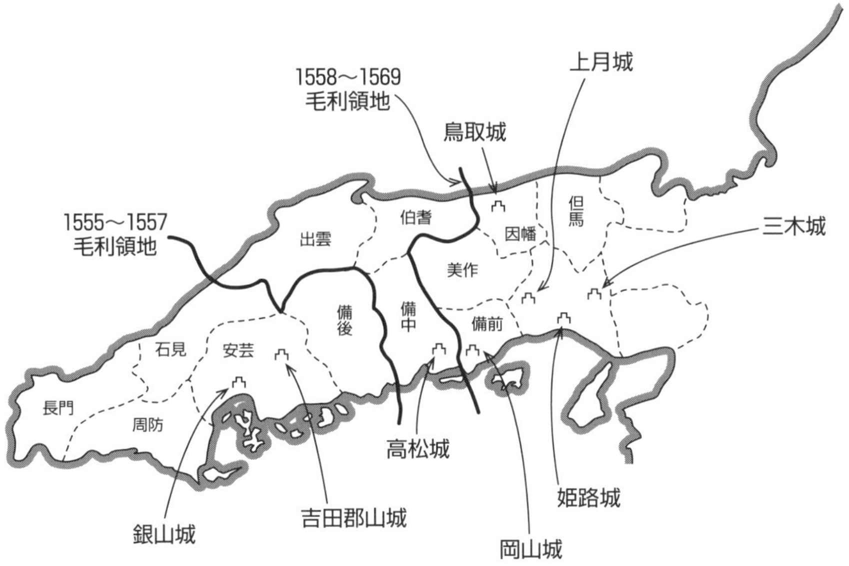

毛利氏の拡大と城郭

られ、馬蹄銀とよばれた。これら秤量貨幣は品位と量目を計って交換価値を決める必要があった。

毛利元就の晩年

長男隆元の死という犠牲を払ったものの、元就は大内氏や武田氏の支配下にあった安芸国の小規模な国人領主から、様々な権謀術数を駆使し、ついに中国地方の大部分を勢力下に置くという大業を成し遂げたのである。

この中国地方制覇で石見銀山という重要な財政基盤を得たわけだが、元就はこれを硝石購入などの軍事費と厳島神社の改装やその遷宮の儀式に使ったのに対して、少し後に生野銀山を手に入れた織田信長は多くを南蛮渡来品の購入に充てたとされる。

この対照的な二人の性格の違いが天下取りに対する思いの違いだった

といわれるが、別の見方では、戦乱の過程で後継者としていた長男隆元を失った元就が、天下取りではなく毛利家の永続に重点を置いたことも原因だろう。

毛利元就の毛利家永続に対する思いは神仏に対する信仰心として表れたようである。特に厳島神社に対しては深かったようで、厳島合戦で厳島神社は主戦場になったわけではないが、社殿をすべて海水で清めさせ、一週間にわたり読経をつづけて戦死者の冥福を祈ったとされる。また合戦の翌年に隆元に命じて摂社天神社本殿を建設させ、1561年には倒壊していた大鳥居を造営し、1562年には社殿の真北にある極楽寺の本堂を再興し、1568年には銀の積み出し港のある温泉津《ユノツ》に厳島神社を遷座している。

さらに元就は1571年に神社本社殿を修造した。これは元就が息子の隆元の死が毛利家臣の和知兄弟の策謀と疑って厳島内に閉じ込めていたが、脱走し厳島神社本殿に立て籠もったため回廊で討取ったことに起因する。社殿を建て替えたのはこの事件で社殿が血で穢れたのを清めるためとされているが、祟りを鎮めるためともいわれる。元就は遷宮の式典のため大金を投じて京都から卜部《ウラベ》神道で名高い吉田兼右《カネミギ》を呼び寄せることで、子供達に厳島神社の崇拝を伝授したものとされている。

1565年に元就の孫である毛利輝元が元服して当主になるが、実権は元就が持つという二頭政治が続いた。この間、元就は父や祖父など歴代が酒害に侵されたことから、飲酒を避けたと同時に輝元に節酒させることに心を配ったとされる。

1571年になって、厳島神社の改装を済ませた元就は郡山城で静かに息を引き取った。当時としては長寿で満74歳だった。

輝元は19歳になっていたが、叔父の吉川元春と小早川隆景の補佐による親政が開始された。この輝元の体制を支えるものとして、元就の政治手法が集大成された『毛利氏掟』が元就の死の翌年に完成している。ただ、法制として体系化されたものではない。

ところで毛利元就は、晩年に民政にも深い関心を持つようになり子孫にも伝えたとされる。それは一連の戦乱によって、毛利氏領内での一般民衆の生活は非常に厳しいものだったことに起因している。それを書き残しているのが曲直瀬道三《マナセドウサン》である。

道三は天皇や将軍を始め信長・秀吉などからも信頼されていた名医で、毛利元就が病気になったと聞いた将軍義輝が元就の元に送り込み、その後も幾度か訪れたとされる。元就はこの道三に自分の領国内を見聞して問題点を指摘するよう依頼したところ、毛利氏は天下無双だが領民に対する哀れみや徳がないと指摘されたため、民に心を向けるようになったとされている。

この話は元就と領民の関係だが、当時の領民、特に人口の８割以上を占めていたとされる農民の多くが悲惨な状況に置かれていたことを推測するに十分である。

鉄砲伝来

厳島合戦の際、陶晴賢は鉄砲を持ち込んで宮尾城の攻撃に使おうとしたとされている。しかし、火縄銃のため開戦時に雨が降ってその威力が発揮できず敗北を喫し、毛利元就は戦利品として得た鉄砲を使ってみたといわれる。また大内氏を滅亡させた戦で、毛利軍に参加した海賊衆の村上武吉《タケヨシ》が鉄砲を持参しており、元就は実弾発射の実演を見たとされている。こうして元就は鉄砲の有用性を認識し家臣の反対を押さえて導入を決め、領国内の鍛冶職人に製造させ、200丁の鉄砲による鉄砲衆を組織した。

同じころ、織田信長は数百丁規模の鉄砲衆を持ち、武田信玄は川中島の戦で300丁の鉄砲を味方の城に送ったとされている。

火縄銃は1400年代前半に欧州で発明され、日本に伝来したのはポルトガル商人を乗せた中国船が1543年に種子島に漂着した時とするのが定説である。種子島の島主が大金を払って２丁の火縄銃と製造技術や射撃法を手に入れ、２丁のうち片方を使って刀鍛冶職人に国産化を命じた結果、1545年に鉄砲製造に成功した。当時の日本における刀鍛冶の高い鍛造の技術力と応用力を示している。

この技術情報を島にやって来た堺の商人などが買い取り、和泉国の堺・紀州国の根来・近江国の国友や日野などでの生産が始まった。足利義晴に種子島銃が献上されたこともあり、鉄砲は急速に知れ渡り、輸入品も含め戦国大名による争奪戦が展開された。

こうして戦国大名にとって鉄砲を戦術に取り入れるための資金力と情報力の戦になった。その結果、戦国時代末には50万丁もの火縄銃が保有されたと推定されている。

陶軍が当時まだ一般化していなかった鉄砲を持っていたのは、大内氏が独自に日明貿易で入手したと考えられている。このような事から、鉄砲伝来は種子島の他に諸説ある。

また鉄砲を使う上で必須の黒色火薬の主要原料である硝石は、日本で天然には産出せず輸入に頼らざるを得なかったため、これも戦国大名の争奪戦になった。その中で国産化の試みが行われ、古い床下の土や蚕の糞から硝石を得る技術が開発されたが極秘にされた。

織田信長の登場

ここで登場するのが織田信長である。信長は尾張国の戦国大名、織田信秀の嫡男として1534年に生まれた。織田家はもともと斯波氏の家臣で、信長の家は分家だった。幼少から奇行が多く豪胆さも見せており、「おおうつけ」と呼ばれていたとされ、下剋上で美濃国の国主になった斎藤道三の娘を嫁に迎えている。

当時この辺りは、駿河国と遠江国の今川氏と三河国の松平氏などが屹立して勢力争いが続いていたが、1552年に父信秀が亡くなると次々に敵を打ち破って勢力を拡大して行った。1560年には東海道に君臨していた駿河国の今川義元が大軍を率いて信長の尾張国に侵攻した。産業の活発な知多半島を獲得するためといわれ、付け根の地名をとって桶狭間の戦と呼ばれる。信長は少数の軍勢による奇襲で義元を討ちとり、畿内の制圧に向かう重要な転機となった。

この戦いで織田側として参戦していたのが後の徳川家康である。当時は松平元康との名で、生誕地である岡崎城を今川氏から取り戻すため、信長と清州同盟を結んでの参戦だった。1563年に家康に改名、1566年には徳川と姓を変えている。

信長は天下布武《フブ》と称して武力による統一を目指したとされるが、その行動は合理的で用意周到ながら独断専行で、戦いでは非情で徹底的に相手を殲滅した。

この信長の一生を記した『信長公記《シンチョウコウキ》』には、幼年から天下人になるまでの信長の行動が年代順に述べられているが、信長が刃向った者には武士だけでなく農民に至るまで冷徹に斬首してしまう反面、部下に対する細やかな配慮なども記述されている。また当時の武士が恩賞のために打ち取った相手の首の獲得を争うなど、現在では考えられない戦国時代の様子を知ることができる。

このような残虐非道な戦いを展開した信長だが、多くの武将たちが信長に従ったのは、長く続いた戦国の世を一日も早く終わらせたいとする願望がそれほど強かったためとされている。こうして信長は、地域主権の戦国時代を中央集権の近世へと変換してゆくのである。

14代将軍の足利義栄が上洛できない中、信長は状況を打開するため、義輝の弟の足利義昭を奉じて上洛する戦術をとった。三好三人衆はこれを防ぐべく交戦したものの敗れて阿波国に逃れ、その直後に将軍義栄は一度も都に足を踏み込むことなしに病死した。こうして三好政権は終焉を迎えたのである。

信長は天下統一の第一歩として、1568年、足利義昭を奉じて近江国から上洛した。この際、越前国の朝倉義景に参戦を求めたが拒んだため信長は越前国に侵攻した。ところが朝倉氏との関係の深かった近江国の浅《アザ》井《イ》長政に背後から襲われ、信長は羽柴秀吉などの活躍で命からがら脱出に成功した。そこで信長は徳川家康の支援を受け、1570年に近江国の姉川の河原での激戦で浅井朝倉連合軍を撃破した。これが姉川の戦である。

この戦いで勢いを削がれた浅井氏と朝倉氏であるが、その後も比叡山延暦寺を味方に付けるなどして信長との攻防戦が続いた。

一方、信長の後ろ盾で上洛した足利義昭は朝廷から正式に宣下を受けて第15代征夷大将軍となった。義昭は信長に室町殿御父の称号を与え、尾張・美濃両国の領有を認め和泉国守護に任じた。さらに副将軍と管領に就任すべく働きかけたが、信長はそれを辞退して代わりに大津・草津・堺の支配権を得た。

義昭は当初、日蓮宗の大本山である本圀寺《ホンゴクジ》を仮の邸宅としていたが、信長の兵が領国に帰還すると三好氏の残党から攻撃をうけたため、信長は烏丸中御門《カラスマルナカミカド》御第を再興して将軍邸とした。これは旧二条城とも呼ばれ、本圀寺を解体した材料を用い二重の堀と高い石垣を持った大規模な城郭で、義昭により室町幕府が再興された風だった。

戦国時代の経済

戦国時代は諸国の大名が覇権を争った時代だが、それぞれの地域で経済の広域化に対応して権力集中化に成功した者が戦国大名として生き残った。その戦いを勝ち抜くための鉄砲や火薬を手に入れ、権力者に対する極上の献上品の取得に必要な莫大な資金を確保するための争いでもあった。

戦国初期において中国地方を制覇した大内氏は、1511年と1523年には細川氏と、1540年と1549年には単独で遣明船を派遣していることから分かるように、勘合貿易で一時は日本で最大の経済力を持っていたといわれる。また大内氏を継いだ毛利氏も石見銀山の獲得に多くの精力を割いたのも、戦国を生き抜くための資金を確保するためだった。

織田信長は、知多半島が陶器の名産地だったように、尾張国という日本有数の商工業都市を持っていただけでなく、兵農分離を進めることで農民を専業化させて生産を高めるなどして経済的には豊かだった。

一方武田信玄の甲斐国は農地としては非常に貧弱だったが、黒川金山などの金鉱を持ち大判小判の原型となる判金《ハンキン》による独自の貨幣制度を目指すほどの資金力があった。これに対して越後国の上杉謙信は、当時まだ現在のような米の産地ではなかったが、衣料の原料となる青苧《アオソ》の栽培とその製品である越後上布《ジョウフ》の独自の販売組織を作り、直轄領の柏崎と直江津の港を利用して全国に販売し膨大な収入を得ていた。

このように名を残した戦国大名達は皆、独自の産業施策を持っていたのである。

交易や産業の発達によって日本各地に都市が形成されて行ったが、それは港湾都市としてだけではなく、有力者の城や館の周囲に人が集まることでも形成された。大内氏の山口、太田道灌による江戸、朝倉氏の福井（一乗谷）などがある。

また、地域内の技術革新により各地の特産品とされるものが出来上がった。中でも金属加工業の技術は戦国の世で更に発展し、刀剣類は名人芸から量産の時代になり、これに伴い刃物や農機具も増加した。刀剣は備前国の長船・京都の三条粟田口・美濃国の関などが名高い。また鍋釜や梵鐘などを鋳造する鋳物業では、筑前国の蘆屋《アシヤ》・豊前国の今井・豊後国の高田など主に九州で発展した。

安芸国では、牡蠣は古くから食用として採取されていたが、干潟に小石を並べて牡蠣の付着を待つ石蒔式養殖法が戦国時代の中頃から始まったとされている。また『芸藩通志』の厳島古器図に記載されている鋳物製の鰐口釜は、裕福な商人が廿日市の鋳物師に造らせ1520年に荒夷社に寄進したものとされている。

海外交易であるが、勘合貿易で当時の明皇帝への供物としては馬・硫黄・瑪瑙・太刀・屏風・扇などがあり、返礼品としては絹織物・銅銭などだった。一般の貿易品としては日本からは硫黄・銅・刀剣類・扇などを輸出し、輸入品は絹織物・生糸・銅銭・陶磁器・書籍・薬材・砂糖などだった。ただこのような公貿易は次第に減少し、同様な品物が私貿易として拡大した。

このような物品の交易だけでなく、日本側の貿易拠点には大陸からの新しい技術や情報が持ち込まれた。たとえば、当時綿布の輸入が支配階級の贅沢品として急増したが、朝鮮からもたらされた綿の種が日本の気候にあうよう改良され全国で盛んに栽培されるようになった。また、大内氏の拠点であった博多は古くから絹織物が生産されていたが、明の模様織の技術が導入され博多織が生まれ栄えた。大寧寺の変によって大内氏が滅ぶと、それまで大内氏が秘蔵していた織物技術が一気に全国に伝わって、博多と競合した堺から京都の高級織物の西陣織に繋がったとされる。また大内氏が石見銀山で使った銀の灰吹法の技術は、後の佐渡金山など日本の精錬技術の発展に大きな影響を与えた。

一方でヨーロッパとの交易については、マカオを拠点としたポルトガル商人が日本の銀と中国の絹などの貿易を仲介するようになり、九州の大名達も鉄砲や硝石を手に入れるため積極的に動いた。中でも肥前国の大村純忠《スミタダ》はキリスト教に改宗すると共に、1570年に寒村だった長崎をポルトガルに提供したことで、以降南蛮貿易の中心地として発展した。

このように、産業の発展した時代であった半面、1560年代になって明が本格的な後期倭寇の取り締まりを始めると銅銭の輸入が途絶え、国内での銭不足が深刻になった。一方で、当時銅銭だけで40種類以上が流通するという非常に混乱した状態だった。そのため貨幣経済は縮小し一旦米経済へと動いたが、その後は銀経済へと急激な転換が起こった。このことは石見銀山を持つ毛利氏にとって、非常に有利に働いた。

貨幣不足の状況はまた金貸し業の繁栄を引き起こした。中でも比叡山延暦寺は金貸しの元締め的存在で、商工業や運輸業まで取り仕切っていた。高利で貸し付けて返済不能になると土地や資産を取り上げて富を集積し社会問題になっていたが、神仏に関することで誰も手を出せない状況だった。これに織田信長が手を付けるのである。

戦国時代の仏教

戦国時代、常に死に直面していた武士たちは宗教に頼ることになり、観念として天道思想を持っていたといわれる。天道とは超自然の宇宙の道理の意味だが、人間として善悪に対して厳正であるべきとする倫理面と、天道が人間の禍福を左右するとの運命論的な面の表裏一体の考え方が戦国大名の生き方を支えていたとされる。そのため現状打破の思いが拡大して、どのような事態も是認するようになって下剋上も正当化された面がある。

また戦国大名たちがキリスト教の布教を少なからず許容したのはこの天道思想の影響で、従来の多様な信仰の違いは本質的なものではなく全ての神仏は同一であるとの観念があったためと言われる。こうして神仏習合がさらに進み仏教宗派間でも壁が低くなった。現在の日本人が、仏教・神道・キリスト教などを、状況により同じように受け入れて帰属意識が低いといわれる宗教観が、この戦国時代から繋がっているともいえる。

なお毛利氏の菩提寺は臨済宗だが吉田郡山城内にあった万願寺は真言

宗だったように、元就も天道思想の持ち主で宗派への拘りは少なかったと思われる。と言っても厳島神社への信仰に見られるように信心深い人物だった。

こうして生まれた現状打破の力が宗教界にも波及し、多くの僧院では僧兵を使って武士に対抗して勢力拡大に奔走した。その代表が比叡山延暦寺である。一方で各宗派は大名との繋がりを深め、僧侶が哲学や兵法を学んで軍師として大名に仕えるようになった。また時宗の僧侶は戦場で死者を弔ったり医師として活動したとされている。

このような従来からの宗派とは一線を画して、農民や商工業者の間に広まっていた浄土真宗と日蓮宗は、戦国の世への厭世気分から、救世への渇望が強い結束を生んで一向一揆や法華一揆を起こした。

本願寺教団を作り浄土真宗の再興を図った蓮如は、隠居したのち大阪石山御坊を建てて1497年に山科から移り住んだ。これは現在の大阪城がある辺りで、当時は大阪湾とそれに繋がる渕に三方を囲まれ、小高い丘の上で石垣に囲まれ強固な要害を持つ寺院だった。ここでも布教活動は盛んに行われ、摂津・河内・和泉各国を中心にした門徒衆の結束が強まり、北陸の一向宗門徒とも関係を保っていた。

蓮如が1499年に没し、実如が継いだ後もこの大阪石山御坊は城塞として拡充して行った。次の証如の時代の1532年に山科本願寺が門徒の暴走が原因で幕府軍により焼き打ちされると、蓮如が隠居所とした大阪石山御陵が大阪石山本願寺として浄土真宗の本拠地になった。

この後も幕府との紛争は続いたが本願寺は寺領を拡大して行き、寺の周囲には堀や土塁を追加して要害堅牢な城郭都市が出来上がって行った。これが現在の大阪市の原型である。さらに1554年に証如から顕如の時代になると、越前国の吉崎御坊を布教の足場として西日本と北陸の信徒をさらに拡充していった。さらに顕如は戦国大名とも同盟を結んで基盤を固め、大阪石山本願寺も絶頂期を迎えていた。

天下統一を目指す織田信長にとって、このような宗教界の事態を許すことはできなかった。1568年に上洛するとさっそく大阪石山本願寺に多額の戦費を要求し、後には本願寺の明け渡しを迫った。これに対して顕如は全国の門徒衆に大阪石山本願寺の防衛に当たるよう激を飛ばし、1570年に信長打倒を決断したのである。この争いは硬軟両様で継続し、信長が天下統一したとされる1573年になっても決着しなかった。

顕如（1543～1592）

信長にとってもう一つ決着をつけたい宗教勢力が比叡山延暦寺だった。比叡山は北陸路と東国路を結ぶ要衝であり、これを確保すべく1571年に比叡山を徹底的に破壊するため火を放った。この焼き打ちにより女子供も含め数千人が死亡したとして信長の残忍さが指摘される一方、当時の延暦寺の堕落がこれを引き起こしたとの指摘もある。また延暦寺が当時の国内金融に悪影響を与えていた背景もあり、比叡山焼き打ちは以降の日本経済にも大きな影響があったとされる。

安芸国では当初、親鸞の教えは隣の備後国までで、浄土真宗はほとんど伝わることはなく、蓮如の時代になっても変わらなかった。

1459年になって、安芸国分郡守護の武田氏の菩提寺として仏護寺が武田山の麓の龍原に建てられた。これは当初天台宗だったが、蓮如の働きかけで1496年に浄土真宗に改宗され、これが安芸国における最も初期の浄土真宗の寺院だと思われる。この仏護寺は現在の本願寺広島別院だが、当時門前に12の僧坊ができ、その多くが広島別院と同じ広島市寺町に移って現在まで存続している。もう一つ、古くから備後国にあった浄土真宗寺院の照林坊が、1507年になって毛利氏の本拠の高田郡吉田の北側の原田に移転して来た。これが毛利元就と浄土真宗との出会いだったと思われる。

こうして安芸国に浄土真宗が入って来たものの、当時は戦乱の日々が続いていて広まることはなかった。1541年に武田氏は毛利元就によって滅ぼされ、その際仏護寺は焼失したが、1552年になって元就によって再興され手厚く保護されるようになった。その後元就の勢力拡大に際して浄土真宗の教団は兵力として協力するようになり、太田川河口周辺に基地のある毛利傘下の警固衆の多くも浄土真宗の門徒となった。

この時代、安芸国の浄土真宗が特別の存在だった訳ではなかったが、後に安芸国の浄土真宗の信者が安芸門徒と呼ばれるようになる始まりとなった。

国際状況

当時中国の明王朝は、1世紀近く前に永楽帝が実施した拡大策への反動から、長く閉鎖的な政策が続いていた。日本との勘合貿易については継続していたものの、寧波の乱などでの反日感情の高まりで低迷していた。さらに1551年に大内氏が滅びると、日明の公式な関係はほぼ断絶してしまった。こうして明朝の海禁政策の強化によって、寧波に近い舟山港などで密貿易や海賊行為が活発化し、さらに明朝による鎮圧が本格化した。

その後も海賊行為が拡大し、これは後期倭寇とよばれている。当時の倭寇もこれまでと同じように日本人によるとされていたが、近年の研究で実際は中国人主体だったことが判明している。その例が、中国人倭寇頭目の王直で、1557年に明が官位をちらつかせて捕らえ、後に処刑されている。

この頃の李氏朝鮮であるが、1455年に王位に就いた世祖による中央集権体制への反動で、これ以降は朝廷内での派閥の対立が続き対外関係は限定的な状況が続いていた。日本との交易も三浦《サンポ》と呼ばれる3か所の港に限定するなどの制限をしており、貿易者も限定し対馬国の戦国大名の宗氏の許可を要求した。

ところで1492年にコロンブスがアメリカ大陸を発見したが、これはまさに日本の戦国時代の開始時期に重なる。

1453年にオスマントルコがビザンチン帝国を滅ぼして地中海を通ってアジアへ至る経路が封じられたため、ヨーロッパで珍重されていたインド産の胡椒など香辛料の輸入がイスラム商人の独占することとなった。そのため、それまで利益を享受していた西ヨーロッパの王室の多くは財政難に陥った。

この解決のためヨーロッパの王室はアフリカでの奴隷貿易を進めるなどしたが、その中でスペインとポルトガルは強い権力を持った国王の支援で、地中海を通らないアジアへの航航路の開拓を進めた。これは膨大な費用がかかりリスクの大きな投資だが、権勢を誇った両国王によって開かれたのが大航海時代である。

新航路のひとつが、当時広まり始めていた地球球体説に基づいて大西洋を越えてインドに至る航路である。スペイン王の資金援助を得たクリストファー・コロンブスが西に向けて航海して見つけたのがインドではなくアメリカ大陸だった。さらにコロンブスの発見に刺激を受けたポルトガル王の命令により、ヴァスコ・ダ・ガマはアフリカ大陸南端の喜望峰を回って1498年にインドへ至る航路を見つけた。

こうしてスペインとポルトガルは船団を組んでアメリカやアジアへ進出して侵略を始めた。スペインが進出したアメリカ大陸では、インカやアステカなどの文明が栄えていたものの銃器はもちろん鉄器や車輪を知らなかったこともあり、たちまち少数のスペイン兵の侵略を許し植民地となって多くの黄金が掠奪された。

一方のポルトガルは香辛料などの交易の中心として栄えていたインド

の西岸に押し寄せた。各地で騒乱を繰り返しながら周辺諸国の植民地化と商品獲得を進めて、1510年にゴアを占拠し20年後に総督府を設置し、1513年には中国マカオに居留権を確保した。さらにポルトガル商人は中国商人のジャンク船を使って東シナ海にまで出かけて行った。1543年に種子島に漂着して日本へ鉄砲を伝えたのも、このようなポルトガル商人だった。

これに対しスペイン国王もアジアへの航路を開拓すべく、ポルトガル人のマゼランを支援して艦隊を南米大陸の南端から太平洋を渡ってアジアに向かうという、ポルトガルとは逆方向を取らせた。その結果マゼランは1521年に現在のフィリッピン諸島のセブ島に到達した。マゼランはここで戦死したが、初の世界一周航海が達成された。

その後スペイン艦隊はメキシコを経由して太平洋を横断する航路を開拓し、東南アジア諸国の植民地化を拡大して行き、1571年にはルソン島のマニラを植民地の首府とした。ヨーロッパではこの東南アジア周辺を、インドの東ということで東インドと呼んでいた。

キリスト教の伝来

大航海時代が始まってしばらくした頃、ドイツの神学者マルチン・ルターによる宗教改革が始まった。これに危機感を抱いたカソリック側もいろいろ対抗策を試みたが、ローマ法王の元で1535年にイエズス会が結成された。イエズス会の活動の一つとして非キリスト教徒への布教があるが、スペイン王とポルトガル王はこれを支援する代わりに宣教師が布教する国での諜報活動をすることで合意したのである。

イエズス会は1541年、ポルトガル王の依頼でアジアの拠点のゴアに会員を派遣して宣教を始めた。その中にイエズス会の発起人のひとりでスペインのバスク地方の貴族だったフランシスコ・ザビエルがいた。ザビエルはインドを中心に布教活動を行っている内、マラッカで日本人のヤジロウ（弥次郎）に出会った。当時のヨーロッパ人にとっての日本は、300年近く前にマルコ・ポーロによって伝えられた幻の国だった。ゴアで宣教の責任者になったザビエルは、神父や修道士などを引き連れヤジロウの案内で日本を目指し、1549年に薩摩国に到着した。

ザビエルとしては日本で布教活動をするに当たり、まず日本国王の許可を得ることが肝要だとして京に向かった。肥前国平戸から周防国山口に行って大内義隆に面会した後、瀬戸内海を通って堺から都に入った。しかしザビエルの想いと異なり、当時の京都は将軍職を巡って三好長慶や細川晴元の争いの最中で、後奈良天皇や将軍足利義輝もザビエルにとって日本国王に相応しい存在ではなかった。

そこでザビエルは京を退散して平戸に戻り、国王のために準備していた望遠鏡・時計・眼鏡など献上品を携えて山口へ向かい、1551年大内義隆に謁見したのである。ザビエルの目には義隆が日本国王に最も近く見えたのだろう。義隆は多いに喜び、布教と領民の改宗の許可を与え、さらには廃寺になっていた大道寺を布教場所として与えた。これが日本最初の教会で、日本でのキリスト教布教が本格的に始まった。ところがその直後、大内義隆は大寧寺の変で自決することとなり山口は陶晴賢の勢力下になった。

ザビエルは5カ月余り山口に留まり布教活動をしたが、あとは同行のフェルナンデス修道士に任せて、大友宗麟のいる豊後国で宣教した。山口での布教はその後もトレス神父とフェルナンデス修道士により続けられ、約500人の信者ができたといわれる。こうしてザビエルは2年余り日本での布教活動を行い、その後中国へ入国の機会をうかがううちに熱病にかかり死亡した。

1557年に山口のある周防国を支配下に入れた毛利元就はキリシタンには好意を持っていなかったようで、信徒たちは離散せざるを得ない状況になった。そのため日本における教会の中心は大友義鎮の保護のある豊後国へ移って行った。なお、安芸国へのキリスト教布教はしばらくなかったようだ。

ザビエルと共に日本にやって来た宣教師として名高いのがポルトガル人のルイス・フロイスである。イエズス会士としてザビエルより14年遅れて1563年に日本にやって来たが、1569年になって足利義昭を奉じて勢力を拡大していた織田信長に面会した。フロイスは信長に地球儀を使って地球が丸いことに興味を持たせることで畿内での布教許可を獲得した。中でも高山右近を敬虔な信者にしたことで名高い。右近は後に禁教令が出ても、名誉も地位も捨てて信仰を守った。

政教分離を目指す信長にとって、植民地化などの素振りを見せないキリスト教布教に寛容だった。それは多くの戦国大名と同じように鉄砲用の火薬に必要な硝石の確保もあったが、信長が南蛮文化に惹かれると同時に、南蛮貿易による天下統一に必要な財政基盤を確立することも狙っていた。

こうして日本にキリスト教が伝来したが、日本に来たカソリック教は本国で宗教改革にさらされていたこともあり戦闘的で排他的な体質を持っており、スペイン王とポルトガル王から諜報活動を支持されていることもあって、それが次第に表面化して日本の価値観と衝突してゆくのである。

戦国文化

戦国時代は日本文化の大きな転換期であった。それは、これまで文化の担い手は都を中心にした公家や将軍家など一部の権力者や大寺院の僧侶だったものが、各地の武士や豪商にとって代わったことと、新たに南蛮文化が入って来たことによる。

このような背景から戦国時代には多様な文化が生まれた。例えば絵画であるが、雪舟の時代は大寺院が画僧に自分の好みで自由に水墨画などを描かせていたが、この時代になると土佐派によって大和絵ができあがり、朝廷や戦国大名などは専門画家に制作を依頼する時代になって行った。これは日本における注文の文化の始まりとされる。

絵師としての土佐光信は将軍家との関係を深め最盛期を迎え、一方で大和絵に漢画の水墨画手法を取り入れた狩野正信が登場して狩野派を発展させ始めたのもこの頃である。

特に戦国時代の主役だった武士は、中央や地方に関係なく常に死に直面して不安にさらされる状況に置かれた。司馬遼太郎によると、このことが逆に文化の統一をまねき、中央での文化を地方の武家も進んで取り入れようとした。

その代表が茶の湯で、その他に能・狂言・連歌・和歌などがあり、死に直面した気持ちを静めて平常心を求める手段となり、中央の武家としての作法が地方にまで行き渡った。

茶道は東山文化を生んだ足利義政が始めたとされるが、義政の師匠の村田珠光が侘び茶の源流といわれる。珠光の養子の村田宗珠《ソウシュ》がこれを受け継ぎ、武野紹鴎《ジョウオウ》など多くの弟子を育てて発展に寄与した。こうして茶の湯は京都・堺・奈良を中心に発展し、さらに弟子たちが地方に出かけて全国各地に広めた。その中には周防国の大内氏・九州豊後国の大友氏・尾張国の織田氏・駿河国の今川氏・越前国の浅井氏などがあった。

一方、堺の豪商にとって茶の湯は、交易で入手した唐物の茶道具だけでなく絵画や美術工芸品を諸大名に売り込む絶好の場となり、さらに大名によって箔付けされた品物を扱うことで大いに資産を増やしたとされる。

毛利元就は連歌や和歌に堪能だったとされ、自筆の和歌が書かれた多くの短冊が残っている。厳島神社の西回廊に息子の隆元に建てさせた天神社は連歌堂とも呼ばれ、連歌の会が開かれた。また元就は1567年に京都から能役者で観世流の家元の観世太夫宗節ら一座を吉田郡山城に招き興禅寺の舞台で舞わせ、その後厳島神社の神前で能を演じさせたとの記録が残っている。なお、厳島神社にある現在の能舞台は1605年に福島正則が寄進したもので、当時は仮設舞台が造られたのだろう。また隆元は幼くして大内義隆の人質として華やかな大内文化に触れたことから、絵にも優れた才能を示している。

南蛮文化であるが、南蛮とは元々中国で南方の民族を蔑視して呼んだ言葉だが、日本では戦国時代にスペイン人やポルトガル人が交易で持ち込んだ異国風で物珍しい文物を指している。それまでの日本人の世界観は日本を中心に中国とその向こうにある仏教の生まれた国であるインドまでで、南蛮は当時の常識を打ち砕いたのである。

戦国時代に南蛮文化として日本に伝わったのが、大和絵や水墨画とは全く趣の異なる油絵や銅版画で、オルガンなどの楽器とそれによる音楽も日本人の感覚を越えたものだったろう。また当時入って来た機械時計の歯車やカムは後にからくり人形の技術に発展した。

さらに、哲学・数学・天文学・暦学・地理学・西洋医学といった新しい知識が入って来たのもこの時代である。

室町時代の終焉

織田信長によって将軍になった足利義昭だが、二人とも自分こそが天下をとの思いが強かった。そのため二人の対決は時間の問題で、信長は経済的に逼迫し権威も落ちていた正親町《オオギマチ》天皇に近づき、天皇を守るとの大義名分を得て優位性を確実にした。

義昭は信長が着々と勢力を拡大するのをみて、石山本願寺に信長を攻撃させたりしていた。このような行為に対し信長は17条に及ぶ注意書きを義昭に送ったが、それに反発した義昭はついに1573年、各地の大名に信長追討を命じ、自ら兵を挙げた。義昭は京都南部の巨椋池《オグライケ》にある槇島城に籠ったが、所詮信長軍に敵うはずもなく結局は降伏した。それまでの信長は、自分に逆らうものは全て首を刎ねていたが、義昭の場合はなぜか都からの追放処置とした。都を去る際、義昭一行の惨めな姿は目を覆うばかりだったという。

こうして二百数十年続いた室町幕府は、将軍が追放されたことで滅亡したとされ、織田信長は都に凱旋し、天下統一に王手をかけたのである。

日本の歴史では、中世は鎌倉時代、あるいは平安時代末期から室町時代までで、織田信長によって強力な中央集権の近世へと移行するというのが一般的である。ただ、中世に安土桃山時代を含めることもあるし、安芸国の中世史で主役の毛利氏の天下統一に決着がついていないため、本書では安土桃山時代の歴史を続けることにする。

7 毛利輝元の挫折
（安土桃山時代）

毛利輝元は織田信長に対抗し勢力拡大を狙ったが、豊臣秀吉に対しては臣従を決断して毛利元就の毛利家永続の家訓を守った。この時代は、織田信長の居城であった安土城、豊臣秀吉の居城伏見城のあった桃山丘陵から、安土桃山時代と呼ばれる。

織田信長による天下統一

織田信長は正親町《オオギマチ》天皇の勅命を得て将軍の足利義昭を追放し、1573年に都に凱旋した。安土桃山時代の始まりをこの年とするのが一般的だが、義昭を奉じて上洛した1568年や、安土城の建設が始まった1576年とする説もある。

信長は都に戻るとすぐに浅井《アザイ》長政の居城で屈指の山城といわれる近江国小谷城を攻め、支援にやって来た朝倉義景の軍勢を攻撃して壊滅的なダメージを与えた。さらに朝倉軍を越前国の一乗谷城を中心にした山麓の城下町に追い詰めて焼き払うと義景は自刃して朝倉氏は滅んだ。さらに小谷城に引き返し浅井氏に総攻撃を仕掛けると、浅井長政もしばらく持ちこたえたものの、茶々・初・江の三人の娘を羽柴秀吉に託して自刃した。

こうして信長は将軍を追放してからわずか10日ほどの間に、浅井長政と朝倉義景という有力戦国大名を滅ぼし、さらに都から美濃国の岐阜に戻って各地に残る敵対勢力や越前国などの一揆勢の掃討を続けた。

翌1574年正月には美濃国に新造した岐阜城に織田の家臣が集まって天下統一に近づいたことを皆で祝った後、信長は上洛して皇室を訪れた。ここで信長は奈良の東大寺正倉院にある蘭奢待《ランジャタイ》とよばれる香木の切り取りを願い出て許可されているが、この香木は足利義満・義教・義政が切り取って以来、代々の将軍からの切り取り要請が断り続けられたという由緒あるもので、皇室が許可したということで織田信長が天下人として認められたと考えていい。

信長の政治であるが、室町幕府の幕臣の多くは都を去っており、政所《マンドコロ》や侍所などの機構は機能停止に陥っていた。そこで信長は中世的な秩序は解体して新たな支配体制を構築して行ったのである。まずは部下に対して領地を与えたのだが、その土地は従来からの一切の利権は破棄して一元的な権限を与えそれを保障したのである。

この時代の地方統治は大小さまざまな大名とこれに準じる領主によって行われ、安芸国といった律令制に基づく国としての行政体はなくなっていた。ただ、朝廷が国司を任じていたことから名目上の国名は存続していた。

また、諸国の道路整備をするよう文書で通達し、奉行を指名して推進し道路幅も定め、街道の要所で関銭と呼ばれる通行税を徴収していた関所を廃止するなど、経済発展に必要なインフラに手を打った。さらに長年の戦乱で荒廃したままになっていた皇居を修復し、売却されていた公家衆の所領は徳政令により還付措置をとった。

このような時起こったのが長篠の戦である。武田信玄の死後に後継者になった武田勝頼が、1575年に徳川家康に奪われた遠江国と三河国を取り戻すべく１万５千の大軍を率いて侵攻した。ところが織田・徳川連合軍は３万６千といわれる兵と千丁とも３千丁と言われる圧倒的な量の鉄砲を準備して、長篠の設楽原《シタラガハラ》で対決したのである。この戦いで信長は勝頼の大軍を破り、武田軍は多くの将兵を失い敗走した。この戦いは、信長の経済力が武田氏を圧倒したことを示しており、それまでと違って兵隊の数と優れた武器を持っている方が勝つという、物量がものをいう時代になったとされている。

この結果、東国は甲斐国の武田氏・越後国の上杉氏・相模国の後北条氏の三勢力が牽制し合う状態となった。そのため、信長にとって当面の敵としては大阪石山本願寺を本拠にして一向一揆にも影響力を持つ顕如と、中国地方を制覇した毛利輝元となった。

翌1576年になって、信長は琵琶湖東岸の安土山への築城を命じた。この安土城は現存していないが、独創的な天守閣で絢爛豪華だったと推測されている。このとき穴太衆《アノウシュウ》の手がけた石垣はその後の城郭の模範とされたが、防御設備は完備しているとはいえず、軍事拠点というより権威を示すという政治的な目的で造られたとされている。ただ安土は京と北陸を結ぶ拠点に当たり琵琶湖による水運の利便性があるものの、信長が天下統一を目指すにしては僻地であり、大阪に築城する意図もあったとされている。

任助親王

安土桃山時代が始まった頃、京都仁和寺の第20代門跡（住職）である任助《ニンニョ》親王が厳島の大聖院を訪れ10年間ほど滞在したとされている。

仁和寺は平安時代の初めの888年に宇多天皇が建立し、以来歴代の門跡には天皇の子息である親王が就任するという真言宗御室《オムロ》派の大寺院だった。しかし応仁の乱の際西軍の本陣となり、乱の始まった翌年の1568年に東軍の総攻撃で伽藍は全焼し、残った本尊を双ヶ丘《ナラビガオカ》の西麓で守るしかない状況だった。このような時に仁和寺の門跡を継いだのが任助親王で、世襲親王家の伏見宮貞敦《サダアツ》親王の息子で後奈良天皇の養子だった。当時は皇室といえども極貧状態で後奈良天皇の即位の大礼は10年間も行えなかった程で、仁和寺の再建もままならない状況だった。

1574年、50歳になった任助親王は思い立って法流再興のため九州に下ることにした。親王が安芸国に差し掛かった時に、ちょうど厳島の大聖院の座主が亡くなった。まだ幼い遺弟が跡を継ぐため、親王はその教授にしばらく滞在することとなった。仁和寺の別名を御室《オムロ》といい、人々は厳島御室さまと呼んで敬慕したが、10年後ふとした病で亡くなってしまった。

親王は生前に対岸の赤崎をよく訪れて浜の景色を愛でられていた。現在の宮島口だが、当時の赤崎は陸の孤島でわずかに人家があるだけの場所だった。1535年に樹岳という僧が草庵を結び以後も僧が座禅読経して過ごしていたが、三代目の了音が任助親王と親交を結んだことにより、親王はこの地に菩提所を設け自分の墓所にするように遺言したとされている。厳島は神の島とされており、人々が居住するようになってからも島内で死者を葬ることを忌み、対岸の廿日市や大野に埋葬されていた。これ以降赤崎が厳島の住民の墓地となり、埋葬のため1596年に曹洞宗の延命寺が洞雲寺の末寺として建てられた。

この赤崎という地名の由来については諸説ある。赤は山口の方言で明るいことを意味するが、大内氏の勢力が厳島にやって来た際、社殿の真正面にあたる対岸にある明るい岩肌を持つ岬に名付けたことに由来するとするのもその一つで、大内氏の影響を示している。

現在のＪＲ宮島口駅の西側後方に任助親王の墓とされる五輪塔があり、地元では御室さんと呼ばれている。ここは1941年に宮内庁から任助親王の墓所と確認され、現在広島県唯一の宮内庁の管轄地である。ただ、ここの五輪塔はその形式から江戸時代中期以降に造られたもので、もう一つ五日市町三宅にあった円明寺にも任助親王の墓とされる宝篋印塔《ホウキョウイントウ》があり、どちらが真の墓かの論争がある。

なお、同時代に生きた棚守房顕の覚書には任助親王の厳島来訪について全く記述がない。一方で広島県史年表によると、任助親王が亡くなる直前に吉川元長に空海筆とされる法華経を贈ったとの記録があり、房顕の担当領域を外れていたのかもしれない。

毛利輝元と顕如

毛利元就の跡を継いだ毛利輝元は、祖父の志を継いで大勢力になった中国地方西部の体制固めを進めると共に、隣国である備中国や北九州への進出を狙っていた。

戦国時代の備中国は小領主が入り乱れていたが、この頃になると高梁にある備中松山城を本拠とした三村元親が毛利氏の後ろ盾で勢力を確保し、織田信長への防波堤になっていた。三村氏に対抗していたのが主家である浦上氏から下剋上で備前・美作両国を奪い取った宇喜多直家である。直家は狡猾な策謀家として名高いが、一方では現在の岡山を城下町として発展させた人物でもある。

1568年に毛利氏が九州に侵攻した際、三村元親はこれに従軍したが、この隙をついて宇喜多直家が備中国に侵攻し毛利側が追い返すという事件が起こった。これにより三村元親にとって宇喜多直家に対する強い遺恨が生じたとされる。

さらに1574年、毛利輝元の後見人のひとり小早川隆景は、もう一人の後見人である吉川元春らの反対を押し切って織田信長との対抗上宇喜多直家と同盟を結んだ。それを知った三村元親は義憤を感じて毛利氏のもとを去り信長と通じたのである。これを知った輝元は、隆景を総大

毛利輝元（1553〜1625）

将にした大軍を備中国に派遣し、宇喜多直家も加わって備中兵乱と呼ばれる戦乱が展開され、三村氏は滅亡した。

こうして毛利氏は陸路で播磨国まで行くことが可能な所領を持つことになり、海路でも瀬戸内海航路の制海権を確保したのである。

このような状況で登場するのが1573年に信長に都を追われた足利義昭である。追放されたものの義昭は将軍職を正式に解かれたわけではなく、幕府の中枢を構成した者たちを同行させていた。まず宇治の南に退き、顕如の仲介で河内若江城、さらに和泉国の堺、翌年には紀伊国にまで南下した。このような信長の勢力圏を離れたところでは将軍としての権威が保たれており、義昭は将軍として政務を続けていたとされる。そして義昭自身は織田信長を滅ぼして自分が天下を獲ることに燃え続けていた。

ここで義昭は、武田勝頼が長篠の戦で信長に大敗を喫し、同じころ毛利輝元が備中兵乱で中国地方での勢力を確保したという情報を得た。義昭としては、期待していた顕如が信長と和解したこともあり、信長を倒すという野望を実現するためには、輝元に頼るしかないと思うに至り、1576年初め義昭は輝元の支配下にある備後国の鞆の浦に50人以上の随行者を引き連れて移動したのである。この鞆は、かつて足利尊氏が新田義貞追討の院宣を受け、足利義稙が京都復帰の足場としたという、足利氏にとって吉兆の地だった。

輝元にとっては歓迎すべからぬ人物だったが、義昭は征夷大将軍の名目で輝元に足利家の桐の家紋を与え、中国地方各地の守護職に任じたとされる。こうして義昭は輝元に信長に敵対するよう働きかけると同時に、各地の戦国大名に信長包囲網の形成を働きかけた。輝元としても信長の強大化に危機感を抱いており、この年の中頃には輝元の添え状のついた義昭の書状が反信長の有力者に出されていることから、輝元もその気になったと考えられる。その結果、これまで信長と対立していた本願寺の顕如や武田勝頼、さらに宇喜多直家などが味方についた。

大阪石山合戦

織田信長は天下統一を目指している時から、実力で対抗して来る仏教勢力に徹底的に対抗した。信長の信仰心については諸説あるが、宗教そのものを否定したのではなく、宗教が権力と結びつくのを嫌っていたようだ。

城塞化した大阪石山本願寺で織田信長と対立していた顕如は、1570年に織田軍を攻撃したが成功せず、朝廷の仲裁で石山に留まることになった。これが大阪石山本願寺の第一次挙兵だが、以降両者は和睦の期間もあったが対立関係が続いた。信長が1574年に伊勢国と尾張国の境界付近の長島一向一揆、翌年には越前一向一揆を平定すると、顕如は次第に追い詰められて行った。そこで1576年の春、顕如は鞆に移った足利義昭からの信長討伐の呼びかけを好機と見て三度目の挙兵に出たのである。

これに対して信長は、明智光秀らに命じて大阪石山本願寺を包囲したが、本願寺側はこれを蹴散らした。そのため信長自身が出陣して本願寺を包囲して兵糧攻めにした。当時の大阪は現在の平地部の多くが海で、木津川から西は大阪湾であった。本願寺は現在の大阪城辺りの高台で川や水路に囲まれており、織田軍は軍船で包囲して兵糧や弾薬の搬入を遮ったのである。

顕如が鞆の浦の足利義昭に助けを求めると、義昭は毛利輝元に石山本願寺の支援を要請した。毛利陣内で和戦両様の論戦があったとの文書が残っているが、輝元は信長との直接対決を決断し、それまでも瀬戸内海の制海権を握っていた傘下の海賊衆を結集させた。能島・来島・因島の三家がまとまって大勢力になった村上海賊衆を始め、毛利麾下の能美氏・小早川隆景配下の警固衆など、その規模は600から800艘とされている。軍勢が救援物資を積んで本願寺へ向かうと、織田側の警固衆は木津川の河口でこれを迎え撃って戦闘になった。これが第一次木津川口海戦で、毛利側は厳島合戦でも用いた焙烙玉も活用することで、織田側の軍船の多くを焼失させて壊滅的な打撃を与えたのである。

この時、当時大きな勢力を持っていた塩飽海賊衆は戦闘には参加しなかったが、信長側に付いていたとされる。

この敗戦に学んだ信長は、志摩海賊衆を率いる九鬼嘉隆《ヨシタカ》に金に糸目をつけず燃えない軍船を建造することを命じたのである。九鬼氏は信長に仕えながら、太平洋航路の要衝である志摩半島の先端の志摩国を支配しており、嘉隆は２年の歳月を費やして安宅船《アタケブネ》とよばれる大型軍船に３門の大砲と多数の鉄砲を装備した鉄甲船を建造した。

この鉄甲船であるが、奈良興福寺の僧侶が書き綴った『多門院日記』の中に「鉄の船なり」と書かれているだけで『信長公記』への記載はなく、詳細は不明である。

1578年、九鬼嘉隆は６隻の鉄甲船に分乗した海賊衆を率いて大阪石山本願寺に向かった。本願寺の顕如の方は再び毛利輝元に援軍を頼むと、木津川沖で二度目の海戦が展開された。この戦いで鉄甲船の威力は絶大で、毛利側が焙烙玉で攻撃しても燃えることはなく、逆に毛利方旗艦に対する大砲の集中攻撃で毛利側の600艘の軍船は退却せざるを得ず、戦闘は終了した。この２年後には顕如が信長に降伏して大阪石山本願寺は信長に明け渡されることになった。

さらに信長は村上海賊衆を毛利氏から分断すべく動いた。その結果、まず来島村上氏が応じ能島・因島両氏も同調したが、反対する者もいて家内での紛争が続いた。

この大阪石山合戦を通じて、本願寺支援のために安芸国に集った浄土真宗門徒がそのまま安芸国に留まることになり、毛利氏と門徒の一体化が進んで安芸門徒の原型が形づくられていった。また、大阪湾周辺の制海権は織田方のものとなり、村上海賊衆のうち来島村上軍は秀吉の調略で織田側に移った。こうしてこの本願寺と信長の対決は、足利義昭の復活にはなにも繋がらなかった。

毛利氏の攻勢

毛利輝元はこれまで但馬・播磨・備前などの国が緩衝地帯となって、陸上では織田信長との直接的な接触はなかった。しかし信長が都周辺や東国を平定して勢力を拡大し、大友氏や島津氏ら九州の大名と手を結び、さらに山中鹿之助など毛利に滅ぼされた尼子氏の残党に手を貸すなど中国地方への侵攻に向い始めたことが明確になると、中国地方西部を支配する輝元にとって、信長への直接対決を決断せざるを得なくなっていった。

一方の信長も輝元が足利義昭の要請で顕如側に付いたことを知ると、羽柴秀吉を抜擢して毛利制圧、世にいう「中国攻め」を命じたのである。ただ当時、秀吉は北陸戦線から離脱したため謹慎しており、すぐに参戦できる状況ではなかった。

秀吉は1577年になってようやく中国攻めのため播磨国に入り、誼《ヨシミ》のあった黒田勘兵衛から譲られた姫路城本丸を拠点とした。なお現在の姫路城は江戸時代になって建て直されたものである。

そこで秀吉は、毛利側の赤松氏や宇喜多氏の勢力下にある上月《コウヅキ》城を攻め落とす作戦に出た。この城は播磨・備前・美作の三国の国境にある小さいながら堅牢な山城である。秀吉はまず赤松氏など国人衆を調略し上月城のすぐ北方にある福原城を陥落させ、ここを基地にして上月城に兵を進めた。秀吉は救援に来た宇喜多勢を撃退して、年末には陥落させることに成功し、山中鹿之助など尼子氏再興軍に城の防衛を任せた。この戦いで秀吉軍による目を覆うような虐殺があったとされている。

この直後、播磨国の東部に勢力を持つ別所長治《ナガハル》が織田氏に離反して毛利側を支援すべく明石の北方にある三木城に籠った。長治離反の原因として上月城での虐殺に対する義憤といわれている。これに対し浄土真宗の門徒を多く抱える近隣の国人衆が、別所氏を支援するため三木城に駆け付け、門徒や家族を含め約７千人の籠城となった。

この状況で毛利輝元は信長攻略で三木城より上月城の奪還を優先すべきと考え、翌1578年に上月城の攻撃に向かった。輝元は自ら備中松山城に陣を構え、吉川元春と小早川隆景を将とする軍に加え、毛利方海賊衆を総動員してに海上封鎖に当たらせる体制を敷いて上月城を攻めた。こうして半年に渡る攻防戦の結果、上月城は陥落し再び毛利側の手に戻ったのである。

この戦況の報告を受けた織田信長は、羽柴秀吉に対し上月城の奪還は一旦諦めて、三木城攻略を優先するよう命じた。しかし秀吉としては十分の兵を持たず、城を武力で攻め落とすのは不可能な状態だった。一方の毛利方は、小早川隆景が上月城の勢いそのままに東進して三木城救援に行くことを主張したが、吉川元春は反対し但馬国に向かった。こうして三木城での秀吉との対決はひとまず持ち越しとなったが、この時の決着をつけなかった毛利輝元の判断が、後の毛利氏の劣勢を生んだとされている。

秀吉の兵糧攻め

毛利軍は三木城への派兵はしなかったが、海賊衆を使って海路兵糧を運びそれを陸路で補給した。第二次木津川口海戦では負けたものの、瀬戸内海の制海権は持ち続けていたのである。

このような膠着状態で羽柴秀吉が採った作戦は、軍師の黒田官兵衛が提案した兵糧攻めだった。秀吉は毛利側の搬路を絶つため周囲の城を徹底的に攻略した。これは秀吉がその後多用した兵糧攻めの端緒となったのである。毛利側の兵糧補給が難しくなると、大勢の人員を抱える三木城内では食料不足が表面化していった。この状況を見た宇喜多直家は、戦況が毛利不利と読んだのだろう、織田側に寝返った。直家が備前国を領することから、三木城と毛利側の陸路が完全に分断され、三木城側の城外での戦闘もむなしく、ついに補給が途絶えてしまった。

それでも三木城の別所長治は秀吉の降伏勧告を受け付けず、頑強に抵抗を続けた。そして実に2年に及ぶ籠城の結果、城内では多数の餓死者が出るに至り、1580年の始めついに長治をはじめ別所一族が切腹して決着した。この秀吉の兵糧作戦は「三木の干《ヒゴロ》殺し」と呼ばれるが、秀吉による大量殺戮とされる。

三木城の支援に失敗した毛利軍は、敗戦の原因をつくった宇喜多直家との決着をつけるべく、美作国や備前国の各地で合戦を繰り返した。直家は1581年の始め病死するが、この死は公にされず攻防戦がつづいた。

これと同じころ、因幡国では1580年に鳥取城主の山名豊国《トヨクニ》が羽柴秀吉に敗れて織田信長側についていたが、家臣が豊国を追放し吉川元春に支援を求めた。元春はこれを受け、一門の吉川経家に鳥取城の守備を命じると、経家はさっそく防衛線の構築に取り掛かり籠城の体制を整えた。信長は秀吉に鳥取城の攻略を命じ、秀吉の率いる2万の大軍がやって来て城を包囲した。秀吉はここでも攻撃を仕掛けることはせず、兵糧攻めに持ち込んだ。今回は三木城で長時間かかった対応策として、黒田官兵衛は近隣の米を高値で買い占める作戦をとり、さらに伯耆国の南条元続が秀吉側について毛利側の救援を妨害した。城内には山名・吉川両軍と農民兵を含め約4千人もいて、兵糧はひと月分もなかったとされる。ここでも「鳥取の飢え《カツエ》殺し」とよばれる悲惨な状況となり、4カ月後に経家が責任をとって切腹して決着した。文武に優れた吉川経家を失い、毛利側にとっては大きな打撃となった。

織田信長に対抗して勢力拡大を図った毛利輝元だったが、三木城・鳥取城と敗戦が続いただけでなく、備前国の宇喜多直家と伯耆国の南条元《モト》続《ツグ》が信長についたこともあり、播磨国・備前国・美作国・因幡国での形勢不利が明らかになっていった。さらに後方の九州豊後国からは大友宗麟が信長と呼応して毛利領に侵攻するに及んで劣勢が決定的になった。

一方瀬戸内海航路を確保するための争いだが、羽柴秀吉は村上海賊衆への調略を進め、来島の村上通総《ミチフサ》を取り込んだ。これに対し毛利側は能島の村上武吉《タケヨシ》らに来島城を攻撃させ、その後も村上海賊衆の中での争いが続いた。

1582年、織田側優勢の中、羽柴秀吉は３万の軍勢を率いて岡山の西にある備前と備中との国境に攻め入った。この国境に沿って毛利側は「境目七城」と呼ばれる防衛線を持っており、その中心になるのが備中高松城で、小早川隆景配下の清水宗治の居城だった。この城は低湿地にある沼城で、兵や馬は容易に攻め入ることができず、２度にわたる秀吉軍の攻撃にも逆襲して退けた。そこで秀吉は毛利の援軍が来る前に攻め落とそうと、黒田官兵衛の策で、水攻めを決断した。これは城の横を流れる川を下流で堰き止めて城内を水没させる策で、全長約３kmの堤防をわずか12日間で築き上げたとされる。

毛利側も吉川元春と小早川隆景両軍の３万とも５万ともいわれる兵が救援に駆け付けたが、折からの大雨で城の周囲だけでなく城内にも浸水が進み、毛利軍は水に浮かぶ城を中心にして羽柴軍と対峙せざるを得なくなった。

中国大返し

このような状況で秀吉は信長に援軍を要請すると、信長は明智光秀を派遣することを決め、西国の平定に自らも出陣することを決断したのである。

この直後、早馬で秀吉に伝えられたのが、光秀の謀反により信長が自刃したとの情報だった。秀吉はこの報を受けると、一番早く都に戻って光秀を討つことにより信長の後を継ぐ天下人になれると直感したようで、信長の死を極秘にしたまま急いで毛利方との決着を図るべく講和への交渉を急いだ。

そこで秀吉は城主清水宗治との講和を呼びかけ、宗治は信長の死を知らぬまま、二日後に城兵を助けるために城を取り巻く川面に浮かべた船の上で切腹して果てた。この時の作法がその後の日本の切腹の基本となったとされている。

それから毛利方の安国寺恵瓊と秀吉側の黒田官兵衛の間で和睦交渉に入った。毛利方としては戦況が劣勢の中で妥協せざるを得ず、毛利領5国割譲の要求に対し備中・美作・伯耆の3国割譲に留めることで合意した。秀吉はすぐに信長の敵《カタキ》を討つため、大規模で迅速な軍撤退を行った。これを後世、「中国大返し」と呼んでいる。

羽柴秀吉が去って間もなくして、毛利側に織田信長自刃との情報が入った。吉川元春は追撃すべきと主張したが、安国寺恵瓊を参謀とする小早川隆景は失敗すると毛利家は滅ぼされる懸念があると反対し、結局、毛利輝元は安全策の方を選んだのである。この判断は、秀吉の機動力だけでなくその兵力の充実ぶりに自軍との違いを認識せざるを得なかった結果と思われる。

これ以降、毛利一族は羽柴秀吉に服従することになるが、吉川元春はしばらく秀吉を避けたとされる。秀吉もすぐに毛利氏を信用したわけではなく、1583年に吉川元春の三男広家と小早川隆景の養子秀包《ヒデカネ》を大阪城に人質として取っている。

安国寺恵瓊（1537～1600）

こうして、毛利氏は秀吉へ全面的に従うことになってゆくのである。

本能寺の変

織田信長が甲斐国の武田勝頼を滅ぼして京都に凱旋してしばらくした頃、羽柴秀吉が信長に備中高松城の支援を要請してきた。そこで信長は中国・九州平定の好機ととらえて明智光秀に備中援軍の先兵を命じ、自らも出陣することを決断した。

その直後、光秀が備中国に向かうはずの軍勢を、無防備で京都本能寺に滞在していた信長を襲撃するという謀反を起こしたのである。「本能寺の変」とよばれ、信長は自ら本堂に火を放って自刃したが、これによって信長の天下統一の夢は破れたのである。

なぜ光秀は信長を裏切ったかであるが、天下を取りたいという野望説と信長の理不尽な態度への怨恨説が従来から主流である。一方、朝廷や足利義昭さらに秀吉・家康・バテレンなど数多くの黒幕説が唱えられてきており、未だ定説はないようだ。

明智光秀は治めていた丹波国では名君とされているが、それだけでなく人物像にも諸説ある。史実かは定かではないものの『石山軍記』の中に、毛利元就が譜代の桂元澄の推薦で浪人中の明智光秀に面会した時、元就は光秀が武勇智謀を示すかもしれないが、主人を思う心が薄く僅かの怒りに敵意を剥き出す相貌をしていると光秀を抱えなかったと記してある。この元就の眼力が光秀謀反の核心をついているのかもしれない。

またこの話は、戦国の世では武士といえども主君を失うと、自分の売り込みのため諸国を訪れたことを示しており、それに応じて冠者の数も多かったとされている。

本能寺の変を知った羽柴秀吉は、毛利輝元と急遽和睦を済ませると、大軍を率いて姫路城を経由し僅か10日で都に駆け戻った。この当時、信長配下の有力武将の多くは遠方に出陣していて、秀吉のような素早い対応を取った者はなかった。明智光秀との関係から敵対行動を躊躇する者もおり、秀吉はその群をぬいた行動力と作戦能力を天下に示し、これ以後の信長の後継者争いを有利にしたのである。

光秀もこのように早く秀吉が都に戻って来るとは予測しておらず、当時織田家中で最大勢力だった柴田勝家が越中国で交戦中のため、まずは都の東の備えを固めることを優先した。ところが秀吉が西から急接近しているとの報を受け、急遽態勢を整えようとしたが間に合わないままに決戦に臨むことになった。

こうして羽柴秀吉と明智光秀の両軍は京都と大阪の境にある天王山の麓、山崎で対峙した。戦いは初め小競り合いだったが、主君の弔い合戦との大義名分を持つ秀吉側が次第に優勢になり、明智軍は士気が低下して総崩れとなった。光秀は密かに落ち延びたが、その途中で落ち武者狩りに会い落命した。こうして信長の天下を奪った光秀だが、短期間で失うことになり「三日天下」と呼ばれる。なお、信長の居城だった安土城であるが、この混乱の直後に火災を起こし、その後廃城になった。

秀吉による天下統一

戦が終わって織田家の後継問題と領地配分を決める清洲会議が織田家中により開かれた。羽柴秀吉は信長の敵討ちをほぼ独力で成し遂げたことで、政治的地位は以前に比べ格段に高まっており、柴田勝家などと対立しながらも主導権を握った。後継者については巧妙に信長の息子たちを排除する戦略で、また領地として丹波国に加え大阪のある河内国と京都の山城国を獲得し、天下人への道を歩み始めた。

清洲会議の後も、織田信長の後継問題で羽柴秀吉と柴田勝家との対立が解けることはなく、1583年ついに近江国で賤ヶ岳《シズガタケ》の戦が行われた。秀吉が信長の敵を討ったことを生かして味方を増やして畿内を押さえたのに対し、越前国に本拠を置く勝家は調略もままならず敗走して決着した。

勝家に勝った秀吉は、大阪石山本願寺の跡地に新たに城郭の建設を開始した。これが大阪城で、２年後に天守閣が完成した後も15年かけて堅牢で難攻不落の巨城へと造り上げていった。信長の琵琶湖湖岸の安土城と違って、秀吉はこの大阪の地を国内への睨みを利かすだけでなく世界に向けての海運の拠点として考えていたと思われる。

羽柴秀吉にとって残る最大の敵は駿河国を本拠に一大勢力を持つ徳川家康である。1584年に両者の間で小牧・長久手の戦いが展開されたが決着はつかず、秀吉は家康の懐柔策へと作戦を変えて、実妹を家康の正室とすることで従えることに成功した。

ただ、頼山陽は『日本外史』で秀吉がこの戦いで家康を征圧することに失敗したことが、後に家康を天下人に押し上げる原動力だったとしている。

1585年には、秀吉は大阪石山合戦の生き残りの鉄砲部隊である雑賀衆《サイカシュウ》が本拠を移していた紀州国を制圧した。さらに秀吉は長宗我部元親が勢力を拡大していた四国を平定するため、阿波・讃岐・伊予の３カ国から四国への進軍を命じて元親を土佐国に閉じ込めることに成功した。

この時伊予国に攻め込んだ小早川隆景は、以前長宗我部氏に攻められていたところを助けた河野通直と対峙することになったが、隆景は通直を説得して帰順させた。ところが隆景の思いとは違い、海賊衆を廃して瀬戸内海の制海権を確立したい秀吉は通直の所領を取り上げ、伊予国の領主としての河野家の終焉となった。

この四国平定においても、毛利輝元は秀吉の要請に応じて小早川隆景を参戦させているが、秀吉に従うことを嫌う吉川元春は、隠居を理由に加わっていない。

さらに秀吉は翌1586年に九州の平定を開始した。当時、薩摩国の島津義久が九州制圧を目前にした状況だったが、秀吉は20万人の大軍を率いて九州に侵攻した。ここでも毛利輝元が小早川隆景と共に出陣し、秀吉の人質になっていた小早川秀包《ヒデカネ》も秀吉の元で出陣した。吉川元春の方も秀吉の強い要請で長男の吉川元長と参戦したが、元春は豊前小倉城で病のため亡くなってしまった。秀吉軍は島津軍を制圧し、降伏した義久を処刑することはせず本領である薩摩・大隅両国と隣の日向国の一部を与えた。また秀吉は筑前国と近隣を小早川隆景に与えた。

1586年の終わり、正親町天皇に代わって後陽成天皇が即位した。その直後、秀吉は天皇より豊臣の姓を賜わって豊臣秀吉となり、名実ともに天下人になった。

鞆の浦に籠って将軍への返り咲きを狙っていた足利義昭だが、1587年に至り豊臣秀吉が九州平定に向かう際に対面して帰還が決まり、翌年秀吉と共に皇居に参上して将軍職を辞して出家した。結局義昭が政権に返り咲くことはなかった。

こうして豊臣秀吉は西国の諸大名を帰順させ、残るのは東国の雄として存在感を示す相模国の北条氏政《ウジマサ》だけとなった。1590年になって秀吉は総勢21万という大兵力を動員して攻略に向かった。この小田原征伐には小早川隆景と吉川広家が参戦し、毛利輝元は秀吉の信頼が高かったためか京都守護として後方を固めた。北条氏政が６万人を超える兵と共に籠る小田原城を、秀吉は大軍で包囲し３か月後に降伏させた。この戦いに勝利した結果、秀吉は伊達正宗や最上義光など奥州勢も臣従させることに成功し、ついに豊臣政権として天下統一を成し遂げたのである。

このような秀吉の天下統一に対し、長かった戦国時代を早く終結させてほしいとの人民だけでなく、多くの大名の期待が流れを加速したことが多くの文書に現れている。

秀吉による政治

豊臣秀吉は織田信長から政権を引き継いだわけだが、天下統一を完成する戦いと並行してその中央集権構造を造り上げて行った。

この構造の基礎となるのは領地の分配である。実施するに当たり秀吉は各国の耕作地面積と米の収穫量を明確にするため、既得権益者の抵抗を排除し絶対的な権力で「検地」を推し進めた。これは秀吉が太閤になる前に始まったが、太閤検地と呼ばれている。

戦国時代を通じて各地の大名はそれぞれ独立した存在だったため、農地の面積や収穫量を計測する升の単位も地域によって異なり年貢や夫役なども雑多だっただけでなく、一つの土地に対しての支配や利権が重層的に絡み合っていた。

太閤検地ではまず度量衡の統一を実施した。枡を京枡一種類にし、長さ１間（６尺３寸）の検地竿で囲った正方形の面積を１歩に定めた。さらに土地の収穫量に４等級のランクを付けて面積との積で土地の価値を定め、それを石高で示した。年貢は村単位で定めた石高に応じて村落が一括納入するという村請制がとられ、それが農民の転職や移住の禁止に繋がっていった。

検地は1582年から秀吉が亡くなる1598年まで行われたが、石高は日本全国合計で1850万石余りという結果がでている。

秀吉はこのうち畿内を中心に約200万石の領地を確保し、京都・大阪・堺・伏見・長崎などの商業都市を直接支配した。さらに生野銀山を直轄領、石見銀山は毛利氏と共同管理するなど、財政的にも地位を不動のものとした。

この検地によって得られた全国の情報により、秀吉は大名や家臣の領地給付や軍役、家の格付けなどを定めたことで、社会制度から文化に至るまで、その後大きな影響を与え続けた。また天皇・公家・寺社にも新規に所領が与えられ、新しい封建的土地領有体系へと移行したのである。こうして皇室は衰退の時代を脱して後陽成天皇は尊厳を回復し、

1588年には秀吉の聚楽第に行幸するなど政治的地位の回復が図られた。

この間、秀吉は味方に付いた武将に対し、その功績に応じて大名として領地を与えると同時に様々な手を打っている。薩摩国の島津氏には当主を二人体制にして互いに牽制させ、陸奥国の伊達政宗に対しては野心家であるため家臣を国替させ監視させるなども行った。

大名に与えられた領地は、織田信長と同じように豊臣秀吉の統治権力によって一元的な所有権が保障されており、大名は兵役などの義務はあるものの、中央に税を払うことはなく、自国での租税の徴収を自身の責任で行うことができた。

秀吉に認められた地域勢力の中で守護大名出身は、越後国の上杉家・下野国の結城家・近江国の京極家・和泉国の細川家・信濃国の小笠原家・薩摩国の島津家・常陸国の佐竹家・対馬国の宗家のわずか八家で、室町時代末期に守護になった毛利家と陸奥国の伊達家を合わせても十家のみだったのである。このように長い戦国時代を生き抜くのがいかに難しかったかを示している。

当時、豊臣秀吉の対抗馬になりうる徳川家康・毛利輝元・上杉景勝・前田利家などの有力大名がいたが、秀吉はその権力を封じ込めるため領地の配分にも知恵を絞った。

中でも家康に対しては、満を持して関八州への国替えを命じた。関八州とは、相模《サガミ》・武蔵《ムサシ》・安房《アワ》・上総《カズサ》・下総《シモウサ》・常陸《ヒタチ》・上野《コウズケ》・下野《シモツケ》の関東８国を指す。これを決定したのは秀吉が小田原攻めの勝利を確信した時点とされ、当時の関東は都から遠く離れた辺境の地で勢力を閉じ込めることが出来るはずだった。

家康はすぐにこれを受け入れて、家臣の猛反対を押し切って小田原ではなく江戸の地に拠点を置くことにした。当時の江戸は1457年に太田道灌が築城した江戸城があったものの、周囲は低地で葦原やすすきの原野だったといわれる。
ところが家康は江戸城を巨大な城に変貌させると共に、江戸湾に港を備えた上で運河として堀をらせん状に巡らせ、周辺の湿地帯は埋め立てて広い平地を造るという大土木工事をやってのけ、一大商業都市に変身させたのである。こうして秀吉の目論見に反して、家康は大名の中で最も多い256万石を実質的に活用することに成功した。ただ、家康は家臣たちに領地を与えたので自身は100万石程度だったとされている。

また秀吉は大名に対しては隣国との戦いを禁じたが、このことにより大名が軍資金を蓄える余裕を持たせることになるため、様々な手で出費を拡大するよう仕向けている。例えば、秀吉が1592年に自分の隠居城として建設を始めた伏見城は、有らん限り絢爛豪華にして各大名に出費させたとされている。1593年に息子の秀頼が生まれると、謀反が起きないようにとますます顕著になった。

さらに秀吉は治安を回復して中央集権を徹底しようと、村落で武力による訴訟の解決を禁じ、刀狩りを行って百姓の帯刀権を取り上げた。
当時は地侍といって武士としての役割を持ちながら通常は農業をしている者が沢山いた。そこで秀吉は検地に基づいて農民身分への固定を進め、配下に多くの農民を持つ地侍に対しては庄屋にした。こうして転職や移住を禁止した結果、地侍は消滅することになり、秀吉の目指す自作農の増加に繋がると共に兵農分離で農民から武士や商人への分化が進んだ。
秀吉はまた1588年に海賊禁止令を出したことで、海上における海賊勢力を解体させて武士と漁民へ分離するなど階級の固定化を進めた。また家臣を城下へ集まるようにすることで、楽市楽座とともに城下町の発展へと繋がって行った。

秀吉の仏教への対応は、信長が敵対する勢力を徹底的に潰す方向だったのに対し、寺社の勢力拡大を防ぐため統制を強める手を使った。浄土真宗に対しては火災で焼け落ちた石山本願寺から追い出し、京都に本願寺を建てて移らせることで地域勢力との一体化を防いだ。敵対的だった根来寺や高野山に対しては武力で抑え込み、有力寺社は大阪城下に移転させ検地や刀狩りで寺領を没収するなどした。

一方では、焼き討ちにより焼損した東大寺大仏に代わるものとして、京都東山に方広寺大仏殿を創建し落慶法要に各宗の僧を招いて千僧供養を催すようなこともした。ただ、完成の翌1596年、地震により大仏が倒壊し、秀吉は自身も守れない大仏に激怒したと言われている。

広島城築城

1583年に豊臣秀吉は毛利輝元に対して中国地方西部の安芸・備後・周防・長門・石見・出雲・隠岐の７国に加え、毛利方の要請で西伯耆と備中高梁川以西を与えることとした。毛利領の検地は1587年から91年にかけて行われ、結果的に輝元の石高は120万５千石で、徳川家康の256万石に次ぐ規模の大大名となった。

小早川隆景は本郷にあった新高山城《ニイタカヤマジョウ》から1582年に瀬戸内海に面し警固衆の基地として整備した三原城に本拠を移していたが、秀吉は四国平定の論功行賞として伊予国を隆景に与えた。しかし隆景は毛利家分断の気配を察知し、伊予国は一旦毛利家に与えるよう秀吉に申し出て、三原城を本拠とし続けた。さらに秀吉は九州平定後にも景隆に筑前国・筑後国・肥前１郡の37万石を与え、また子供のなかった隆景が養子にしていた元就の九男で弟の秀包《ヒデカネ》が九州制圧で活躍したことで豊臣姓を与えている。これら一連の秀吉の隆景に対する行為は、中国大返しの際の恩義だけでなく、秀吉が隆景に近い安国寺恵瓊を重用したことによるものとされている。

毛利輝元は1588年、小早川隆景や吉川広元などを引き連れ初めて上洛し、新たに政庁と邸宅として建設された聚楽第《ジュラクテイ》で豊臣秀吉に拝謁した。秀吉は自ら大阪城を案内するなど歓待したが、輝元はこれらの建物の豪壮さと街の繁栄ぶりに驚き、長く本拠としていた吉田の郡山城から脱皮して新たな城下町造りを決断したとされる。

郡山城は難攻不落の山城で、戦国時代の毛利氏の本拠地として重要な働きをしたが、天下が統一されて商業活動の発展が重要視される時代になると、その地勢上の不利は明らかだった。その思いは毛利元就も抱いて、太田川河口に近い武田氏の銀山城に拠点を移すことを検討していたとされている。

輝元は太田川の河口周辺に築城すべく、太田川東岸の二葉山と新山、西岸の旭山神社のある小高い山に登って検分したとされている。この旭山神社は毛利元就が厳島合戦の際立ち寄って戦勝を祈願したところであ

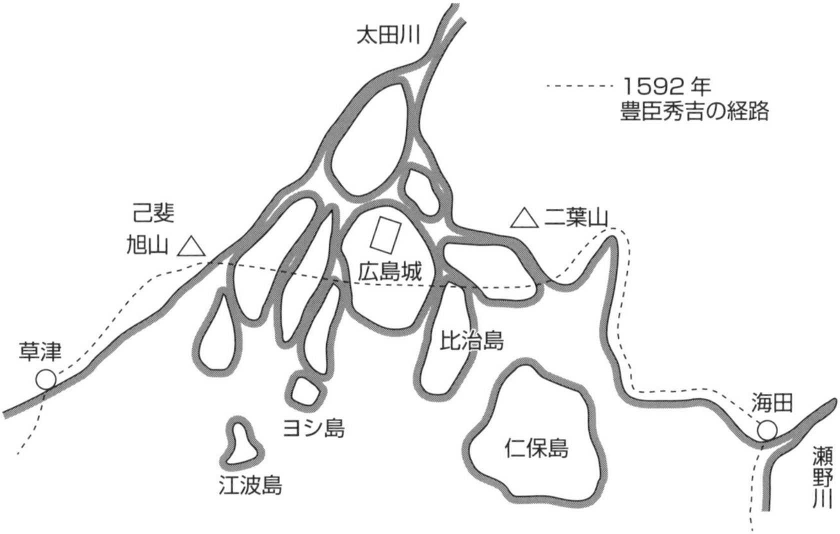

広島城築城時の広島

るが、太田川の河口には三角州の上に五箇村とよばれる小さな集落があるだけで、この海抜38mの山頂からでも全体が見渡せたのだろう。

現在百メートル道路に面して白神社《シラカミシャ》があるが、この地は岩が突き出た浅瀬で海難事故が多く、岩の上に白紙を掲げて危険表示したのが起源とされている。また現在の吉島付近は葭《ヨシ》の茂る砂州で葭島《ヨシジマ》と呼ばれていたことも当時の状況を示している。さらに沖には現在の比治山の比治島、黄金山のある仁保島、江波山の江波島などが点在していた。

築城の最終候補地は、三角州の低湿地帯と比治島山頂の２カ所だった。この位置選定と築城に関与したのが築城の名手と言われた黒田官兵衛である。官兵衛はそれまでに姫路城や大阪城など多くの築城を手掛け、当時は筑前の大名職を息子の黒田長政に譲って秀吉の参謀になっていた。官兵衛に助言を求めたのは、小早川隆景が官兵衛と懇意だったことにもよるが、豊臣秀吉が官兵衛を使って石見銀山を有して財政の豊かな毛利氏に築城で出費を増やして勢力拡大を防ぐことを狙ったためとされている。

そのためか、官兵衛が選んだのは三角州のほうだった。政治的にも経済的にも中国地方一帯を治めることになるため、海に面した城下町の中心になる平城としての配置を提案したのである。

1589年に広島城の工事が始まったが、三角州は地盤が軟弱で島普請と呼ばれる中州の埋立てと浚渫が難工事になった。内堀・中堀・外堀の三重の堀を巡らし約１キロ四方の広大な規模は、大阪城や聚楽第を参考にしたようで、工事費は秀吉の目論見通り大阪城より大幅に増大したといわれる。２年後に本丸など主要部分だけが完成した状態で輝元は入城し、それからは自身で工事の直接指揮を執り、完成したのは1599年だった。

なお築城する場合、鬼門とされる東北方向に神社を建てるのが一般的だが、広島城の場合鬼門方向にあたる二葉山には輝元の生母の尾崎局の位牌所である妙寿寺（後の明星院）があり、当時神社が建てられたかについては不明である。その後江戸時代になって、妙寿寺の西半分に饒津《ニギツ》神社が建てられた。また裏鬼門としては南西に厳島神社がある。

1592年、秀吉が文禄の役で陣頭指揮のため九州の名護屋城へ船で向かう途中、工事中の広島城に立ち寄った。この時、秀吉は港町として発達していた海田で下船して陸路から広島城を訪れ、御殿などの立派さに感心したものの城の要害が問題で水攻めに弱いと指摘したとされている。この指摘は正しく、後にこの城は水害に悩まされ続けた。

秀吉は広島城から九州へ向かうため、道路を西に向かい草津で船に乗って厳島神社に参拝したのだが、輝元は秀吉のために海田から城下を通って草津までの道路を整備し、これが後の西国街道に発展したとされている。

この草津であるが、古代から戦津《イクサツ》と呼ばれた拠点港で、草津城とともに毛利系海賊衆の基地として栄えていた。

このように現在の広島市域は、中世に至るまで長く水面下にあり街として存在しなかった。広島という地名の初見は、1589年の毛利輝元の書状にある「佐東廣嶋」とされている。輝元が入城する直前で、この頃から広島と呼ばれるようになったと考えていい。

ではなぜ「広島」なのかだが、これには緒説ある。有力なのは広い中州を表現するというもので妥当なところだが、吉川氏の家臣の山県長茂が1644年に著したとされる『山県長茂覚書』の中に、毛利氏の租である大江広元の「広」と、城地に住んでいた土豪の福島元長の「島」を合わせて「広島」と命名したとある。上手くできた話だが、時期からいって後で考えられたようにも思える。

また、広島城は鯉城《リジョウ》とも呼ばれる。この語源も明確でないが、毛利輝元が城の場所を決めるとき己斐旭山に登ったことに起因するとされている。この地は厳島神社の神領衆の己斐氏の領地だったところで、眼前の己斐浦《コイノウラ》は広島城にも連なっており、この己斐が鯉に通じることから鯉城と呼ばれるようになったというものである。

厳島神社の状況

毛利輝元は祖父元就の教えを守って厳島神社を尊崇し、そのため重点的に手を打ったことで厳島は発展し続けて人口も増加した。

この状況を示すものとして、1575年の輝元の発した文書に島中の町屋敷を東西に分けたとある。また厳島神社の近くまで多くの屋敷が建設されたため、社殿の保持管理を役目とする大願寺が、輝元に対し防火上の理由から神社や大願寺の近くの家屋を撤去するよう申請し受け入れられている。さらに1583年には、輝元が社殿の近くに新たな屋敷を建てることを禁じるなどの『厳島中掟』なるものを定めており、翌年には厳島神社に銀製の狛犬を寄進している。

1595年に書かれた『厳島寺社穂田元清等抱屋敷町割書立』には186カ所の屋敷とその所有者が記されており、東西の町割りの元で発展していることがわかる。同じ年に、スペイン領南ネーダーランドで発刊された『ティセラの日本図』はヨーロッパ最初の日本地図だが、この中に厳島が「Itoqulchima」として記されており、やって来たヨーロッパ人にとっても厳島神社が魅力的だったのだろう。

豊臣秀吉も厳島神社を尊崇したようで二度の九州下向の際訪れている。最初にやって来たのは1586年に九州平定に向かう途中で、桜尾城に立ち寄ってから戦勝祈願のため厳島神社を参詣している。この時秀吉は水精寺で開かれた和歌の会で、

「ききしより眺めにあかぬ厳島　見せばやと思う雲の上人」

と詠んでいる。この行楽気分は秀吉が九州での勝利を確信していることを示している。

この時これまでの戦没者の追善のために、千僧法要が開けるような経

堂を建てるようにと安国寺恵瓊に命じた。そこで１万石を投じて金箔が押された軒瓦を持った大伽藍の建設が始められた。それが豊国《トヨクニ》神社本殿・現在の千畳閣で、秀吉の気宇壮大さを現すはずだったが、未完のまま現在に至っている。

朝鮮出兵で1592年に秀吉が広島城に寄ってから厳島神社にやって来た時、参拝後に建造中の豊国神社に兵を集めた。そこで秀吉は皆を鼓舞するため、大判を投げ上げて戦勝祈願したところすべて表が出たといわれる。この大判と呼ばれる金貨は、1588年に秀吉が京の彫金の名門後藤家に命じて製造させたのが始まりで、すべて表になるよう細工をしていたようだ。秀吉の大判は天正菱大判と呼ばれ、家臣への恩賞や、朝廷・公家への贈答用として用いられた。なお、金貨が通貨として用いられるようになったのは、江戸時代に徳川家康によって発行された小判からである。

翌年、九州の名護屋城からの帰途、秀吉は再び厳島神社に立ち寄り、必勝と海上安全の祈念のため軍船に安置していた波切不動明王を奉納した。密教の本尊が不動明王だが、空海が日本に伝えた際、遣唐使船で暴風にあった空海を風波から守ったのが波切不動とされており、現在は大聖院に安置されている。

また秀吉の懐刀と言われていた石田三成は、1586年に秀吉に同行して厳島神社を訪れているが、1598年に秀吉の命で小早川秀秋の旧領だった筑前国を管理するために博多に向かう途中、再度訪れ平家納経を見て感動したとされている。

国際状況とキリスト教

大航海時代になって東アジアには最初ポルトガルが進出したが、次第にアメリカを経由して進出して来たスペインが勢力を拡大していった。スペインやポルトガルは、宣教師を使ってキリスト教の伝道と称して各地に入り込み、頃合いを見計らって軍隊を送り込んで殺戮や財宝の強奪をした上で植民地化していた。当時、東アジアの主要国で植民地でないのは日本の他は、明朝の中国と鎖国状態の李氏朝鮮、それに強力なアユタヤ王朝があった現在のタイだけだった。

諜報活動をしていたと思われる宣教師たちの書簡がいろいろ残っており、それによるとスペインの最終目標は中国の植民地化だったようだ。しかし国土の広大さ故に攻め落とすには大軍が必要なため実行できなかったようで、中国と仇敵関係とされる日本を巻き込むことも検討されていたとされる。しかし日本は膨大な数の鉄砲が生産され実戦装備されているため、軍隊による侵略は困難と認識されていたようだ。江戸時代に入ってからだが、フランシスコ会のフライ・ルイス・ソテロの1603年の書簡や、1609年のイエズス会のドン・ロドリゴの日本見聞録にも鉄砲のため軍事力による侵入は困難と明記されている。

スペインは1571年にフィリピンを征服して東アジアでの存在感を増した。さらに1578年にポルトガルがモロッコでイスラム軍に大敗を喫して国王も戦死してしまったため、スペインがポルトガルを支配下に置くことになった。こうして当時のスペインは全世界の植民地の約８割を領有していたとされ、「太陽の沈まない国」と呼ばれるほどの最盛期を迎えた。ただアジアにおいては両国がすぐに一体化したわけではなく、しばらくはポルトガルも独立して動いていた。

日本のキリスト教対応

当時の日本では織田信長が天下統一をほぼ手中にして戦国時代の終焉を迎えていたが、信長はそれ以前からルイス・フロイスなどとの接触を持ち、南蛮にも興味を持ってキリスト教の布教にも寛容だった。1576年に信長の援助で京都に南蛮寺が、1580年には安土にイエズス会の神学校が建てられ、当時キリスト教信者が10万人もいたと言われている。一方で、信長は国内の統一が終結したら部下に与える領地獲得のために大陸に渡って明国を支配下に置くことを考えていたとされるが、実行する前に本能寺で終焉を迎えてしまった。

豊臣秀吉は当初キリスト教に対し信長の寛容政策を継承し、1586年にイエズス会に布教の許可証を発給している。また大陸への侵攻の考え方も継承したと思われるが、当面は国内の残った対抗勢力の平定が優先された。1586年に秀吉がイエズス会宣教師のガスパール・コエリョに対し、国内平定後には中国を征服するので渡海用の大型船を斡旋してくれれば中国での布教活動を許すと言ったとされている。

当時の日本のキリスト教信者は増えたといっても少数派で、大名も布教を許さないところが多く、毛利輝元も領内に宣教師が入ることを禁じていた。ただ1586年、輝元は豊前国のキリシタン大名黒田官兵衛に説得されて、大内時代にキリスト教が盛んだった山口にチェルソ・コンファロニエリという名のイタリア人宣教師が入ることを許した。しかし禁教令が出ると平戸に追放したとされる。また同じ頃、輝元の叔父の毛利秀包《ヒデカネ》や毛利家臣の熊谷元直が洗礼を受けている。

秀吉の危機感

豊臣秀吉は1587年に自ら九州征伐にでかけ薩摩の島津氏を従えることに成功し、帰途に肥前長崎港を視察した。肥前国の大名の大村純忠は、初のキリシタン大名で1582年には大友宗麟と有馬晴信とで天正遣欧少年使節を派遣したことで知られている。純忠は領民に改宗を迫り寺社を破壊しさらに領地をイエズス会に寄進するなどしたことで、大村領内での最盛期にはキリスト者数は6万人を越えていたとされる。

秀吉が長崎で見たものは純忠の過激なキリスト教の信仰によって、あたかもポルトガルによる侵略を受けていると思われる姿だった。実際に同じころ、マニラのイエズス会が日本の担当者に対し長崎を軍事拠点にするよう指示した記録が残っている。
それまでキリスト教に寛容だった秀吉だが、日本がキリスト教の侵攻で植民地になる恐れを直感したのである。秀吉は筑前国博多に戻ると直ちに「バテレン追放令」を出し、宣教師の活動を制限した。これによる南蛮商人や信者への弾圧はなかったものの、京都の南蛮寺が焼き打ちされるなどの事件が起こった。
これと並行して秀吉は、倭寇まで使ってスペインとポルトガルのアジアへの侵略に関する情報収集にとりかかった。この結果、秀吉は日本がスペインに直接侵略されることはないが、スペインが明国を攻略して明軍と朝鮮軍を使って朝鮮半島から日本に攻め込んでくるとの懸念を持つに至ったとされる。

従来、朝鮮出兵は秀吉の野望とか耄碌のために行われたと言われていたが、近年、スペインが明国を支配下に置いて日本を植民地化することを防ぐために、秀吉が朝鮮半島から明に攻め入ったとする説が広がっている。直接明国に行かずに朝鮮を経由したのは、当時、依然として地乗り航法のため、容易な航路が選ばれたとされている。
秀吉は1589年、対馬を通じて朝鮮に明征討のための先導役をするようにとの外交を開始した。当時の朝鮮王は宣宗だが、儒教に傾倒したこともあり朝廷内は硬直化し内部対立が激しくて、何も対応できない状況だった。
秀吉は1590年に小田原征伐で後北条氏との決着をつけると、早速ルソン島のスペイン総督府に長崎の商人でキリスト教に改宗していた原田孫七郎を派遣して日本に入貢せよとの国書を渡した。当時のスペインは、植民地だったネーデルランド（現在のオランダ）で反乱が起こっており、1588年にはスペイン無敵艦隊が英国海軍に負けるなど衰退気味であるとの情報を秀吉が持っていたとされ、スペイン側としても報復するだけの力はなく、この牽制を放置せざるをえなかった。

朝鮮出兵

豊臣秀吉は1591年大陸遠征の準備を開始した。まずは朝鮮半島を経由して明国へ遠征することを表明し、諸大名と直轄地に対し船舶250艘を準備するよう命令した。秀吉の側近の宇喜多秀家が真っ先に賛成したが、前田利家・上杉景勝・毛利輝元・小早川隆景など他の有力者は不承不承の合意で、徳川家康はその場にいなかったとされる。

翌1592年の年明け、征明軍の編成が始まり、諸大名に対し地域や石高、さらに個別の事情に応じた軍役の動員が命じられ、総勢30万の大軍となった。この内西日本の大名が率いる軍隊が中心に朝鮮に渡り、東日本の大名は肥前国に建てられた名護屋城を本拠にして待機することとなった。

こうしてこの年の春、朝鮮半島に向けて渡航が開始された。この年から始まった年号から、文禄の役と呼ばれる。

日本軍は小西行長の率いる第一陣が釜山に上陸すると、朝鮮側は明確な指示が出ず軍も態勢が整わないまま応戦したが、城郭や砦を次々陥落させられ釜山周辺が日本軍に征圧された。さらに日本軍は次々釜山から北に向かうと、朝鮮軍は各地で敗北を重ね、現在のソウルである首都の漢城が開戦後半月で攻略され、朝鮮王は平壌から明との国境に近い義州まで落ちて行った。

毛利一族は大名家の中でも最も多くの兵を動員したが、毛利輝元は主力軍として養子の秀元や吉川広家を含む兵３万を率いて渡海し、釜山の本営の守備に当たった。また小早川隆景は安国寺恵瓊を参謀に１万の兵を率いて、宇喜多秀家などと最前線で明軍を撃破する活躍をした。しかし隆景はその激務が祟り帰国後病床に伏せることになり、1595年には輝元と共に五大老に任じられたものの２年後に亡くなった。65歳だった。

破竹の勢いで明との国境に迫る日本軍を見て、明も朝鮮への援軍を派遣せざるを得ず４万の明軍を派遣した。明軍は平壌を奪回したが戦線は膠着状態になり、日本側も食料不足や病気のため明との和議交渉を行なわざるを得ないことになった。

明との停戦交渉だが、当時明の皇帝は万暦帝《バンレキテイ》で、家臣との関係が悪く、軍部は腐敗して辺境での紛争が勃発し、財政も危機的な状態だった。そのような状況ながら明帝は面子を重んじ、一方の秀吉も自分が明国を支配するものと思っており、また朝鮮は日明間で頭越しに南部四道の割譲など朝鮮には不利な講和に反対して、その合意に至るのは容易でなかった。交渉は日本と明の間で延々と行われたが、結局お互い家臣が偽りの報告をして穏便に合意に持ち込もうと、日本側は秀吉に明降伏、明側は皇帝に日本降伏と報告したのである。こうして明が日本に使節を派遣することになった。

豊臣秀頼の誕生

このような最中、1593年に秀吉の側室の淀殿との間に豊臣秀頼が誕生した。有頂天になった秀吉は実子秀頼にこの国を継承させるため、秀頼への忠誠を誓う諸大名の血判と、御掟《オンオキテ》と呼ばれる合計14の掟を定め徳川家康・前田利家・宇喜多秀家・上杉景勝・毛利輝元・小早川隆景の６人の有力大名に連署させた。

秀吉にとって実子秀頼を跡継ぎにするために邪魔になる二人がいた。養嗣子として豊臣家の家督を相続させていた姉の長男の豊臣秀次と、秀吉の正室である北政所《キタノマンドコロ》（ねね）の兄、木下家定の五男で秀次に次ぐ継承権を持たせていた豊臣秀俊（後の秀秋）である。

そこで秀吉は秀次を強制的に出家させ、秀俊については実子のない毛利輝元の養子とするよう小早川隆景に打診した。隆景は血の繋がりのない秀俊が毛利家を継ぐことになるのを懸念して、自分の弟の秀元を毛利家の世継ぎとして内定しているとして、秀吉に諦めさせた。ただ、隆景はこのことで毛利家に悪影響が及ばないようにするため、秀吉に秀俊を小早川家の養子にと願い出たのである。こうして小早川家は、秀包を分家させることで、秀俊を跡継ぎとして受け入れることになった。その後1595年に輝元に待望の長子の秀就《ヒデナリ》が誕生したため、毛利宗家を継ぐことになっていた秀元は世継ぎを辞退して独立大名として別家を立てている。

小早川隆景のこのような気遣いは、毛利元就が三人の息子に言残した「天下を取らなくても家の断絶を避けよ」との家訓を忠実に守ったことになる。秀吉は隆景の人格が気に入ったようで、輝元と共に秀吉政権の大老に名を連ねることになった。

こうして明の和戦使節を迎える準備の最中の1596年、日本では慶長伊予地震・慶長豊後地震・慶長伏見地震とＭ７クラスの３つの大地震が５日間内に連続して発生したのである。慶長伏見地震では完成間近の伏見城天守が倒壊したが、秀吉は無事だった。

このような状態で明国の特使を迎えたのだが、息子の秀頼のことで高揚していた秀吉は、明国からの文書に自分の要求が受け入れられていないことに激怒し、結局和議は失敗に終わってしまった。

再出兵と秀吉の死

明との和平交渉が決裂すると、秀吉は再び動員令を発した。しかし今回は、文禄の役によって疲弊した諸大名は、秀吉が地震で倒壊した伏見城を華麗に移転新築する計画を知って不満を増していたとされる。

このような中の1597年、朝鮮南西部の全羅道をことごとく成敗せよとの秀吉の命令で侵攻作戦が再開された。この慶長の役は、文禄の役と違い相手は明ではなく朝鮮征伐だったとされる。

西日本の大名を中心に編成された総勢14万人といわれる軍勢は再び対馬海峡を渡り、加藤清正と小西行長を先鋒として釜山に攻め込んだ。毛利輝元は朝鮮渡航以来の体調不良のため、毛利秀元が代わって総大将として３万の軍を率いた。朝鮮軍はこの度は準備を整えて応戦したが、日本軍は深追いせず南部の要衝を固め、明軍の攻撃参加にも有利に展開していた。

このような時、日本では、体調を崩した豊臣秀吉が再建した伏見城に諸大名を集めた。そこで秀吉は吾が子秀頼を補佐する体制として、秀頼が誕生した時に御掟に連署した６人の内、病没した小早川隆景をのぞく５人から成る「五大老」と、石田三成ら豊臣家吏僚５人による「五奉行」での合議制とすることを依頼した。秀吉としては、豊臣家と覇権を争うことになりそうな徳川家康を政権内に取り込むことで、将来の禍根を絶とうとしたのである。

秀吉の依頼は合意されたが、その直後、秀吉は亡くなってしまったのである。そのため五大老により朝鮮からの撤退が決定され、現地では秀吉の死を隠したまま明軍との和議を結び、全軍朝鮮から撤退した。

この結果、大名間での権力を巡る対立が顕在化して情勢が不穏になって行った。特に徳川家康は、秀吉の元では律義者として振る舞っていたが、死後には秀吉に誓約したことも次々に破棄し、天下取りに邁進するのである。

安土桃山時代の貿易と産業

織田信長は産業の活性化に力を入れた。中でも独占販売や非課税などが既得権と化していた商工業業者を排除して、楽市楽座と呼ばれる自由市場をつくった。信長にとってこの動きをはばむものが比叡山の僧侶と石山合戦で挑んで来た顕如で、かつその影響下にあった各地の国人や地侍だった。

楽市楽座は信長が目指した天下統治の一環で、所有権を保障して税を取るという仕組みの一元化を目指したものである。これは支配下の大名にも影響してそれぞれの城下町でも実施され栄えていった。さらに信長は不用な関所の廃止を進め、金銀の貨幣価値を定めた撰銭令を発して良貨と悪貨を選別するなど、経済の安定と活性化を図った。

また、商人や寺社が持つ茶器の名品を名物狩りと称して半ば強制的に買収し家臣への褒美とし、またそれを使った大茶会を催したことにより、結果的に民間でも高額品の流通が増加するなど価値体系に変化が起こり、これも経済の発展に寄与したとされている。

豊臣秀吉もこの流れを受け継ぎ、楽市楽座の発展を推し進め全国規模に広めた。また1586年に自ら豪華な聚楽第の建築を始め、それと並行して北野天満宮で大茶会を開くなど、応仁の乱で荒れていた京都の街を編成し直すことで活性化を進めた。しかし末期になると、談合など楽市楽座の欠点が顕在化し、御用商人が出現して領主の力で座に代わって市場の支配する例が発生するようになった。

一方で海外との交易であるが、信長と秀吉は共に振興策をとった。しかし明は1523年の寧波の乱以降は貿易の全面的な禁止政策をとったため、日本と明の公的な貿易は行われることはなかった。ただその反動で明との間では私貿易が増え、さらに中国人主体といわれる倭寇が活発化した。このため明王朝は1567年になって禁止策をゆるめてスペインなどとの交易を認めたが、日本に対しては禁止を続けていた。

ただ、1584年に毛利氏の家臣が赤間関にやって来る明の貿易船に交易の安全を約したとされていることからも伺えるように、日本との私貿易が盛んに続けられていたようだ。また特に西国の大名を中心に、スペインなどとの南蛮貿易が活発であった。

秀吉はこのように諸大名が行っている個別の交易をまとめて掌中に収めることを狙って、1588年に海賊行為を禁止し、さらに明討伐で朝鮮へ出兵している最中の1592年、朱印状による許可制を導入して自分が保証した者だけに海外取引を許すことにしたのである。

このような中、1596年にスペイン船サン・フェリペ号が台風で土佐沖に漂着する事件が起こった。秀吉が船の積荷を没収したため航海長らが抗議したところ、スペインに対する懸念を持ち続けていた秀吉はスペインの日本征服の企てに関係しているのではと疑い、翌年に宣教師や信者26人を京都から歩かせ長崎で処刑した。このうち20人が日本人だった。

このような事件はあったが、日本人がスペイン商人を相手にする通商が発展し、多くの日本人がスペインの支配する東南アジアに住むようになりマニラやアユタヤに日本人町が作られた。交易品目としては、日本は銀・銅・硫黄・漆器・刀などの工芸品などを輸出し、高級衣料に使う中国産の絹や絹織物・砂糖・武具に使う鮫皮や鹿皮・象牙などを輸入した。日本からの輸出品の銅は、後の住友財閥創始者のひとり蘇我理右衛門が南蛮吹という精錬法を学んで発展した。また当時の朱印船貿易で活躍したのは、長崎代官だった末次平蔵・大坂の末吉孫左右衛門・京都の角倉了以と茶屋四郎次郎などがいる。

文禄・慶長の役で、朝鮮に出兵した肥前国の鍋島軍が道に迷った際、捕らえて道案内などさせた李参平という陶工を引き上げの際日本に連れ帰った。参平はその後江戸時代になって、有田で白磁鉱を発見し、日本で最初の磁器を生産した。

安土桃山文化

長かった戦国時代を経て織田信長と豊臣秀吉が天下統一したことで、都だけでなく全国各地で新しく華やかで現実主義的な文化の潮流が生まれた。そして信長と秀吉がこの安土桃山文化の牽引役となった。特に秀吉は出自へのコンプレックスから特に熱心だったとされている。

その代表が建築物であるが、特に城郭に特徴的なものが多い。信長が建てた安土城は、天下布武を象徴する独創的な天守を持つ豪華絢爛な城だったと推測されている。

秀吉が京都での居城とした聚楽第《ジュラクテイ》も同じで、天皇を始め天下に自分の存在を示すために建てた平城で『聚楽第図屏風』や『洛中洛外図』にも描かれている。ただ8年後に破壊された。さらに秀吉は大阪城を建てているが、内部は金箔で飾り軒瓦も金を張るなど贅をきわめ、巨大な石を使った石垣も名高い。

毛利輝元が建てた広島城も同様で、2008年になって三の丸の井戸から金箔を押した鯱瓦一対が発見されその豪華さを証明したが、これは完品で現存する最古の金鯱瓦とされている。現在安芸国に残っている建築物として、三原の宗光寺《ソウコウジ》山門がある。本柱の前後に控柱が立つ四脚門の切妻造りで、新高山城の城門だったものを小早川隆景が三原城に移った時この地に移された。

城郭だけでなく、武家が序列や格式を重んじるために座敷を荘厳にする書院造ができた。一方で、格式や豪華さをきらう茶人が軽妙洒脱な数《ス》寄屋《キヤ》とよばれる茶室を生んだのもこの時代である。またこの両方に共通するのがいろいろと凝った庭園で、信長と秀吉に仕えた武将である古田織部が「織部好み」と呼ばれる作庭などで名高い。また後に浅野藩家臣として安芸国にやって来た上田宗箇も作庭家として名高い。

このような建物の中を飾るのが絵画であるが、それまでの宗教画一色から、花鳥風月や洛中洛外図、庶民の生活や風俗を描く風俗図、さらに南蛮を題材にしたものなど、新しい感覚の絵画が生まれ発展した。

中でも狩野永徳は、画檀を代表する狩野派一門を率いて織田信長や豊臣秀吉の荘厳華麗な好みに敏感に応えて多くの障壁画を描いた。ただ現存する作品は少なく、現在宮内庁が保管している『唐獅子図屏風』が永徳の作品であるが、秀吉が高松城の戦で講和した毛利輝元に対し贈った屏風との説がある。この輝元は雲谷等顔《ウンコクトウガン》という御用絵師を抱えていた。雪舟に繋がるという漢画家で雲谷派の祖とされている。

また漢画系の画家で名高いのが長谷川等伯である。秀吉や千利休に重用され、当時絶頂期にあった狩野派を凌ぐほどの絵師となり、代表作の

『松林図屏風』は日本における水墨画の最高傑作とされる。

戦国時代に生まれた茶道は、大名や豪商だけでなく一般町人の間にも広まって、茶の湯の隆盛を迎えた。その主人公は千利休で、織田信長と豊臣秀吉に仕えながら侘茶を大成した。侘びや寂《サビ》を重んじる侘茶は、華やかな安土桃山文化のなかで異彩を放っていたためか、利休は秀吉から自刃を命じられている。利休の自刃の理由については諸説あるが、このように考えられるほど当時の利休は影響力を持っていたのである。また茶会は、当時の人々の社交の場になると共に一種の権威の象徴として発達した。

茶道の中でも現在最も武家茶道の伝統を継いでいるとされるのが上田宗箇流だが、男性と女性で所作が異なる特徴がある。上田宗箇は秀吉に仕えた武将で千利休に茶を学び、後に浅野家直臣として1619年に家老として安芸広島藩にやって来たことから、現在まで広島に伝わっている。

茶道と共に活性化したのが焼物である。唐物と呼ばれる中国官窯製の高級な磁器などに代わって、利休の進める侘茶では、中国南方や朝鮮半島で作られた高麗茶碗など雑器としての茶碗が珍重されるという、日本独自の美が育まれて行った。

茶道の会が開かれることは、連歌・謡曲・能狂言などの発展にも結びついた。さらにこの頃武士の間で愛好されたのが幸若舞という芸能である。これは、華やかながら常に死に直面した武士の心情に沿ったもので、源平合戦で源氏方の熊谷直実に打ち取られた若き平敦盛のことを歌った『敦盛』の一節である「人間五十年、下天の内をくらぶれば、夢幻の如くなり」を、織田信長が桶狭間の戦い前夜に謡い舞ったことで名高い。後に毛利輝元も幸若舞を贔屓にしたとされている。

南蛮文化については、織田信長と豊臣秀吉も肯定的で保護したため流入し続けた。特に信長は帽子やマントを愛用したように積極的で、イエズス会宣教師ニェッキ・オルガンチーノが謁見し地球儀によりヨーロッパから日本への船旅について説明すると非常に驚いたという。

毛利一族と徳川家康

朝鮮出兵は豊臣秀吉の死によって終結したが、毛利一族内にもいろんな問題が発生していた。この問題を解決する過程で、徳川家康との微妙な関係が出来上がっていった。

毛利輝元は40歳を過ぎて生まれた息子の毛利秀就《ヒデナリ》を盛り立てて行くためにも、毛利一族の結束を強めておく必要があった。そのためにも分家を起こした毛利秀元、叔父の元春を継いだ吉川広家、それに秀吉との関係で問題含みの小早川秀秋の三人への所領の配分が重要だった。

豊臣政権で大名の仲介役だった石田三成が関与して、毛利秀元に吉川広家の所領の伯耆国・出雲国・隠岐国を、広家には小早川隆景の遺領である三原を与えるとの案を作成したが、輝元・秀元・広家はそれぞれの思惑から難色を示した。しかし1599年、三成は独断で広家の領地を秀元に与えることを決定し、その前にも小早川秀秋の領地だった筑前国に三成などが代官に就任したこともあり、輝元の不興を買うことになった。

その直後、三成に代わって徳川家康が、毛利関連の領地配分を見直し、毛利秀元に長門国を与え、吉川広家の所領の伯耆・出雲・隠岐の３国はそのままとし、小早川隆景の遺領は毛利家に返還することとした。毛利輝元・毛利秀元・吉川広家はこれを受け入れたことで、毛利家にとって家康と三成に対する複雑で交錯した思いが出来上がった。

一方小早川秀秋だが、小早川隆景が毛利家の安泰を願って秀吉の甥である秀秋を自分の後継に決めたが、隆景は1595年に隠居しその所領のうち筑前国30万７千石を秀秋に与え国主とした。しかし秀秋が慶長の変で朝鮮に出兵した間に隆景が亡くなり、秀吉から秀秋に再三の帰国命令が発せられた。そして帰国した秀秋には、理由は不明だが筑前国から越前国北ノ庄15万石への国替が命じられた。この大幅な減封により、秀秋は多くの家臣を解雇することになり、さらに隆景が亡くなったこともあり家臣達は秀秋に仕えるのを嫌がって毛利家に戻って仕えようとした。しかし毛利家に戻っても他国者扱いされて出奔する者が多く出たとされる。

これも1599年になって、徳川家康は小早川秀秋に対して筑前・筑後国に復領させ、石高も59万石と大幅に加増させた。幼少時から秀吉を始めとする周囲の都合で人生を弄ばれて来た秀秋にとって、家康に対する思いは格別だったのだろう。

関ヶ原の戦いへ

朝鮮出兵で7年間にわたり行われた海外派兵は、主に参戦し過大な負担を強いられた西国大名と、名護屋城止まりで済んだ家康など東国大名達との間にわだかまりが生じた。一方で朝鮮に出兵した大名の間でも、石田三成や小西行長などの文治派と加藤清正や福島正則ら武断派に別れて対立するなど複雑な様相を呈して行った。

豊臣家の家督を継いだ豊臣秀頼を支える五大老であるが、筆頭の徳川家康は大名の中で最大の石高を持ち、政権獲得への意欲を見せたことから豊臣政権の基盤に揺らぎが生じた。この対立を押しとどめていたのが、大名や武将たちから信頼の厚かった前田利家とされているが、家康は次第に隠然たる権力を持って実質的な政権運営者になっていった。

家康は秀吉の正室北政所を味方にして武断派にも近づき、重臣の井伊直政と黒田長政の外交力を使って秀吉が禁じていた婚姻の斡旋で味方を増やすなど、政権獲得の意思を露骨に表して行った。後に広島城主になる福島正則の養猶子に家康の養女を嫁がせている。これに反感を強めたのが豊臣家を守りたい一心の石田三成で、毛利輝元や宇喜多秀家を味方にして秀頼と淀君を守る勢力を結集するなど、激しい裏工作を行いながら対立構造が出来上がって行った。

1599年に前田利家が亡くなると、家康は跡を継いだ前田利長が家康の暗殺を企んだとの言いがかりをつけ、人質を取ることで前田家を屈服させた。さらに武闘派が石田三成の屋敷を襲撃する事件を起こすと家康はその仲介に乗り出して、三成が五奉行の座から退くとの和議を成立させた。こうして三成を佐和山城に追い出して勢力を削ぐことで、勢力を強めた家康は大阪城に乗り込み自ら政務を指揮した。

家康は三成をさらに徹底的に退けるため、五大老である上杉景勝の家老が三成と懇意であったことに狙いをつけた。家康は景勝に対し城の改修の申し開きをするようにと仕掛けると、景勝が挑発的な返答をしたことを理由に諸大名に出陣を命じ、自らも大阪城から大軍を率いて景勝討伐に出陣した。会津征伐と呼ばれる。

家康の会津への出陣は三成の挙兵を挑発する策略だったが、これに乗った三成は自ら挙兵することを決断した。三成は安国寺恵瓊と家康とも懇意で秀吉の家臣だった大谷吉継と相談し、総大将を毛利輝元にすることで合意した。

ではなぜ三成は自分が総大将にならず輝元を擁立したかだが、そのいきさつが伝わっている。それは参謀の大谷吉継が、普段から横柄な三成が諸大名に檄を飛ばすと、逆に家康の方に走らせてしまうことを懸念して、三成に毛利輝元か宇喜多秀家に総大将を譲るべきと諫言《カンゲン》し、三成は信頼していた吉継の忠告に従ったというものである。そこで三成は、家康に次ぐ実権を持つ輝元を西軍の総大将に擁立すべく画策し、懇意だった安国寺恵瓊を通して輝元を説得し、輝元は一門や重臣に相談することなしに受諾したとされる。

毛利輝元が総大将を受けた理由については諸説ある。輝元はもともとこの戦いは長期にわたるものと考え、家康の軍事力は恐るべきものの、秀頼を奉じる豊臣家臣の五大老の一人として傍若無人な振る舞いを抑制しておくべきとの大義名分説がその一つだが、ただそれだけでなく、祖父の毛利元就の天下統一より毛利家存続を優先すべきとの教えを守るためとの私的なところもあったとされる。それは、総大将になってからも3万の兵を温存して大阪城に留まったことが、二つの思いを両立させる方法だったのである。

当時の毛利家の内情として、吉川広家と小早川秀秋が家康に傾いるものの、安国寺恵瓊が後見人の毛利秀元の思いは反家康である。さらに背後の九州では、黒田如水が虎視眈々と漁夫の利を狙っている。このような状況で三成と家康のどちらが勝ったとしても毛利家が生き残るには、毛利一門は参戦するものの輝元自身は結果を左右できる戦力を保持したまま動かないことしかないと考えたとしても不思議でない。これには、家康と不戦協定を結んでいたとの話もある。

石田三成は大阪城の奉行を通じて、宇喜多秀家・島津義弘・小早川秀秋など西国大名を糾合して徳川家康と対決すべく指令し、毛利輝元もすぐに西軍の総大将として家康のいた大阪城西の丸に入城した。

こうして輝元が大阪城に入城して2カ月後、天下分け目とされる関ヶ原の戦いが始まった。当初三成は、家康が大阪城を衝くとの情報で、西軍は東海道の要衝である美濃国の関ヶ原に布陣して家康の東軍が来るのを待った。毛利家としては、毛利秀元・吉川広家・小早川秀秋がそれぞれの軍を率いて布陣した。

一方の徳川家康は、次男の結城秀康に越後国の上杉景勝を押し止めさせ、自らは江戸から本隊を率いて東海道を西進し、三男の徳川秀忠は別動隊として中山道を通って関ヶ原に向かった。こうして遅れて到着した家康軍も西軍に対峙して陣を構えた。

徳川側についた諸将のなかには、福島正則・池田輝政・黒田長政・浅野幸長・山内一豊といった豊臣恩顧の大名が多くいたが、一様に三成に対する反感を抱いていて家康側についたとされている。

この時の両軍の兵力については諸説あるが、共に８万程度でほぼ伯仲状態だった。両軍が激突し、開戦当初は先に来て陣形の有利な西軍が優勢だったが、家康と通じていた吉川広家軍の３千は西軍陣地を動かず、そのため広家の後方に陣を敷いていた毛利秀元の１万３千の軍は動くことが出来なかったように、西軍で実戦に加わったのは３万５千だけだったとされている。

このような膠着状態から、小早川秀秋の１万６千が家康の催促に応じて東軍へ寝返ると、形勢は一挙に東軍有利となって西軍は総崩れし、戦いはほぼ半日で決着した。家康はほとんど軍の損耗することなしに勝利したのである。

この結果は毛利輝元が戦場に向かわなかったことと小早川秀秋の裏切りにより起こったが、その裏には石田三成の戦いの目的が豊臣家を守ることであったのに対して、輝元の思惑は毛利家拡大にあったように、首脳二人の思惑が異なっていたことにあるとされる。

中世安芸国の終焉

毛利輝元は徳川家康との戦いがこんなに早く決着するとは思っておらず、大阪城に留まり続けていた。家康が黒田長政と福島正則を遣わして明け渡しを迫ると、輝元は戦うことなしに城を明け渡した。

一般的に輝元の性格は優柔不断だったとされている。確かにそれまでの戦闘など色んな場合に下した判断は、自身の考えというよりも周囲を慮った結果と思われる。これは輝元の成長の過程で、祖父元就と二人の叔父に挟まれて存在感を発揮できず発言力も弱かった事情によるが、一方では慎み深くゆったりと大らかな人物だったとされる。いずれにせよ、元就の家の存続を第一にすべきとの教えに忠実だった。

この結果家康が下した毛利家の処分は、毛利輝元を領地没収とし吉川広家に周防・長門の２国を与えて家督を継がせ、安芸国を始めとする残りの旧毛利領は東国の大名に褒美として与えるというものだった。

これに対し吉川広家は直談判で家康に毛利家の存続を訴えたため、家康は、輝元を隠居させて嫡男の毛利秀就《ヒデナリ》に対し防長２カ国37万石を安堵することとした。ほどなく輝元は出家し、幻庵宗瑞《ソウズイ》と名乗り、秀就は輝元が長門国に建てた萩城に下り、家康の次男の結城秀康の娘の喜佐姫を正室に迎えて越前松平家の一門となった。

吉川広家は毛利家に所領を譲った形になったが、岩国に３万石の所領を獲得し、毛利秀元は長門国に６万石を得た。こうして、毛利家は領国を約３分の１に減封されたものの、結果的には元就の教えを守ることができたのである。家康に勝利をもたらした小早川秀秋は備前国に55万石を得たが、1602年に20歳で早世し小早川家は一旦断絶した。また安国寺恵瓊だが、石田三成・小西行長と共に戦いの首謀者として六条河原で斬首後さらし首に処せられた。

毛利氏は鎌倉時代の初め、関東から安芸国に地頭としてやって来た。それ以来、栄枯盛衰があったものの、安芸国の盟主として存在感を増し定着して行った。こうして戦国時代の毛利元就は中国地方の有力大名となり、さらに孫の毛利輝元は天下を狙えるまでに至った。しかし、織田信長・豊臣秀吉・徳川家康という天下人に対しては、権力奪取を試みたものの結局その夢は破れて、安芸国から退出することになった。

ただこの間、鬼頭宏の推定人口によると、安芸国の人口は1150年に54,300人だったものが1600年には158,800人と約３倍に増加している。この間の日本の人口が680万人から1230万人へと倍増しているのに比べて、中世における安芸国の発展がわかる。この人口増加は一般的には農業技術の発展に寄るものであるが、安芸国の場合は毛利一族の勢力拡大を基に、瀬戸内海航路の活性化により厳島を始めとする瀬戸内海沿岸の商工業の発展や広島城築城、石見銀山などの効果によるものだろう。

こうして安芸国は、再び外の国から新しい支配者を迎えることになり、中世は完全に終焉を迎えて、近世とされる江戸時代に移行するのである。

あとがき

私は世界遺産の厳島神社を正面に見ることができる丘に住んでいる。毎日眺めているうちこの安芸国で展開された歴史に想いを馳せるようになり、古代の厳島を中心にした安芸国の歴史の流れを私の視点で綴って2015年に『佐伯みち－古代の謎を歩く－』を出版した。

しばらくして私の興味は古代から中世にも及ぶようになった。中世の安芸国といえば、毛利元就と３人の息子、それに孫の輝元などの活躍のことがまず思い出されるが、それ以外のこととなると、意外に話題にできることを思い出せないし俯瞰的な流れを描いた本も知らない。それは平清盛が厳島神社を建てた後、平家が滅ぼされ源氏の世になってから元就が現れるまでの間、この安芸国には国全体を統治するような英雄といえる人物が登場しなかったことも原因だろう。このことが、さらに中世の安芸国への興味を深めた。

書き進めてゆくのに、私は時代毎やテーマ毎に年表を作成した。普通年表というのは年代ごとに起こった出来事を順に並べたものだが、私が作ったのは、横軸に一定間隔の時間軸を置き、まず登場人物の経歴を書き込み、さらに関係する事件や出来事を出来るだけ多面的にプロットした年表である。これを眺めてみると、色んな角度から相互関係や背景が浮かび上がって全貌が見えてくるのである。また最近、多くの中世に関する著作や新聞雑誌の記事が現れている。このような新しい視点をできるだけ取り入れるように心掛けた。

ただ歴史の流れを明確するための情報がすべて揃うとは限らない。途切れた流れをいかにつなぐかを推理することこそ歴史の醍醐味というものである。

中世の歴史をひも解くとき、特に武士と呼ばれる新たに支配者として登場する人たちの人生観、価値観、あるいは人の命に対する考え方に納得できないことが多い。特に彼らの土地に対する執着心の強さは、律令制に始まる天皇を中心にした朝廷による土地を介した絶対的な支配に対し、それに耐えて来た被支配者の思いが現れたのだろう。

安芸国の中世の歴史を眺めた時、古代の歴史に比べて、我々の先祖の歴史として身近に感じることが多い。正に現在のこの地域に住む者の考え方に継承されているはずで、海外を含めた対外的な関係に対する知恵としても教えられることが多い。

この本の原稿を書き終えて、何人かの人に読んでもらった。その感想を聞くと安芸国の中世の歴史の流れがよく分かるように書かれていたという人が多かったものの、歴史の面白さが足りないとの声があった。確かに毛利元就の話などがあるものの、全体として安芸国の英雄とする人物がいない事も事実で、それが自国の歴史に対する満足感に繋がってこないのかもしれない。しかし、だからと言って自分の郷土の歴史は埋没させても仕方ないとの理屈は成り立たない。

中世は古代や近世に比べて、戦闘や出兵により安芸国の外の国との接触が非常に多かった。安芸国のような国という区分は、古代から長く変更されず、同じ国に住むことで同じ体験をし他国とは異なった価値観を共有することとなり、その結果、現在でいうお国柄とか県民性といったものが形成されて行ったと思われる。

現在、我々は多くの構造的な問題に直面している。これに対し、長期的な視点で解決策を見つけてゆくために、我々が受け継いできた歴史の流れが参考になるはずである。中世の歴史はまさに覇権争いの縮図で、この歴史の流れを見ながら、現代の我々が直面している問題をどのように考えて対処すべきか、またどのように受け継いでゆくべきかなどに想いを巡らすのも興味深い。

この視点からも、我々が安芸国の遠い先祖からどのような思いを引き継いでいるのかを認識し、これを踏み台にして地域の活性化につなげてゆくのが我々のとるべき姿勢ではないだろうか。地域の歴史を共有することは、地域内の結束を強めて地域の発展に寄与するものと確信している。

最後にこの本を出版するに当たり、内容について色んなご意見をいただいた方に、ここにお名前を記して感謝の気持ちを表したい。『小説佐伯景弘』でお世話になった元広島市佐伯区区長の中田英樹さん、共同執筆した小倉哲雄さん、上智大学名誉教授の香川正弘さん、友人の加藤通江さん、伊予河野氏の末裔とされる河野芳嘉さん、それに出版に際し全面的に協力いただいた溪水社社長の木村逸司さんと編集の宇津宮沙紀さんである。

またこれまで各種情報を提供していただいた方々にも、この場を借りてお礼を申し上げたい。

参考文献

1

『院政期貴族の政治思想と「愚管抄」』研究ノート　小山雅之

『鯛山物語』荻原昇　2002

『廿日市町史　通史編』廿日市町　1988

『廣島県大野町誌』大野町　1962

『北条政子「子殺し・孫殺し」の修羅』伊東潤　文芸春秋　2018（6月号）

2

『仁治度厳島神社の社殿』広島大学総合博物館研究報告　山口佳巳　2009

『歴史を変えた水軍の謎』祥伝社黄金文庫　高野澄　2012

『人口から読む日本の歴史』鬼頭宏　講談社　2000

『元寇の真実「神風」は吹かなかった』服部英雄　文芸春秋　2018（6月号）

3

『鎌倉幕府派遣使節について』六波羅探題使節を中心に　本間志奈
　法政大学学術機関リポジトリ　2006

4

『道行きぶりの世界』角重始　文教国文学　広島文教女子大学国文学会　1990

『今川了俊「通行きぶり」注釈』稲田利徳　岡山大学学術成果リポジトリ　1992

『応永の安芸国人一揆の再検討』飯分徹　史観　早稲田大学史学会　2014

『太平記の時代』新田一郎　講談社版　日本の歴史11　2001

5
『応仁の乱』呉座勇一　中央公論新社　2016
『応仁の乱は「東軍」が勝った』本郷和人　文芸春秋　2018（6月号）
『安芸国沼田荘の市場と瀬戸内海流通網』歴史地理学No136　歴史地理学会　1987
『「逆賊」足利尊氏は最後まで尊王を貫いた』亀田俊和　文芸春秋　2018（6月号）

6
『城跡からみる毛利元就』秋元哲治　中国新聞連載　2017
『房顕覚書』棚守房顕　1580
『戦国大名毛利氏の研究』秋山伸隆　吉川弘文館　1998
『戦国大名としての毛利氏について』出内博都　郷土史講座資料　1998
『宗教で読む戦国時代』神田千里　講談社　2010
『ひろしま歴史の焦点：原始から明治維新まで』中国新聞社編　1976
『戦国武将と茶の湯』米原正義　吉川弘文館　2014
『信長公記』太田牛一　尊経閣文庫など　1610頃
『宮島門前町の形成過程と敷地割に関する一考察』駒井達也他　日本建築学会報告集　2014

7
『広島築城を再考する』秋山伸隆　県大・市大連携講座資料　2015
『キリシタン時代の研究』高瀬弘一郎　岩波書店　1977
『現代語訳　信長公記』太田牛一　角川書店　2013
『豊臣秀吉と大坂城』跡部信　吉川弘文館　2014
『毛利輝元』光成準治　ミネルヴァ書房　2016

共通
『日本史ひと模様』本郷和人　日本経済新聞　2018・2019
『日本史のツボ』本郷和人　文春新書　2018

『この国のかたち』司馬遼太郎　文芸春秋　1992・2000
『厳島信仰辞典』野坂元良編　戎光祥出版　2002
『廿日市の歴史』廿日市市　1997
『広島県史』
『廿日市町史』
『広島県大野町史』
『宮島町史』
『ウィキペディア』
『武家家伝』
『コトバンク』

索　引

【著者】

木本　泉（きもと　いずみ）

1942年、広島生まれ。1965年、東洋工業（現マツダ）へ入社。車の設計開発の部門に従事。家族とアメリカ駐在。開発主査歴任。1996年よりドイツ系部品会社、ベバストジャパン役員。
退職後、地元街づくりグループ「かみきど倶楽部」代表。宮島口在住。
共著『小説佐伯景弘』（佐伯区役所、2012年）
著書『佐伯みち―古代の謎を歩く―』（溪水社、2015年）

安芸国の中世をゆく
郷土の歴史を解き明かす

2019年７月18日発行

著　者　木本　泉
発行所　株式会社　溪水社
広島市中区小町1-4（〒730-0041）
電　話（082）246-7909／FAX（082）246-7876
e-mail:info@keisui.co.jp

ISBN978-4-86327-482-2　C0021

中世の歴史年表

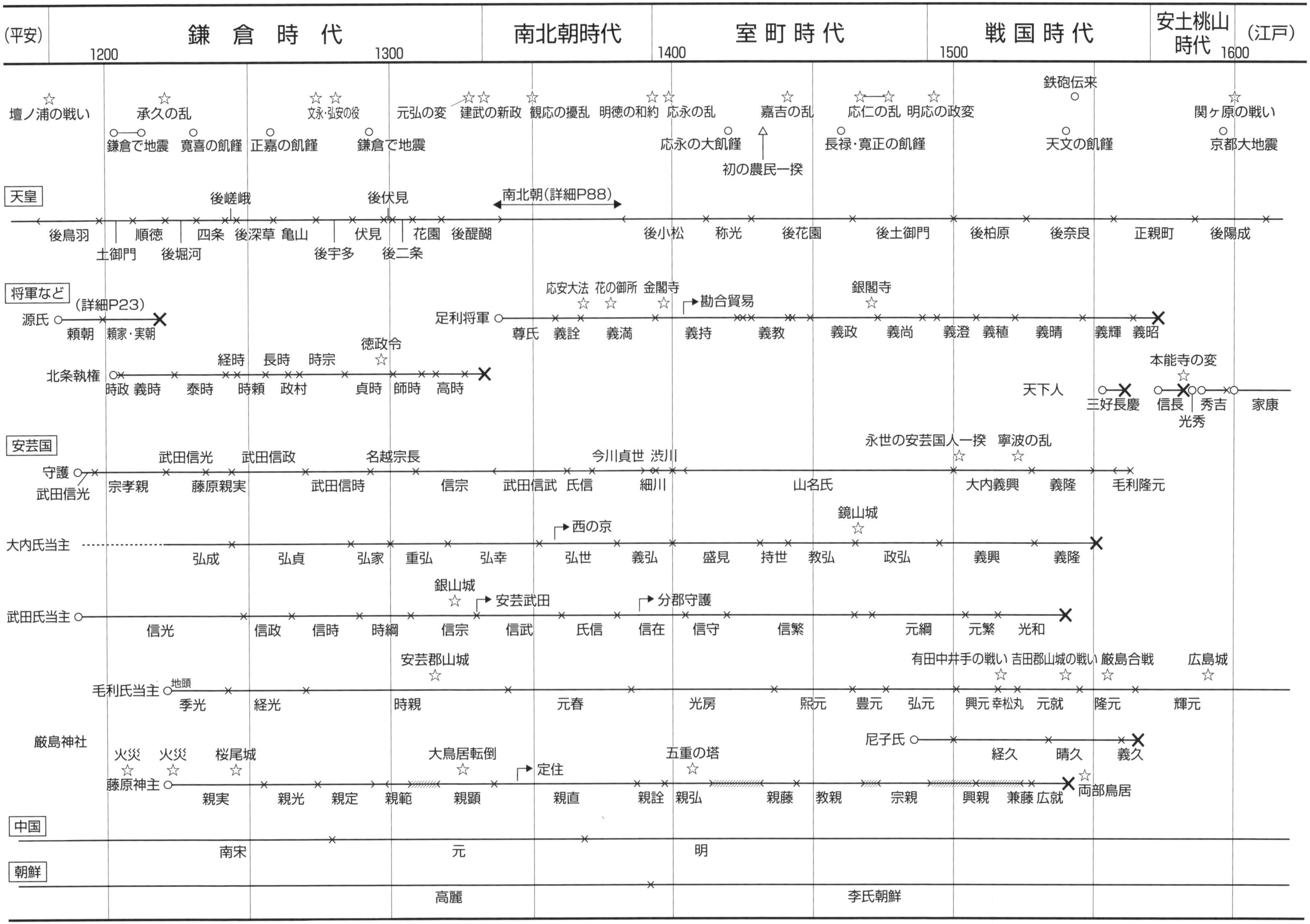

(平安)
鎌　倉　時　代
南北朝時代
室町時代
戦国時代
安土桃山時代
(江戸)
1200
1300
1400
1500
1600
壇ノ浦の戦い
承久の乱
文永・弘安の役
元弘の変
建武の新政
観応の擾乱
明徳の和約
応永の乱
嘉吉の乱
応仁の乱
明応の政変
鉄砲伝来
関ヶ原の戦い
鎌倉で地震
寛喜の飢饉
正嘉の飢饉
鎌倉で地震
応永の大飢饉
初の農民一揆
長禄・寛正の飢饉
天文の飢饉
京都大地震
天皇
後嵯峨
後伏見
南北朝(詳細P88)
後鳥羽
土御門
順徳
後堀河
四条
後深草
亀山
後宇多
伏見
後二条
花園
後醍醐
後小松
称光
後花園
後土御門
後柏原
後奈良
正親町
後陽成
将軍など
源氏
(詳細P23)
頼朝
頼家・実朝
応安大法
花の御所
金閣寺
勘合貿易
銀閣寺
足利将軍
尊氏
義詮
義満
義持
義教
義政
義尚
義澄
義稙
義晴
義輝
義昭
経時
長時
時宗
徳政令
北条執権
時政
義時
泰時
時頼
政村
貞時
師時
高時
本能寺の変
天下人
三好長慶
信長
光秀
秀吉
家康
安芸国
永世の安芸国人一揆
寧波の乱
守護
武田信光
武田信光
武田信政
名越宗長
今川貞世
渋川
宗孝親
藤原親実
武田信時
信宗
武田信武
氏信
細川
山名氏
大内義興
義隆
毛利隆元
鏡山城
西の京
大内氏当主
弘成
弘貞
弘家
重弘
弘幸
弘世
義弘
盛見
持世
教弘
政弘
義興
義隆
銀山城
安芸武田
分郡守護
武田氏当主
信光
信政
信時
時綱
信宗
信武
氏信
信在
信守
信繁
元綱
元繁
光和
安芸郡山城
有田中井手の戦い
吉田郡山城の戦い
厳島合戦
広島城
毛利氏当主
地頭
季光
経光
時親
元春
光房
熙元
豊元
弘元
興元
幸松丸
元就
隆元
輝元
厳島神社
尼子氏
経久
晴久
義久
火災
火災
桜尾城
大鳥居転倒
定住
五重の塔
両部鳥居
藤原神主
親実
親光
親定
親範
親顕
親直
親詮
親弘
親藤
教親
宗親
興親
兼藤
広就
中国
南宋
元
明
朝鮮
高麗
李氏朝鮮